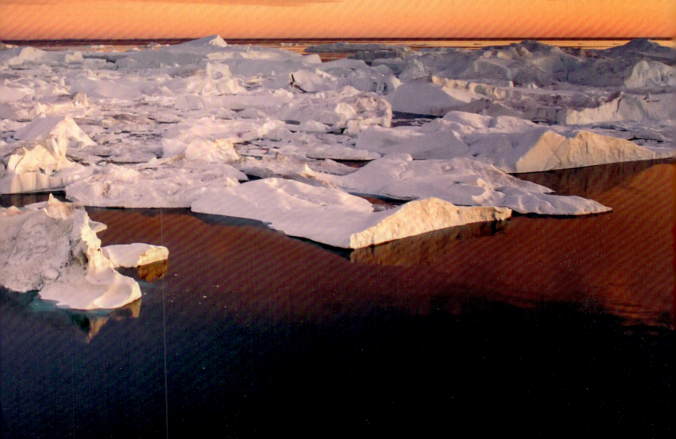

摄影入门
教你轻松拍大片

张晨曦 编著

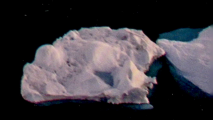
清华大学出版社
北京

内 容 简 介

本书是一部面向大众的摄影教程,从摄影的基本概念出发,系统、全面地讲述了摄影的基础知识和技艺,包括购置和使用相机、曝光控制、动感的表现、景深控制、摄影构图、摄影用光、色彩、影调、质感、手机摄影、相机与镜头、辅助器材、风光摄影、花卉摄影、人像摄影等,对近几年流行的新技术和新方法进行了论述,如景深合成、曝光合成、向右曝光、堆栈技术、星野摄影等。本书知识架构层次清晰,逐层展开,讲解简练、细致、到位,插图精美,图文并茂,全书重点和关键词都用彩字突显,一目了然。

本书适合零基础学习和进阶学习的摄影爱好者使用,也可作为高等院校摄影课以及各种摄影培训的教材。

本书封面贴有清华大学出版社防伪标签,无标签者不得销售。
版权所有,侵权必究。侵权举报电话:010-62782989 13701121933

图书在版编目(CIP)数据

摄影入门——教你轻松拍大片/张晨曦编著. —北京:清华大学出版社,2018(2018.9重印)
ISBN 978-7-302-48909-2

Ⅰ.①摄⋯ Ⅱ.①张⋯ Ⅲ.①摄影技术—教材 Ⅳ.①J41

中国版本图书馆CIP数据核字(2017)第286292号

责任编辑:张　敏　战晓雷
封面设计:杨玉兰
责任校对:徐俊伟
责任印制:杨　艳

出版发行:清华大学出版社
　　　　网　　址:http://www.tup.com.cn,http://www.wqbook.com
　　　　地　　址:北京清华大学学研大厦A座　　　邮　　编:100084
　　　　社 总 机:010-62770175　　　　　　　　　邮　　购:010-62786544
　　　　投稿与读者服务:010-62776969,c-service@tup.tsinghua.edu.cn
　　　　质量反馈:010-62772015,zhiliang@tup.tsinghua.edu.cn
印 装 者:北京博海升彩色印刷有限公司
经　　销:全国新华书店
开　　本:185mm×260mm　　　印　张:14.5　　　字　数:365千字
版　　次:2018年3月第1版　　　印　次:2018年9月第3次印刷
定　　价:79.80元

产品编号:077106-01

自 序

经过 4 年的努力,我终于把这本书奉呈到您的眼前。我是一名大学摄影讲师,擅长教书和写教材,我的小小动机是写一本最受欢迎的摄影入门教程。

近年来,喜欢摄影的人越来越多了。为了拍出好照片,有必要系统地学习摄影基础知识和技艺。

虽然网上普及摄影知识的教学内容很多,但大多是碎片化的,而且往往不专业,甚至有错误(包括百度百科中的内容)。为了少走弯路,还是应该选择一本好的教程,系统、高效率地学习。

我对市面上教摄影的书做了全面调查,结果不尽人意。有的书很厚,写得啰嗦;有的书只讲操作,不讲原理,太简单;而有的书则内容较陈旧。于是,我决定发挥自己的教学特长,来写这本书。

本书的特色是简练、易懂、高效、内容新、全面,涵盖了相机摄影、手机摄影的知识和技巧。本书写了 4 年,不仅是因为工作忙,更主要的是我花了很多时间反复精简、提炼,力求用最明白、最通俗的文字把知识点讲透,使读者看得轻松,学得快,收获大。本书选用了 43 位摄影师的精美作品,以提高读者的美感体验。本书在内容上充实而全面,涵盖了大学"摄影基础"课程的绝大部分内容。

本书在组织及排版上也别具一格。设置了【重要】、【提示】、【举例】、【扩展】等小栏目;对于第一次出现的概念和重点内容,都用紫红色字强调;对于书中插图和内容的引用,都精确到页码,这些都是为了方便读者阅读。

本书还提供了不少扩展内容,供基础较好的读者学习,并专门开设了微信公众号"张老师教摄影"(zlsjsy365)以及个人微信(tour888999),读者可以通过网络扩展学习和与作者互动。

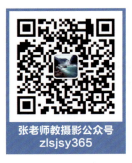
张老师教摄影公众号
zlsjsy365

张老师教摄影个人
微信 tour888999

本书既适合零基础学摄影的读者,也适合已经有一定基础但尚未透彻掌握摄影知识的摄影爱好者,还很适合用作摄影培训以及高等院校摄影课程的教材。

作者

2017 年 12 月

本书特色

相当于两本书
本书＝相机摄影教程＋手机摄影教程

初学＋进阶
不仅适合零基础学习，还适合有基础的摄影爱好者进阶学习。提供了扩展阅读内容，且全书重点和关键词都用彩色字突显，一目了然。

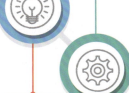

高效
文字简练，全是干货，学习效率很高，短时间内就能学完。

内容系统、全面
涵盖了大学摄影基础课程的绝大多数内容。

理论＋实战经验
除了理论知识，还提供了很多实际拍摄经验和技巧。

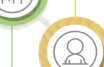

浅显易懂
大白话讲解，一看就懂，轻松掌握。

插图精美
采用了43位摄影达人的摄影佳作，图片精美，能给予读者美感体验。

重点突出
采用自顶向下的教学理念，先论述要点，再逐层展开。对要点和新的概念给出到展开内容的精确指引（页号），这是本书的独到之处。

内容新
包括了近几年流行的新技术和新方法，如景深合成、曝光合成、向右曝光、堆栈技术、星野摄影等。

内容组织架构新颖
本书不像其他教程那样从相机的基本结构和原理讲起，而是从如何拍出好照片开始，然后展开到如何通过控制曝光、快门速度和景深以及构图来表现拍摄意图，再到摄影用光、色彩、影调、质感等的把握，并重点讲了手机摄影，采用的是目标导向教学法。

目 录

第 0 章　重要说明
- 0.1　几个记号和概念 ········· 1
- 0.2　如何阅读本书 ··········· 2

第 1 章　引言
- 1.1　什么是摄影 ············· 3
- 1.2　为什么要拍摄 ··········· 3
- 1.3　摄影需要什么工具 ······· 3
- 1.4　应购置什么相机 ········· 4
  - ◆ 画幅 ···················· 4
  - ◆ 便携性 ·················· 4
  - ◆ 资金 ···················· 4
  - ◆ 镜头配置 ················ 4
  - ◆ 机身的选择 ·············· 5
- 1.5　如何提高摄影水平 ······· 5
- 1.6　好照片 = 好拍摄 + 好后期? ·· 5
- 1.7　"张老师教摄影"公众号 ·· 6

第 2 章　怎样才能拍出好照片
- 2.1　佳作赏析 ··············· 7
- 2.2　对照片的基本要求 ······· 20
  - 2.2.1　如何拍出清晰的照片 ··· 20
    - ◆ 精准对焦 ················ 20
    - ◆ 减少相机抖动 ············ 20
    - ◆ 快门速度足够快 ·········· 21
  - 2.2.2　如何拍出曝光准确的照片 ··· 21
- 2.3　好照片的标准 ··········· 21
  - ◆ 一个鲜明的主题 ·········· 21
  - ◆ 一个醒目的主体 ·········· 21
  - ◆ 画面简洁 ················ 22
  - ◆ 完美地表现主题和主体 ···· 23
- 2.4　不随便按快门 ··········· 24
- 2.5　培养摄影师的眼力 ······· 24
- 2.6　熟练地使用相机 ········· 24

第 3 章　熟练地使用相机
- 3.1　基本操作 ··············· 25
- 3.2　相机的正确握持方法 ····· 25
  - ◆ 大相机 ·················· 25
  - ◆ 小相机 ·················· 26
- 3.3　拍摄照片的步骤 ········· 26
- 3.4　选择拍摄模式和设定参数 ·· 27
  - ◆ 选择拍摄模式 ············ 27
  - ◆ 设定光圈和快门速度 ······ 27
  - ◆ 选择图像尺寸和文件格式 ·· 27
  - ◆ 设定白平衡 ·············· 27
  - ◆ 设定感光度 ISO ·········· 28
  - ◆ 选择测光模式 ············ 28
  - ◆ 设置曝光补偿 ············ 28
- 3.5　对焦 ··················· 28
  - ◆ 自动对焦点的选择 ········ 28
  - ◆ 自动对焦锁定 ············ 29
  - ◆ 自动对焦失败及补救 ······ 29
  - ◆ 对焦模式 ················ 29
  - ◆ 两个实用技巧 ············ 30
- 3.6　镜头的选用 ············· 30

第 4 章　曝光控制
- 4.1　曝光控制的重要性 ······· 31
- 4.2　曝光量 ················· 32
- 4.3　光圈 ··················· 32
- 4.4　快门 ··················· 33
- 4.5　等量曝光组合 ··········· 34
- 4.6　感光度 ················· 34
  - ◆ 感光度 ·················· 34
  - ◆ 自动 ISO ················ 35
- 4.7　光圈、快门速度和感光度的互易关系 ·· 35
- 4.8　相机的拍摄模式 ········· 35
  - ◆ 全自动模式和程序自动模式 ·· 36
  - ◆ 快门优先模式 ············ 36

		◆ 光圈优先模式 ························36
		◆ 手动模式 ······························36
		◆ B 门模式 ·····························36

4.9 自动曝光原理 ·····························36

4.10 曝光补偿 ····································37

4.11 包围曝光 ····································38

4.12 准确曝光与正确曝光 ··················39
　　◆ 准确曝光 ·····························39
　　◆ 根据直方图判断曝光是否准确 ····40
　　◆ 正确曝光 ·····························41

4.13 向右曝光 ····································41

4.14 测光与准确曝光 ·························42
　　◆ 测光模式 ·····························42
　　◆ 拍出曝光准确的照片 ············43

4.15 大光比场景的处理 ······················43
　　◆ 方案一：采用 RAW 格式 ········44
　　◆ 方案二：采用中灰渐变滤镜 ····44
　　◆ 方案三：采用曝光合成 ··········45
　　◆ 方案四：用一个 RAW 格式
　　　　文件进行曝光合成 ··············46

4.16 多重曝光 ····································46

4.17 初学者常遇到的两个问题 ··········47

第 5 章　动感与快门速度

5.1 获得清晰的影像 ····························48
　　◆ 拍摄静态景物 ·······················48
　　◆ 拍摄运动中的景物 ···············48
　　◆ 追拍法 ·································48

5.2 拍出动感模糊 ································49
　　◆ 故意让被摄体模糊 ···············49
　　◆ 拍出丝滑柔顺的瀑布和流水 ··50
　　◆ 拍出海浪迸溅或拉丝效果 ····51
　　◆ 拍出宁静和虚无缥缈的水面 ··51
　　◆ 让动体消失 ·························53
　　◆ 记录轨迹 ·····························53
　　◆ 拍摄月亮 ·····························54
　　◆ 拍摄繁星点点的星空（银河）····54

第 6 章　景深控制

6.1 景深的概念 ····································55

6.2 景深控制 ··56

6.3 查看或计算景深 ····························56
　　◆ 从取景器里观看 ···················56
　　◆ 查看照片 ·····························56
　　◆ 利用手机 APP 计算 ··············57
　　◆ 查看镜头刻度 ·····················57
　　◆ 查看景深表 ·························57

6.4 超焦距 ··57

6.5 景深合成 ··58

第 7 章　摄影构图

7.1 摄影构图的概念 ····························60

7.2 摄影构图的基本要求 ····················60

7.3 寻找最佳视点 ································61

7.3.1 拍摄距离与景别 ·······················61
　　◆ 全景 ·····································62
　　◆ 远景 ·····································63
　　◆ 中景 ·····································63
　　◆ 近景 ·····································64
　　◆ 特写 ·····································64

7.3.2 拍摄方位 ···································65
　　◆ 正面方位 ·····························65
　　◆ 侧面方位 ·····························66
　　◆ 斜侧面方位 ·························66
　　◆ 后侧面方位 ·························66
　　◆ 背面方位 ·····························66

7.3.3 拍摄高度 ···································67
　　◆ 平角度拍摄 ·························67
　　◆ 仰角度拍摄 ·························67
　　◆ 俯角度拍摄 ·························67

7.4 黄金分割 ··68
　　◆ 黄金分割的概念 ···················68
　　◆ 黄金分割在构图中的应用
　　　（三分法构图）·····················68

7.5 画面的构成 ····································70

7.5.1 主体 / 陪体 / 前景 / 背景 ············70

7.5.2 主体和视觉中心 ·······················70

7.5.3 突出主体的常用方法 ···············71
　　◆ 让主体的影像足够大 ············71
　　◆ 让主体成为视觉中心 ············72
　　◆ 利用引导线 ·························73
　　◆ 利用对比 ·····························73
　　◆ 利用透视 ·····························73

7.5.4	陪体	73
7.5.5	前景	74
7.5.6	背景	75

- ◆ 避开不想要的背景 75
- ◆ 把主体从背景中衬托出来 75

7.6 构图的元素 76
- ◆ 点 77
- ◆ 线 77
- ◆ 面 78
- ◆ 形状 79
- ◆ 体积 80
- ◆ 画面空白 80

7.7 摄影构图的形式法则 81
- 7.7.1 均衡和稳定 81
- 7.7.2 对比 83
  - ◆ 形体对比 83
  - ◆ 影调对比 84
  - ◆ 色彩对比 84
- 7.7.3 呼应 84
- 7.7.4 多样统一 85
- 7.7.5 重复与渐变 85

7.8 规范的超越 86

7.9 常用的构图形式 86
- ◆ 中央式构图 86
- ◆ 三分法构图 86
- ◆ 直线构图 86
- ◆ 对角线构图 86
- ◆ 放射线构图 88
- ◆ S 线构图 88
- ◆ 圆形构图 89
- ◆ 三角形构图 89
- ◆ 框式构图 90
- ◆ V 形构图 90
- ◆ 散点式构图 91

7.10 透视 91
- ◆ 线条透视 91
- ◆ 体积透视 92
- ◆ 大气透视 92
- ◆ 虚实透视 92

7.11 照片的画幅（形式） 93
- ◆ 长方形画幅 93
- ◆ 宽幅 94
- ◆ 正方形画幅 94

7.12 接片 95

第8章 摄影用光

8.1 摄影用光的 6 大要素 97
- 8.1.1 光度 97
- 8.1.2 光质 98
  - ◆ 硬光 98
  - ◆ 软光 98
- 8.1.3 光位 99
  - ◆ 光线的投射方向 99
  - ◆ 光源的高低 103
- 8.1.4 光比 104
  - ◆ 光比的作用 104
  - ◆ 光比的计算 105
  - ◆ 相机的动态范围和宽容度 105
- 8.1.5 光色 106
- 8.1.6 光型 106
  - ◆ 主光 106
  - ◆ 辅光 107
  - ◆ 轮廓光 107
  - ◆ 背景光 107
  - ◆ 修饰光 107

8.2 影子 107
- 8.2.1 影子包含的信息 107
- 8.2.2 影子的作用 108
  - ◆ 参与构图 108
  - ◆ 帮助造型 109
  - ◆ 成为主体 109
  - ◆ 渲染气氛 109

8.3 室外自然光照明 110
- 8.3.1 室外直射阳光 110
  - ◆ 选择光线的方向 110
  - ◆ 选择拍摄时间 111
  - ◆ 人工辅助补光 111
- 8.3.2 一天中不同时间段的光照特点 112
  - ◆ 黎明 112
  - ◆ 日出 113
  - ◆ 早晨 114
  - ◆ 上午 114
  - ◆ 中午 114

- ◆ 下午 ·················· 114
- ◆ 黄昏 ·················· 115
- ◆ 日落（黄金时分）········ 115
- ◆ 暮色时分（蓝调时分）···· 115
- ◆ 夜晚 ·················· 115
- 8.3.3 室外散射光 ············ 115
  - ◆ 强散射光 ·············· 116
  - ◆ 弱散射光 ·············· 116
- 8.3.4 特殊天气 ·············· 117

第 9 章 色彩、影调、质感

- 9.1 色彩 ······················ 119
  - 9.1.1 色彩的三要素 ············ 119
    - ◆ 色别 ·················· 120
    - ◆ 明度 ·················· 120
    - ◆ 饱和度 ················ 120
  - 9.1.2 三原色与三补色 ·········· 120
    - ◆ 三原色 ················ 120
    - ◆ 三补色 ················ 121
  - 9.1.3 消色 ···················· 122
  - 9.1.4 色相环 ·················· 122
  - 9.1.5 色调 ···················· 122
  - 9.1.6 画面的色彩构成 ·········· 123
    - ◆ 对比构成 ·············· 123
    - ◆ 和谐构成 ·············· 125
    - ◆ 重彩构成 ·············· 125
    - ◆ 淡彩构成 ·············· 125
    - ◆ 高调构成 ·············· 126
    - ◆ 低调构成 ·············· 126
  - 9.1.7 色彩引起的联想 ·········· 126
  - 9.1.8 色温与色彩 ·············· 127
    - ◆ 色温 ·················· 127
    - ◆ 白平衡的设定 ·········· 127
- 9.2 影调 ······················ 128
  - 9.2.1 照片的调子 ·············· 128
  - 9.2.2 影调的分类 ·············· 129
    - ◆ 高调 ·················· 129
    - ◆ 低调 ·················· 130
    - ◆ 中间调 ················ 130
    - ◆ 硬调 ·················· 130
    - ◆ 柔调 ·················· 131
- 9.3 质感 ······················ 132
  - ◆ 什么是质感 ············ 132
  - ◆ 帮助表现空间感 ········ 132
  - ◆ 如何拍出质感 ·········· 132

第 10 章 手机摄影

- 10.1 手机摄影的优势和不足 ······ 134
- 10.2 如何拍出好照片 ············ 135
- 10.3 摄影基础知识 ·············· 135
- 10.4 手机拍摄基本操作 ·········· 135
  - 10.4.1 手机拍摄界面及按钮 ······ 135
    - ◆ 华为 P10 Plus ·········· 136
    - ◆ 苹果 iPhone 7 Plus ······ 138
  - 10.4.2 自动对焦和测光 ·········· 139
  - 10.4.3 调整曝光 ················ 139
  - 10.4.4 关于变焦 ················ 140
  - 10.4.5 锁定对焦和曝光 ·········· 141
- 10.5 充分利用手机摄影的特点 ···· 141
  - ◆ 多靠近被摄体 ·········· 141
  - ◆ 多用竖画幅 ············ 142
  - ◆ 全方位拍摄 ············ 143
  - ◆ 记录日常生活的点点滴滴 · 143
  - ◆ 拍摄微小物件 ·········· 143
  - ◆ 选择单一的背景 ········ 144
- 10.6 拍摄技巧 ·················· 144
  - ◆ 虚化背景与花卉摄影 ···· 144
  - ◆ 充分利用构图 ·········· 144
  - ◆ 充分利用色彩 ·········· 145
  - ◆ 女孩自拍 ·············· 146
  - ◆ 如何把女孩拍美、拍高 ·· 147
  - ◆ 充分利用光影 ·········· 147
  - ◆ 风光摄影 ·············· 147
  - ◆ 拍摄夜景 ·············· 149
- 10.7 辅助器材和 APP 软件 ········ 150
  - 10.7.1 辅助器材 ················ 150
    - ◆ 三脚架、手机夹（或云台）· 150
    - ◆ 附加镜头 ·············· 151
  - 10.7.2 APP 软件 ················ 151
    - ◆ 特殊效果类 APP 软件 ···· 151
    - ◆ 后期处理类 APP 软件 ···· 152
    - ◆ Snapseed 使用教程 ······ 153

第 11 章　相机与镜头

11.1　相机的基本原理 ······ 154
11.2　相机的种类 ······ 154
11.2.1　按感光材料分类 ······ 154
11.2.2　按体积大小分类 ······ 154
- 卡片机 ······ 154
- 袖珍型相机 ······ 154
- 微单数码相机 ······ 154
- 135 单反相机 ······ 155
- 中画幅和大画幅相机 ······ 155

11.2.3　按画幅分类 ······ 155
- 小型数码相机 ······ 155
- 135 画幅相机 ······ 156
- 中画幅相机 ······ 157
- 大画幅相机 ······ 158

11.2.4　按特殊用途分类 ······ 158
- 全景相机 ······ 158
- 水下相机 ······ 158
- 立体相机 ······ 158

11.3　镜头 ······ 158
11.3.1　镜头的类型与特性 ······ 158
- 焦距与视角 ······ 158
- 不同焦距镜头的成像特点 ······ 160

11.3.2　定焦与变焦镜头 ······ 163
11.3.3　镜头的口径 ······ 163
11.3.4　镜头的最佳光圈 ······ 163

第 12 章　摄影辅助器材

12.1　必备附件 ······ 164
- 相机包 ······ 164
- UV 镜或保护镜 ······ 164
- 吹气球、镜头笔和麂皮 ······ 164
- 快门线或遥控器 ······ 165
- 偏振镜 ······ 165

12.2　滤光镜 ······ 166
- 中灰密度镜 ······ 166
- 中灰渐变镜 ······ 166
- 柔光镜 ······ 167
- 近摄镜 ······ 167

12.3　三脚架 ······ 167
12.4　闪光灯 ······ 168
- 闪光指数 ······ 168
- 光向和光角 ······ 168
- 发光时间与同步 ······ 168
- 前帘同步与后帘同步 ······ 168
- TTL 自动闪光 ······ 168

12.5　其他附件 ······ 169
- 反光板 ······ 169
- 防雨罩 ······ 169
- 近摄皮腔和近摄接圈 ······ 169
- 独立测光表 ······ 169

第 13 章　风光摄影

13.1　拍出不一样的作品 ······ 171
13.1.1　不一样的风景 ······ 171
- 旅游者眼中的风景 ······ 171
- 摄影爱好者眼中的风景 ······ 171
- 摄影师心中的风景 ······ 171

13.1.2　如何拍出有新意的风光作品 ······ 172
- 寻找没人拍过的风景 ······ 172
- 寻找全新的视角 ······ 172
- 采用全新的表现手法 ······ 175
- 用心灵创作 ······ 176

13.1.3　观察和预想 ······ 177
13.1.4　大风光与小景风光 ······ 177

13.2　器材 ······ 178
- 相机画幅的选择 ······ 178
- 镜头的选择 ······ 179

13.3　拍摄技巧 ······ 179
- 天空与大地空间的划分 ······ 179
- 景深控制 ······ 179
- 点、线、面的组织 ······ 180
- 云的利用 ······ 180
- 慢门拍摄 ······ 181
- 区域光拍摄 ······ 181
- 阴影的利用 ······ 182
- 色温对比 ······ 182
- 散射光下拍摄 ······ 182
- 顶光拍摄 ······ 182

13.4　常见风光拍摄题材 ······ 182
13.4.1　日出日落 ······ 182
13.4.2　山峦 ······ 183
13.4.3　江河湖海瀑布 ······ 184

- ◆ 瞬间凝固的效果⋯⋯⋯⋯⋯⋯⋯⋯185
- ◆ 光顺丝滑的效果⋯⋯⋯⋯⋯⋯⋯⋯185
- ◆ 海浪的慢门拍摄⋯⋯⋯⋯⋯⋯⋯⋯185

13.4.4 雪景⋯⋯⋯⋯⋯⋯⋯⋯⋯⋯⋯⋯186
13.4.5 月亮及夜景⋯⋯⋯⋯⋯⋯⋯⋯⋯187
13.4.6 星空⋯⋯⋯⋯⋯⋯⋯⋯⋯⋯⋯⋯189
- ◆ 设备⋯⋯⋯⋯⋯⋯⋯⋯⋯⋯⋯⋯189
- ◆ 确定地点和时间⋯⋯⋯⋯⋯⋯⋯⋯189
- ◆ 对焦⋯⋯⋯⋯⋯⋯⋯⋯⋯⋯⋯⋯190
- ◆ 曝光参数及色温⋯⋯⋯⋯⋯⋯⋯⋯191
- ◆ 取景、试拍和正式拍摄⋯⋯⋯⋯⋯192
- ◆ 后期处理⋯⋯⋯⋯⋯⋯⋯⋯⋯⋯192
- ◆ 关于前景⋯⋯⋯⋯⋯⋯⋯⋯⋯⋯192

13.4.7 极光⋯⋯⋯⋯⋯⋯⋯⋯⋯⋯⋯⋯192
13.4.8 航班上航拍⋯⋯⋯⋯⋯⋯⋯⋯⋯193
- ◆ 前期工作⋯⋯⋯⋯⋯⋯⋯⋯⋯⋯193
- ◆ 登机后的准备工作⋯⋯⋯⋯⋯⋯⋯194
- ◆ 拍摄技巧⋯⋯⋯⋯⋯⋯⋯⋯⋯⋯194

第 14 章 花卉摄影

14.1 花卉摄影的景别⋯⋯⋯⋯⋯⋯⋯⋯196
14.2 器材⋯⋯⋯⋯⋯⋯⋯⋯⋯⋯⋯⋯⋯198
- ◆ 拍花利器⋯⋯⋯⋯⋯⋯⋯⋯⋯⋯198
- ◆ 其他有用的器具⋯⋯⋯⋯⋯⋯⋯⋯199

14.3 拍摄技巧⋯⋯⋯⋯⋯⋯⋯⋯⋯⋯⋯199
- ◆ 寻花和拍摄时机⋯⋯⋯⋯⋯⋯⋯⋯199
- ◆ 观察和比较⋯⋯⋯⋯⋯⋯⋯⋯⋯⋯199
- ◆ 光线⋯⋯⋯⋯⋯⋯⋯⋯⋯⋯⋯⋯199
- ◆ 光圈⋯⋯⋯⋯⋯⋯⋯⋯⋯⋯⋯⋯200
- ◆ 梳理主体,使之造型更美⋯⋯⋯⋯201
- ◆ 构图⋯⋯⋯⋯⋯⋯⋯⋯⋯⋯⋯⋯201
- ◆ 背景的处理⋯⋯⋯⋯⋯⋯⋯⋯⋯⋯201
- ◆ 前景的利用⋯⋯⋯⋯⋯⋯⋯⋯⋯⋯202
- ◆ 加水珠⋯⋯⋯⋯⋯⋯⋯⋯⋯⋯⋯⋯202
- ◆ 拍摄组照⋯⋯⋯⋯⋯⋯⋯⋯⋯⋯202
- ◆ 影子的利用⋯⋯⋯⋯⋯⋯⋯⋯⋯⋯202
- ◆ 借景⋯⋯⋯⋯⋯⋯⋯⋯⋯⋯⋯⋯204
- ◆ 借用玻璃⋯⋯⋯⋯⋯⋯⋯⋯⋯⋯204
- ◆ 拍水中倒影⋯⋯⋯⋯⋯⋯⋯⋯⋯⋯205
- ◆ 采用两次曝光⋯⋯⋯⋯⋯⋯⋯⋯⋯205
- ◆ 晃动相机拍摄法⋯⋯⋯⋯⋯⋯⋯⋯206
- ◆ 使用偏振镜⋯⋯⋯⋯⋯⋯⋯⋯⋯⋯206
- ◆ 使用三脚架⋯⋯⋯⋯⋯⋯⋯⋯⋯⋯206
- ◆ 使用柔光镜⋯⋯⋯⋯⋯⋯⋯⋯⋯⋯206
- ◆ 关于蜜蜂⋯⋯⋯⋯⋯⋯⋯⋯⋯⋯206
- ◆ 手机和小数码相机拍花⋯⋯⋯⋯⋯206

第 15 章 人像摄影

15.1 器材⋯⋯⋯⋯⋯⋯⋯⋯⋯⋯⋯⋯⋯209
15.2 眼神光的处理⋯⋯⋯⋯⋯⋯⋯⋯⋯209
15.3 室内灯光人像⋯⋯⋯⋯⋯⋯⋯⋯⋯210
15.3.1 5 种光型⋯⋯⋯⋯⋯⋯⋯⋯⋯⋯210
15.3.2 布光步骤⋯⋯⋯⋯⋯⋯⋯⋯⋯⋯211
- ◆ 第一步:布主光⋯⋯⋯⋯⋯⋯⋯⋯211
- ◆ 第二步:布辅光⋯⋯⋯⋯⋯⋯⋯⋯211
- ◆ 第三步:布轮廓光⋯⋯⋯⋯⋯⋯⋯211
- ◆ 第四步:布背景光⋯⋯⋯⋯⋯⋯⋯212
- ◆ 第五步:布修饰光⋯⋯⋯⋯⋯⋯⋯212

15.3.3 几种常用的主光⋯⋯⋯⋯⋯⋯⋯212
- ◆ 顺光⋯⋯⋯⋯⋯⋯⋯⋯⋯⋯⋯⋯212
- ◆ 前侧光⋯⋯⋯⋯⋯⋯⋯⋯⋯⋯⋯⋯213
- ◆ 正侧光⋯⋯⋯⋯⋯⋯⋯⋯⋯⋯⋯⋯213
- ◆ 伦勃朗布光⋯⋯⋯⋯⋯⋯⋯⋯⋯⋯213
- ◆ 蝶形布光⋯⋯⋯⋯⋯⋯⋯⋯⋯⋯214

15.3.4 散射光的产生⋯⋯⋯⋯⋯⋯⋯⋯214
15.3.5 室内闪光灯人像⋯⋯⋯⋯⋯⋯⋯215
- ◆ 直接闪光⋯⋯⋯⋯⋯⋯⋯⋯⋯⋯215
- ◆ 反射闪光⋯⋯⋯⋯⋯⋯⋯⋯⋯⋯215

15.4 室内自然光人像⋯⋯⋯⋯⋯⋯⋯⋯215
15.5 户外人像⋯⋯⋯⋯⋯⋯⋯⋯⋯⋯⋯216
15.6 人物/人像摄影的姿态控制⋯⋯⋯217
15.7 如何把女孩拍美、拍高⋯⋯⋯⋯⋯217
15.8 儿童人像⋯⋯⋯⋯⋯⋯⋯⋯⋯⋯⋯217
- ◆ 拍摄方式⋯⋯⋯⋯⋯⋯⋯⋯⋯⋯217
- ◆ 构图和背景⋯⋯⋯⋯⋯⋯⋯⋯⋯⋯219
- ◆ 引导和抓拍⋯⋯⋯⋯⋯⋯⋯⋯⋯⋯219
- ◆ 提前量与连拍⋯⋯⋯⋯⋯⋯⋯⋯220

致谢 ⋯⋯⋯⋯⋯⋯⋯⋯⋯⋯⋯⋯⋯⋯**221**

参考文献 ⋯⋯⋯⋯⋯⋯⋯⋯⋯⋯⋯⋯**222**

第 0 章 重要说明

0.1 几个记号和概念

为了更好地读懂本书,有几个记号和概念需要先说明一下。

(1) 有些地方把两句话简写成了一句。例如:

"当被摄景物比 18% 灰更亮(暗)时,要增加(减少)曝光,这样拍出来的影像才会比 18% 灰更亮(暗)。"

是以下两句话的简写:

"当被摄景物比 18% 灰更亮时,要增加曝光,这样拍出来的影像才会比 18% 灰更亮。反之,当被摄景物比 18% 灰更暗时,要减少曝光,这样拍出来的影像才会比 18% 灰更暗。"

(2) (Pn) 表示"见本书的第 n 页",用于告诉你相关的展开阅读内容在哪一页。

(3) 本书中,拍摄方向是指拍摄时镜头轴线朝向被摄体这一边时所指的方向。如图 0-1 所示。

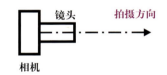

图 0-1　拍摄方向

(4) "A 和 / 或 B"表示"A 和 B"或"A 或 B"。

(5) 被摄体是指被拍摄的对象,包括人和物。

(6) 【扩展】的内容有较大的难度,建议初学者先不要看。等学完全书,有了一定的基础后,再来扩展。

(7) 插图中括号内的参数说明(举例):

(f/22,1s,11mm) 表示光圈是 f/22,快门速度是 1s,焦距是 11mm。

(f/11,16mm) 表示重点关注光圈,光圈是 f/11。

(1/60s,16mm) 表示重点关注快门速度,是 1/60s。

"NDx" "GNDx" "GNDx 反"分别表示中灰密度镜、中灰渐变镜以及反向中灰渐变镜,其后的数值 x 是指密度。详见 P166。

学摄影,只需要看关键参数即可,为了避免分散精力,本书中只提供关键参数,其余参数按常规或者由相机自动计算即可。

(8) "见'张老师教摄影'公众号(输入 hyg)"是指:进入"张老师教摄影"公众号(微信号为 zlsjsy365),然后输入并发送 hyg,该公众号就会显示相关内容。其二维码见 1.7 节,第一次进入公众号需先关注。

(9) 本书中的单反相机操作或显示,如果没有特别说明,均以佳能相机 5D3 为例。

(10) 本书中的正方形构图作品都是用哈苏 905SWC 或 503CW 相机和 120 反转片胶卷拍摄的(除非特别说明)。

0.2 如何阅读本书

本书各章相对独立，重要概念和知识以相互引用（页号）关联到一起。理论上讲，从哪一章开始学习都是可以的。不过，这里还是给出一个建议顺序。

手机摄影读者可以在读完第 1 章后直接从第 10 章读起，然后按其中的建议，再扩展阅读其他章节。阅读顺序如下：

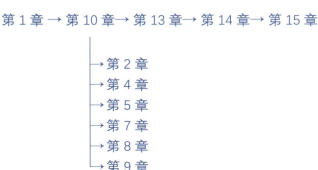

其他读者可以按以下顺序阅读：

第 1 章 → 第 2 章 → 第 3 章 →⎧第 4 章/第 5 章/第 6 章/第 7 章/第 8 章/第 9 章⎫→ 第 10 章 → 第 11 章 → 第 12 章 →⎧第 13 章/第 14 章/第 15 章⎫

并列的几章可以根据兴趣挑选阅读，也可以并发地交叉阅读。但不管怎样，都希望读者能全部读完。

第 1 章　引　　言

1.1　什么是摄影

摄影就是以照相机为工具进行艺术创作，产生以影像为形式的作品。

现在普通大众所说的摄影含义要更广泛一些，是指用相机捕捉和记录现实或者精彩的瞬间，包括人和事物。

"技术＋艺术＝给人深刻印象的照片"，一位美国知名摄影记者如是说。笔者很赞同这一观点。

要拍出好照片，不仅要熟练掌握技术，更重要的是要有自己的想法和观念，要具有摄影师的眼光，所以要不断提高艺术修养。

1.2　为什么要拍摄

每个人都会有自己的答案。例如：
- 就手机拍拍发微信。
- 旅游时拍拍美景和留念照。
- 摄影爱好者或发烧友。
- 上摄影课。
- 以摄影为职业。
- 纯粹为了记录。
- 只是喜欢拍照。

需要指出的是，摄影和拍照是不同的。拍照只是拍张照片，而摄影则是艺术创作。

不管是出于什么目的，通过摄影，都能从镜头中发现前所未见的美：更美的视角，更开阔的视野，美妙的瞬间，神奇的微距世界……通过摄影，能表达我们的观点、感受及情绪，能陶冶我们的情操，提高我们的艺术修养。

不管是出于什么目的，通过学习本教程，你的摄影水平一定会有一个较大的提升。

1.3　摄影需要什么工具

只要拥有下面任何一种工具，便可以开展摄影活动。
- 手机。
- 卡片机（也称口袋机）。
- 袖珍型相机。
- 微单相机。
- APS-C 画幅 135 单反相机。
- 全画幅 135 单反相机。
- 中画幅相机。
- 大画幅相机。

（详见第 11 章。）

一般来说，上述工具从第二个开始往下，是越来越高级，越来越大，也越来越重。作为一名摄影爱好者，你的相机在上述列表中越靠后，也许你的发烧程度就越高。第一个比较特别，几乎人手一部，可以说现在人人都拥有了摄影的工具。笔者已经拥有了上述除最后一个以外的所有相机。

你可以从手机或小型相机玩起，然后走上漫漫的摄影发烧路；也可以一次到位，直接上全画幅单反相机；或者干脆就直接上中画幅相机。虽然现在手机拍摄的画质跟高档相机比还差不少，但手机摄影有其独特的魅力，是一个趋势。第 10 章专门介绍了手机摄影，而且本书中介绍的很多基础理论知识对于手机摄影也是同样适用的。

以前，有个玩笑说：如果你恨一个人，就给他一部单反（让他倾家荡产）。现在时代不同了，数码相机没有胶卷的开销，你给他一部数码单反，正中他的下怀！而且，跟现在的每平方米动辄数万元的房价相比，相机简直就是白菜价了！

1.4 应购置什么相机

对于这个问题，主要看你要拍什么，准备投入多少资金，以及对画质和便携性有多高的要求。

◆ 画幅

画幅是指相机中感光材料（胶片或图像传感器）幅面的大小。按画幅的大小，可以把相机分为小数码相机、135 相机、中画幅相机和大画幅相机（P155）。一般来说，画幅越大，成像质量就越高，画质越好。不过，除非是专业拍摄或者高级发烧友需要，否则选用小数码相机或者 135 数码相机就足够了。下面只介绍 135 数码相机的选择。

◆ 便携性

便携性从高到低依次为卡片机→袖珍型相机→微单相机→135 单反相机，应根据自己对便携性的需求进行选择。

卡片机和袖珍型相机在画质上满足不了较高的要求，除非对便携性有特别要求，一般应选择微单或单反相机。对于女士（女汉子除外😀）和老人，推荐微单相机；对其他人，还是建议选用 135 单反。特别是对于发烧程度比较高的爱好者，强烈建议购置全画幅的！

有关各种相机的介绍见 P154。

◆ 资金

（1）资金在 2000 元以下，购置袖珍型相机或卡片机。

（2）资金为 5000 元左右，购置入门级单反套机或微单套机。对于微单相机，一定要买有取景器（取景小窗口）的。否则，若只能通过液晶屏取景，使用时受限太多，经常看不清取景画面的细节。

（3）资金为 8000 ～ 15 000 元，购置中高级单反套机或微单套机。

（4）资金为 15 000 ～ 25 000 元，购置准专业级单反套机或微单套机。资金富余的话，可购置多只镜头。

（5）资金在 25 000 元以上，购置专业级单反或微单相机。

◆ 镜头配置

在镜头（P158）配置方面，建议尽量购置专业镜头，一次到位。这样以后就不用更换了，避免镜头升级带来的折价损失。因为购买新的镜头后，老的镜头成为二手货，不仅折价较多，而且也难出手。

有人推崇一镜走天下（例如 24 ～ 105mm 等）。对于初学者来说，刚开始一只镜头也许够用，但以后会越来越尴尬——镜头既不够广（角），又不够长（焦）。

在定焦与变焦镜头的选择上，建议用变焦镜头，因为变焦镜头使用非常灵活方便，而且现在的变焦镜头的成像质量已经足够好了。

笔者认为比较经典的配置如下：

- 广角变焦镜头，17 ～ 40mm 左右。重点是广角端要到 18mm 左右。

- 中长焦变焦镜头，70～200mm 左右。重点是长焦端要到 200mm 左右。
- 标准镜头，50mm 左右（如果嫌镜头太多，可以不要）。

这 3 只镜头能满足大部分拍摄的需求。

除此之外，根据拍摄题材的需要，可能还要增加至少一只镜头：

- 人像：采用大光圈定焦人像镜头（如 50mm 或 85mm 等）。
- 微距、花卉：采用微距镜头（P162）。
- 鸟类、体育：采用 500～1000mm 甚至更长的定焦远摄镜头。

虽然相机的镜头很重要，但最关键的是相机后面的那个"头"（也就是拍摄者本人）哦。

◆ 机身的选择

尽管机身和镜头同样重要，但笔者还是建议优先购置专业镜头（例如佳能的红圈镜头），因为机身是不断降价和升级的，而镜头则相对稳定。镜头可以一次到位，而机身则可以先配普通一点的，等高档机身降价或更好的机身出来后再升级。

对于初学者来说，一个机身足矣。但有不少摄影人认为需要两个机身，这是因为换镜头很麻烦，而且有时时间不允许。在恶劣天气下（如风沙、下雨、下雪等）换镜头，会增加机身进灰尘或受损的风险。采用两个机身，分别装不同焦段的镜头，是一种不错的解决方案。不少人本来就有两个机身，因为机身往往过 3～5 年就要升级。

配备两个机身的另一个好处是有备份，可以轻松应对出远门游摄过程中机身出问题的情况。当然，两个机身增加了器材的重量，对于体力较弱的人来说不太适合。

1.5 如何提高摄影水平

对这个问题，通常的答案是：理论＋实践，读几本摄影方面的书，同时多拍照片。

但其实这还远远不够，因为少了很重要的一项：思考。不仅拍摄前和拍摄过程中要思考，拍摄后也需要认真思考。要对照片进行分析、比较（拍摄时要用不同的角度多拍几张）和后期处理（再创作）。

要先学会评价和分析照片，并多加练习。对于"好"的照片和"不好"的照片，分析"好"在哪里，"不好"在哪里，如何改进。每次拍摄后，都要对自己的照片进行评价。初学摄影时，在自己评价后，还应该请老师给予点评。

学习理论知识更需要思考。例如，在构图方面，一张好照片为什么要那样构图？取景往上、下、左、右移动一点结果会怎样？镜头焦距改变一下结果会如何？角度改变一下又会有什么变化？等等。

还有一点特别重要，就是摄影是观察的艺术。要勤学苦练对被摄体和场景进行观察和提炼的能力，练出摄影师的眼力——在周围世界中发现和捕捉到美好画面的能力。

著名风光摄影大师安塞·亚当斯说：我们不只是用相机拍照，我们带到摄影中去的是所有我们读过的书，看过的电影，听过的音乐，爱过的人。

所以，更好的答案是：思考＋观察＋理论＋实践＋用心灵去创作。

1.6 好照片 = 好拍摄 + 好后期？

关于是否要进行后期处理这个问题，十多年前还是争论颇为激烈的。那个时候，对于一张好照片，观看者总喜欢问："有没有 PS 过？"，而拍摄者也好像总喜欢自豪地说"相机直出"，或者总想往"没怎么 PS"上靠，甚至做了也不敢说。殊不知相机直出的 JPEG 照片实际上是已经在相机内进行了处理的。现在"形势"似乎已经比较明朗了，基本上都认可：好照片不仅前期拍摄要好，后期处理水平也必须跟上。当然，通过移花接木等制作的创意画面就另当别论了。

采用 RAW 格式拍摄后，通过后期处理提高照片质量的空间就更大了，不仅仅是画质的提高，更重要的是表现能力的提高。后期是在前期拍摄记录下原始影像信息后对作品进行二次创作，而且具有更大的想象和表现空间。所以，不管是摄影师还是爱好者，都需要掌握用专业图像处理软件进行后期处理的技艺。受篇幅限制，本书不讲后期处理，将另写教程。但本书中讲解的表现作品主题和主体的思路和技法，对于提高后期处理的水平同样具有很大的指导意义，而且有些方法和技巧是要前后期相结合的。后期处理的难点不在于软件具体如何操作，而是在于后期处理的总体思路，即对于一张照片，该从哪几个方面去修，步骤是什么。

后期处理难学吗？学会之前可能会觉得很难，但一旦突破，就什么都不是事儿了。关键是要找对教程，找对老师。

关于图像处理软件，笔者的建议是：ACR ＋ PS（＋ Bridge）或者 LR ＋ PS。其中，ACR——Adobe Camera RAW，PS——PhotoShop，LR——LightRoom，Bridge——照片管理软件，它们都是 Adobe 公司的产品。如果照片数量不多，可以先不用 Bridge。

"张老师教摄影"公众号（见 1.7 节）提供了一个 ACR 的简明教程和一个 PS 的简明教程。进入该公众号后，分别输入 acr 和 ps 并发送，即可获得相应的简明教程。

1.7 "张老师教摄影"公众号

本书在"张老师教摄影"公众号上提供了部分实例以及扩展学习内容。为了更好地学习本教程，请扫描以下二维码，关注"张老师教摄影"公众号和个人微信。本书会具体指导你如何获取相关的内容。

张老师教摄影
公众号
zlsjsy365

张老师教摄影
个人微信
tour888999

第 2 章　怎样才能拍出好照片

你也许会想，相机都还不太会用呢，就要学习如何拍出好照片？

没错。在本章，会不会用相机关系不大。

我们采用自顶向下的教学方法，首先讲解如何拍出好照片的思路，这比具体操作细节更为重要。

2.1　佳作赏析

让我们从欣赏佳作开始吧。

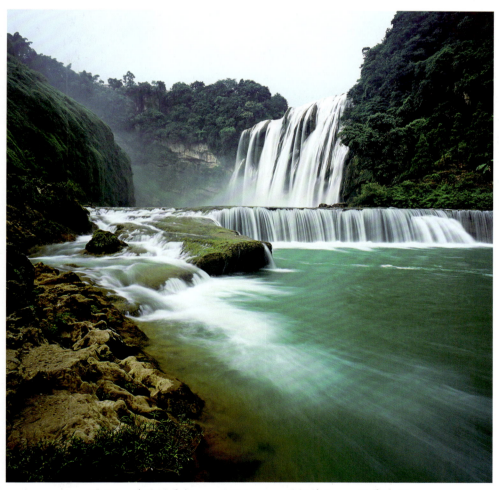

图 2-1　黄果树瀑布　　（f/22，1s，偏振镜）　　张晨曦摄

【分析】这幅作品的独到之处在于采用正方形画幅，并以低机位贴近水流拍摄。与大众化的长方形横幅相比，多出了下面的部分，即前景的岩石及其旁边的动感水流，形成动与静的对比。近距离的动感水流不仅表现了水流的清澈与动势，而且更好地衬托出了远处瀑布的优美形态，并会把视线引向中景以及后面的主体——瀑布。

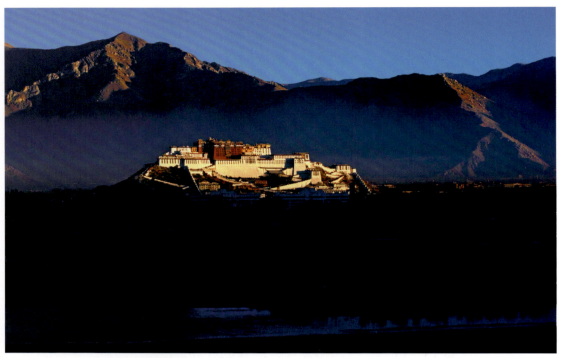

图 2-2　晨曦中的布达拉宫　　（f/16）　　张晨曦 摄

【分析】这是从布达拉宫对面的山头上拍的，清晨金黄色的阳光恰好只照亮了整座建筑，与天空、河流以及阴影区域的蓝调形成鲜明的对比，使得布达拉宫显得更加神圣和令人向往。

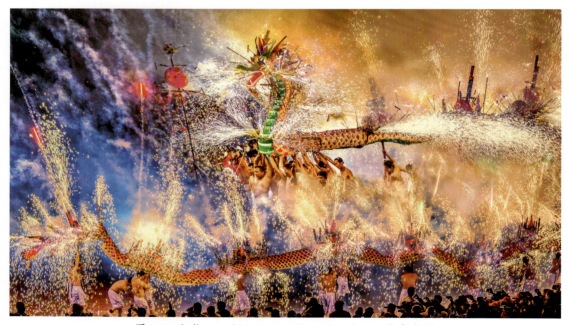

图 2-3　火龙　　（f/16，1/80s，85mm）　　张光启 摄

【分析】这是广东梅州丰顺县的烧火龙民俗活动。"之"字形的火龙布局很好，烟花四溅，场面十分热烈、壮观。龙头造型漂亮，醒目突出，是众人鼎力汇聚的地方。快门速度也恰到好处，使得烟花在其喷口呈迸发状，而落下则像是繁星点点，非常好看。金黄色的色调渲染了平安祥和、欢天喜地庆元宵的气氛。

第 2 章 · 怎样才能拍出好照片　　9

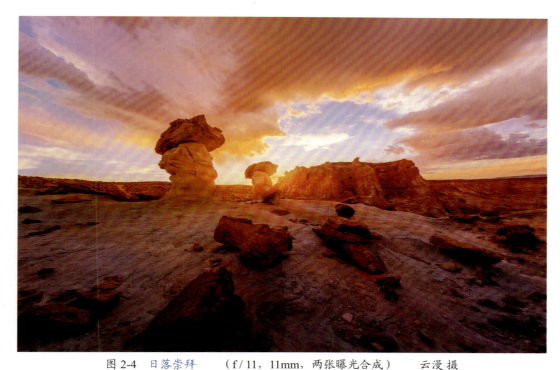

图 2-4　日落崇拜　　（f/11，11mm，两张曝光合成）　　云漫 摄

【分析】画面场景大，构图元素多。拍摄者充分展现了其非凡的构图能力，把整个画面安排得非常完美、壮观！犹如谱写了一曲气势磅礴的交响乐。前景中石块排列隐含的线条把视线汇聚到画面中央。

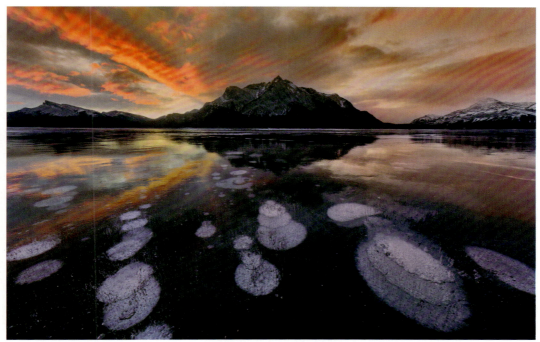

图 2-5　冰泡奇观　　（f/11，11mm，两张曝光＋景深合成）　　云漫 摄

【分析】超广角、超低机位拍摄，使得冰泡成倒 V 字排列，形成引导线，天空的云彩则构成 V 字线条。这些把观看者的视线引向画面深处。画面中的冷暖色调对比增强了戏剧性，提高了表现力。

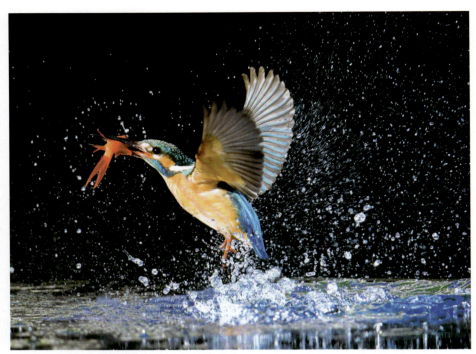

图 2-6 精彩瞬间 （f/5.6，1/2000s，840mm） 沙 岩 摄

【分析】以高速快门定格了翠鸟捕鱼成功后出水的瞬间，动感十足。翠鸟姿态很优美，红色的鱼与鸟的蓝色羽毛形成鲜明的对比。在黑色背景的衬托下，水花晶莹剔透，羽毛的颜色也非常好看。

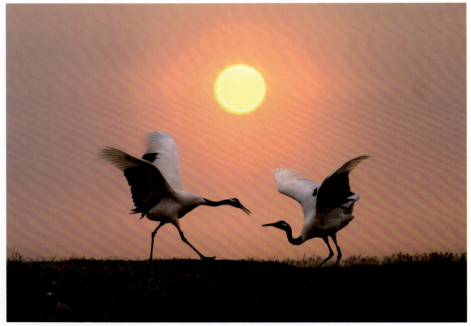

图 2-7 鹤舞斜阳 （f/5.6，1/200s，300mm，太阳与鹤分别拍摄，后期合成） 胡时芳 摄

【分析】两只鹤在斜阳下翩然起舞，而且姿态优美，再加上粉红色背景的烘托，非常具有浪漫情调。作者等了很久才等来了这美妙的瞬间。采用了三角形构图，画面非常稳定，而鹤的姿势却很有动感。

第 2 章·怎样才能拍出好照片　　11

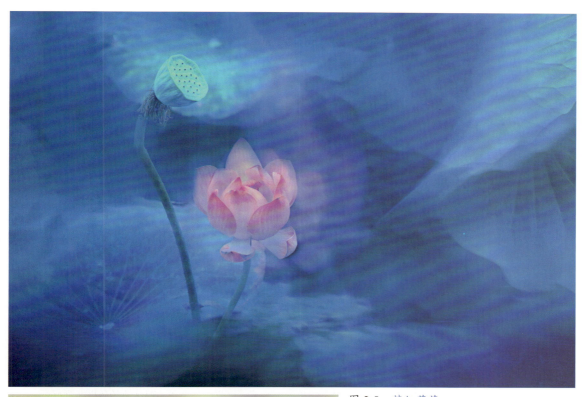

图 2-8　梦幻荷花
（两张照片叠加：一张大光圈、清晰，另一张摇晃相机）　胡时芳 摄

【分析】富有新意的花卉摄影作品。摇晃拍摄的动感影像使得画面给人以生动和画意的感觉，而静态拍摄则保留了静止的清晰影像。蓝色的基调给人以宁静、梦幻的感觉。

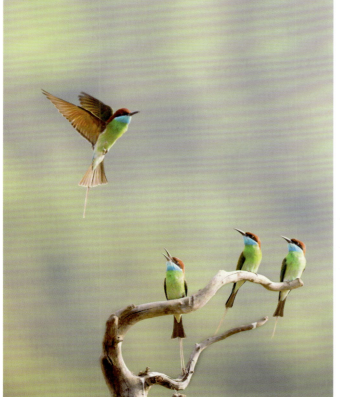

图 2-9　观舞
（f/5，1/1600s，600mm）　李建华 摄

【分析】富有趣味性的画面，抓住了美妙的瞬间。三只蓝喉蜂虎好像在"观看"另一只独舞。采用近似的黄金分割构图，动态的那只鸟与静态的三只鸟形成动静对比。并且它们之间还形成呼应——三只鸟的视线汇聚到另一只鸟上。极度虚化的背景使得画面更加干净和具有美感，并突出了主体。

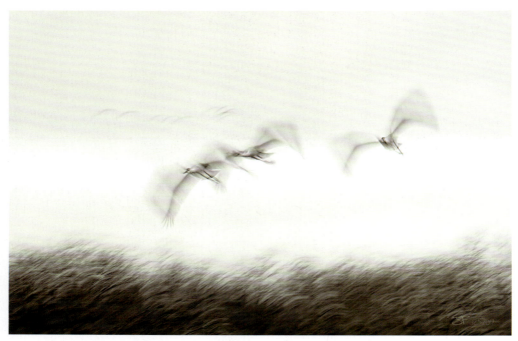

图 2-10　Out of Dreams　（1/15s）　范朝亮 摄

【分析】这张作品表现出了梦境中飞翔的仙鹤，虚实结合，既有仙鹤展翅的姿态，又有飞动的虚影。有一种超现实的美，把我们带到了一个神奇的境地。大面积的空白留给我们足够的想象空间。

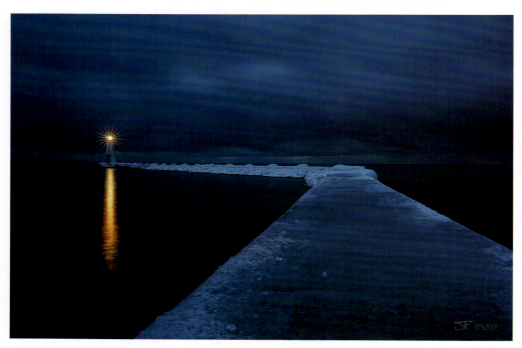

图 2-11　冰封的旅途　（f/22）　范朝亮 摄

【分析】灯塔是作品的主体，脚下的防波堤是引导线。超广角产生的畸变使得防波堤产生强烈的纵深感。灯塔虽小，却是画面的秤砣，四两拨千斤。但灯塔必须安排在 1/3 以外的位置，才能保持平衡（所以不能死守三分法）。使用最小光圈和降低机位，获得了漂亮的星芒和长长的倒影[1]。

图 2-12 农家院雪景
（f/16） 张晨曦 摄

【分析】对角线构图给画面注入了生气，影子则给画面带来趣味性。柔和的逆光很好地表现了雪的质感。厚厚的、纯净的白雪有一种让人看了就想去摸一摸的感觉。不过画面左下角的残缺有些遗憾，后期修补一下会更好。

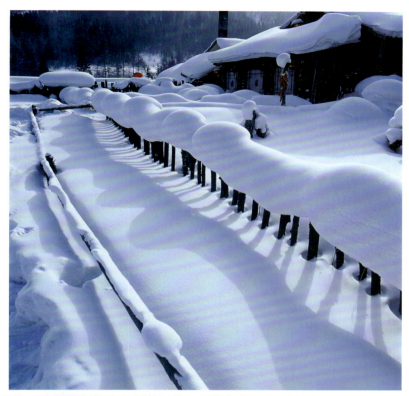

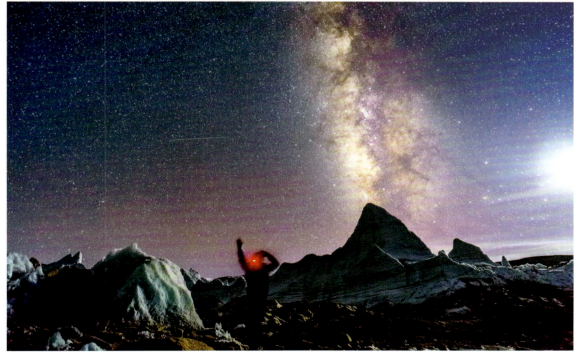

图 2-13 普南冰川上的星空 （f/4.5，25s，ISO 6400，18mm） 柳叶刀 摄

【分析】很好地表现了普南冰川上空璀璨的银河和星空。人物以剪影的形式出现，既加入了人的元素，又不太喧宾夺主。而那个作为点缀的小小红灯则增加了趣味性。在构图上，把银河安排在黄金分割处。

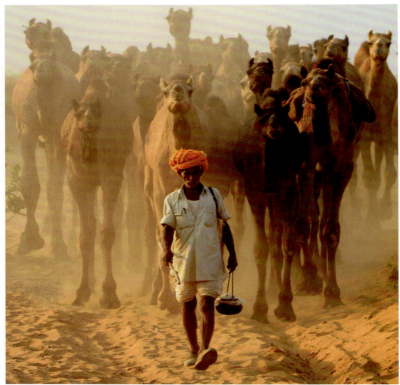

图 2-14　牧归

（f/8，1/1000s，380mm，135 数码单反）　毛裕生 摄

【分析】摄于印度普什卡。沙漠里，一个放牧人领着一群骆驼走在回家的途中。沙尘飞扬，加强了现场的气氛，而这个放牧人头上的帽子和手里的水壶则很有当地的民族特色。用 380mm 长焦拍摄，压缩了空间感，强化了放牧人身后骆驼的阵势。放牧人的脚步恰到好处，且富有趣味性。

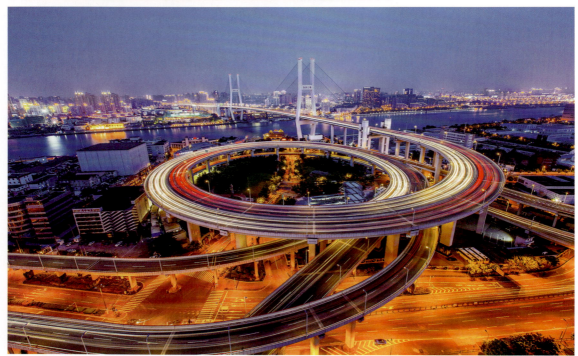

图 2-15　南浦大桥　　（f/10，30s，ISO 200，16mm）　林榕生 摄

【分析】很美的夜景作品，摄于蓝色时分，充分表现了南浦大桥的美。首先是色彩构成上，上半部是蓝色冷色调，下半部路灯照明的是金黄色暖色调，形成鲜明的对比。桥面上还有流畅的红色和黄色线条。在构图上，主体是螺旋式上升的圆弧式的引桥，具有很迷人的曲线。

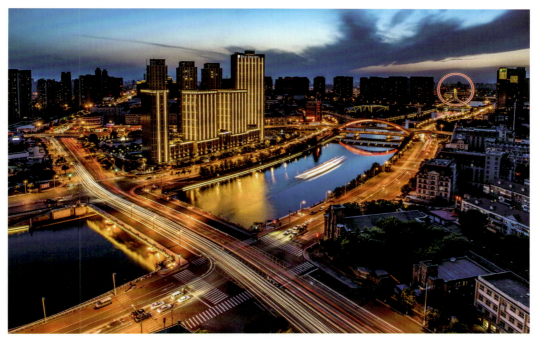

图 2-16　魅力海河　　（f/20，20s，ISO 64，24mm，GND0.9）　　甄琦 摄

【分析】构图上，形成 V 形的两条道路上，20s 的长曝（长时间曝光）记录下了车来车往的轨迹，形成了漂亮的线条，富有动感。河流及天空中的蓝色与路灯的暖色形成色调对比，使画面更具有美感，更耐看。

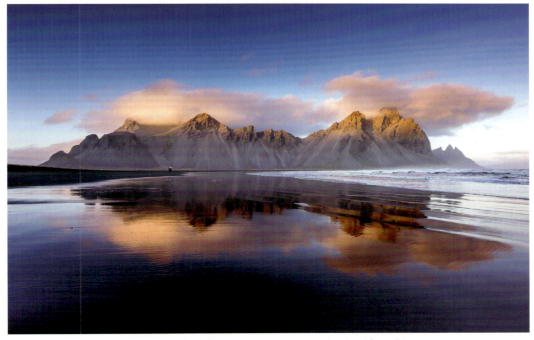

图 2-17　威山夕照　　（f/11，17mm）　　刘郁人 摄

【分析】这是夕阳下的威斯特拉洪山（冰岛）。山的造型奇特，蓝天里两团白云映衬着红霞，在如镜面的沙滩上形成漂亮的倒影。把水平线安排在画面的中央，形成上下对称的完美画面。

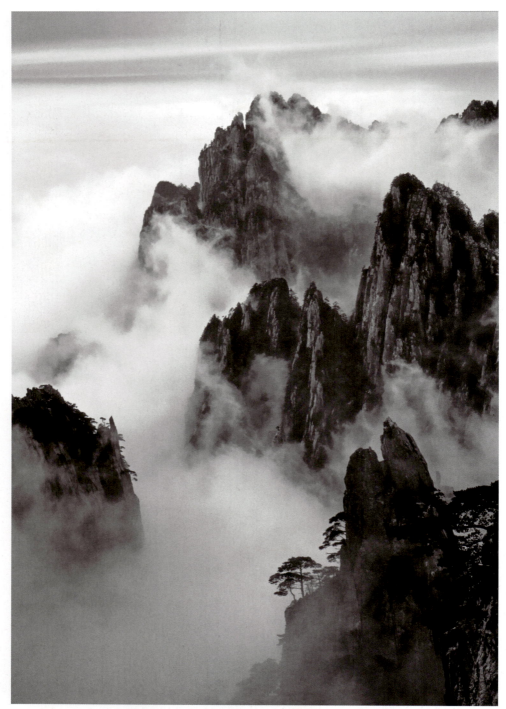

图 2-18　黄山双剪峰　　（f/16，70mm）　　黑木桥 摄

【分析】这幅作品表现了黄山的三绝：怪石、云海、奇松（尽管后者弱了一些），彩色胶卷拍摄，后期数码转成黑白。画面中，山石造型奇特，白云婀娜缥缈，缭绕其间，恰到好处。雄浑的山体与柔美的云雾形成了强烈的对比。是一幅颇有意境的作品。在构图上，各山峰排列有序而又富有变化。俯角度拍摄把前后山峰的层次很好地展现了出来，形成了韵律感。一眼望去，尽收眼底，直到视线触及远处的天际线。此时，我们觉得有些恍惚，难道是到了天宫仙境？

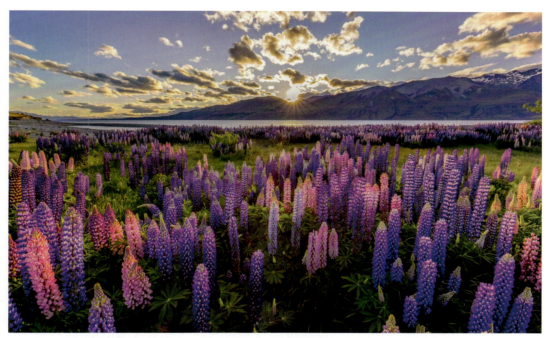

图 2-19　鲁冰花　　（f/13，14mm，3 张曝光合成）　　詹姆斯 摄

【分析】逆光下紫粉色的鲁冰花格外漂亮。观看者的视线沿着光路从左下角进入，然后往画面中央行进，鲁冰花的排列也具有把视线引向中央的趋势，最后目光停留在太阳下方的画面中央附近。

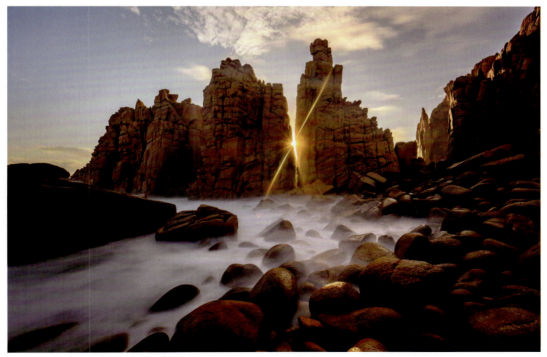

图 2-20　星辉照海岬　　（f/11，5s，14mm，ND1000）　　詹姆斯 摄

【分析】由于浪比较急，所以 5s 的曝光就达到了雾化效果。画面中耀眼的星芒是这幅作品的点睛之处，增添了画面的光影效果和动感，一种跳跃的动感。

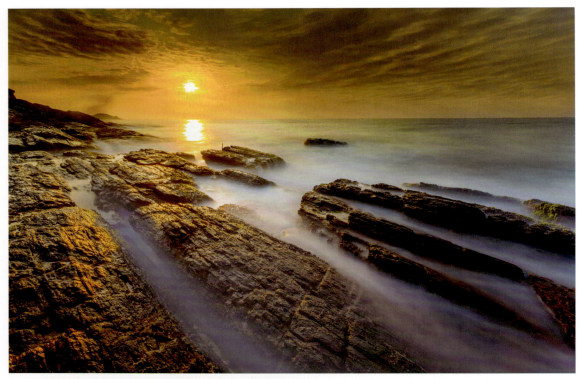

图 2-21 惠东海景（广东）
（25s，ND64 + GND0.9）阿戈 摄

【分析】这是一幅慢门摄影作品。25s 的长时间曝光使得水面呈雾化状态，有一种迷幻的感觉。初升的太阳给画面赋予了能量和跳跃感，有一种生机勃勃的气氛。构图上，把水平线放在上三分之一处，把太阳及其倒影放置在左三分之一处，接近黄金分割。岩石的线条具有汇聚作用，把观者的视线引向太阳及其倒影。画面十分完美。三挡渐变灰（GND0.9）的使用平衡了天空和水面的亮度。

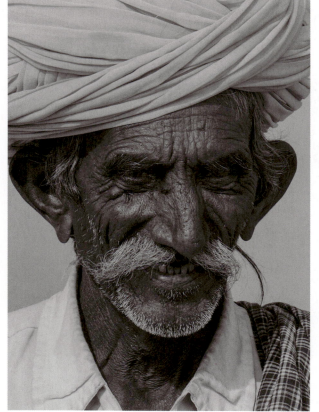

图 2-22 印度老人
（f/8，400mm）毛裕生 摄

【分析】摄于印度。老人的脸占据了画面的大部分，充分表现了岁月的积累和痕迹。侧光很好地表现了面部肌肤的皱纹和质感以及胡子的质感。遗憾的是没有眼神光。

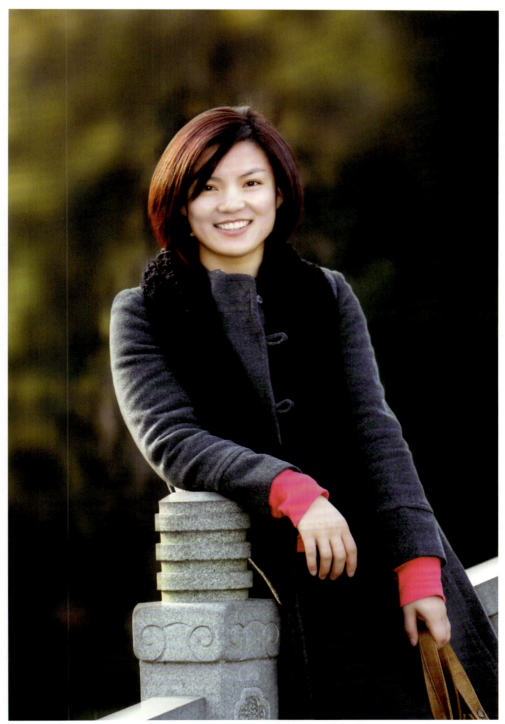

图 2-23　室外人像　（f/2.8，100mm，机顶闪光灯补光）　张晨曦 摄

【分析】斜倚的姿势使画面显得生动活泼，柔和的夕阳光线从左侧逆光的方向照过来，起到了轮廓光和发光的作用。正面用柔和的机顶闪光灯作为主光。深色、模糊的背景很好地衬托出了人物。

看了上面这些好照片，你是否已经跃跃欲试了呢？别急，还是先学习完本章再去实践吧。

2.2 对照片的基本要求

进行拍照或摄影创作时，要保证拍出来的照片满足以下两个基本要求。

（1）影像清晰。
（2）曝光准确（P39）。

当然，为了艺术表现的需要，故意突破这两个要求的情况除外。

2.2.1 如何拍出清晰的照片

为了拍出清晰的照片，要做到以下3点：

（1）精准对焦。
（2）在按下快门进行曝光的过程中，相机抖动很小。
（3）快门速度足够快（拍摄运动中的对象）。

关于快门和曝光，详见P31～35。

【重要】

曝光是指打开相机的快门，让被摄景物的光线进入相机内部，照射到感光材料上，使之感光并形成影像的过程。快门关闭的瞬间，曝光结束。曝光过程的持续时间长短称为曝光时间。

◆ 精准对焦

对焦也称为调焦，是指通过旋转镜头上的对焦环，使得被摄体（或其上的某个点）在取景器上看到的影像是最清晰的，这时在感光材料上形成的影像也是最清晰的。对焦是拍摄照片的基本功，直接关系到照片的清晰度和画质的好坏。所以要熟练掌握精准对焦的方法。关于对焦的详细介绍见P28。

现在的相机绝大多数可以自动对焦，操作简便，而且很多单反相机在对焦失败时快门是按不下去的，按理说很简单。然而，初学者还是会遇到失焦的情况。因此，一定要熟练掌握自己相机的快速而又精准的对焦方法。所谓失焦，是指没有对焦到想要最清晰地表现的被摄体（或其上的某个点）上，而是对焦到了画面中的其他部位。例如，拍风景留念照有时会失焦，照片中远处的景是清晰的，但作为主体的人却是模糊的，这是因为没有对焦到人上。

绝大多数情况下，使用相机的自动对焦功能，就能够实现精准对焦。

◆ 减少相机抖动

在食指按下快门那一瞬间，相机肯定多少会有些抖动。虽然抖动无法彻底消除，但可以设法减小，使之对成像清晰度的影响在允许的范围内。

减少相机抖动的方法有以下几种。

（1）用防抖镜头或相机，这招很管用，只是要多花银子。
（2）用三脚架和快门线（或遥控器），这招也很管用，但携带和操作比较麻烦，而且稳而轻的三脚架也很费银子。

专业拍摄风光，一定要用三脚架。

（3）规范握持，端稳相机，站稳姿势（P25）
（4）手指按快门时，在按下快门前，要屏住气，稳住手。按的动作要小、轻，全程按下后，要按住快门不放，在曝光完成后还要保持一小会儿（例如半秒），目的就是让相机不晃动。
（5）手持拍摄时，快门速度要高于安全速度（见下面的【解释】），最好留出较多的余量，例如1.5倍于安全速度。

【重要】

快门速度（P33）是以秒为单位给出的，实际上就是曝光时间。例如1/125s，2s等。数值越小，表示速度越快。所以，快门速度提高一倍等同于曝光时间减少一半。

端稳相机是要靠平时练出来的。神枪手百发百中，端枪可是绝对的稳啊。这是怎么练出来的？问问度娘，你也练练吧。

（6）把双肘支在平台上（如阳台边、窗台边等）。

（7）拍摄者倚靠在墙上或柱子上等。

（8）预升反光板（仅适用于单反相机上三脚架拍摄）。

【解释】

（1）快门线和遥控器。快门线是一种用来控制快门的连线（一端连接相机，另一端连接控制按钮）。遥控器也是用来控制快门的，但它不需要连线，而且可以较远距离遥控。使用它们，都可以避免用手指直接按快门造成的抖动。

（2）安全速度。手持拍摄时能拍出清晰照片的最低快门速度。一般来说：

安全速度 =1 / 镜头焦距

例如，若镜头焦距为 100mm，则安全速度 =1/100s。

【提示】

（1）如果没有快门线，可以用自拍模式来避免用手指按快门（但不适用于抓拍）。

（2）防抖镜头和相机上三脚架拍摄时，要关闭防抖功能。

（3）对于年纪比较大或者手比较抖的拍摄者来说，为了保证可靠，应该实测一下自己的安全速度。方法是：用不同的快门速度（略高于安全速度）对同一被摄体拍摄一组照片，然后放大到 100% 查看是否清晰。把能保证清晰的最低快门速度确定为自己的安全速度。

◆ 快门速度足够快

拍摄处于运动状态的被摄体时，快门速度要足够快，以保证被摄体能够在感光材料中形成清晰的影像。不同运动速度的被摄体所需要的最低快门速度是不同的。例如，从侧面拍摄行走的人和行驶中的汽车，快门速度分别要不低于 1/125s 和 1/2000s。更多的说明见 P48。

2.2.2　如何拍出曝光准确的照片

要拍出曝光准确的照片，可以从以下几个方面入手（详见 P43）：

（1）深入理解自动曝光的原理。

（2）采用 RAW 格式拍摄。

（3）根据被摄场景的明暗分布情况进行曝光补偿（P37）。

（4）用数码相机拍摄后，立即查看影像的直方图（P40）。如果不满意，要据此调整曝光参数，然后重拍。

（5）对于重要的拍摄，可以采用包围曝光（P38），然后挑选曝光最准的一张。

（6）根据需要，用 ACR 或 LR 图像处理软件后期增加或减少曝光。

2.3　好照片的标准

为了拍出好照片，首先要牢记好照片的评判标准是什么。有以下 4 个基本要求。

（1）有一个鲜明的主题。主题必须明确清晰，要一眼就能看出来。

（2）有一个醒目的主体。这个主体要能一下子就抓住观看者的眼球。

（3）必须画面简洁。应该只保留有助于表现主体和主题的内容，消除或者减少那些会分散注意力的内容（也称为干扰内容）。

（4）必须完美地表现主题和主体（包括构图、光线、影调、色彩、景深、质感等各个方面）。

◆ 一个鲜明的主题

一幅好照片一定要有一个鲜明的主题，要一眼就能看出来。这个主题可以是表现人的，可以是表现事物的，还可以是表现一个故事情节的。好的照片能给人以深刻的印象，并引起共鸣。

◆ 一个醒目的主体

一幅好照片要有一个醒目的主体，这个主体可以是人，也可以是物；可以是一个对象，也可以是一个群体。

常用的突出主体的方法有以下 5 种：

(1) 让主体的影像足够大。
(2) 让主体成为视觉中心。
(3) 利用引导线。
(4) 利用对比。
(5) 利用透视。
详见 P71。

◆ 画面简洁

摄影是减法的艺术，只有简洁的画面才能更好地表现主体，从而达到更好地表现主题的目的。取景时，一定要反复思考：主体是否已经足够突出，画面是否已经无法更简洁了。范朝亮老师指出：必须懂得一秒钟的经济学。在网络时代，对于一张好作品，观赏者只会给不到一秒钟的机会。所以好作品必须抓住观赏者这个稍纵即逝的视觉停留，引导他（她）直接进入主题。[1]

对于画面中与主体关系不大或起干扰作用的内容，应予以避开或简化处理。具体方法见 P75。

【举例】

图 2-24 中内容太多，主体不突出，过多的云和山体剪影会分散观看者的注意力。将之排除在外后，画面就简洁多了，而且更加突出了主体（图 2-25）。又如，图 2-26 中主体下面的房子以及过亮的水面会分散注意力。在后期将画面的下半部分压暗，弱化了其细节，从而使得画面更简洁，主体更突出（图 2-27）。

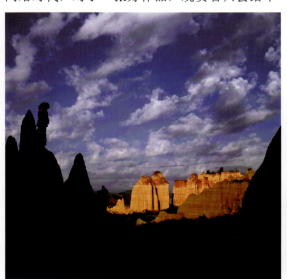

图 2-24　画面内容太多

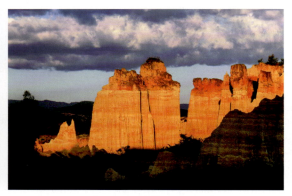

图 2-25　精简后的画面

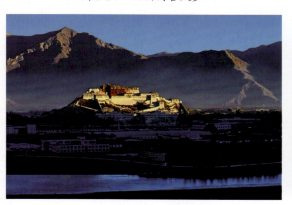

图 2-26　画面下半部分散注意力

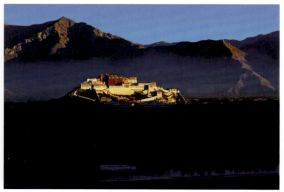

图 2-27　精简后的画面

◆ **完美地表现主题和主体**

仅做到主题鲜明、主体醒目、画面简洁还不够，好照片还必须能完美地表现主题和主体。这可以从构图、光线、影调、色彩、景深、质感等多方面着手，使画面不仅能够有效地将观看者的视线引向主体，而且在形式上和表现手法上也是完美的。具体应该怎么做，后面会逐步介绍。

例如，图2-28的主题是表现天津的城市美，它没有选高楼大厦，而是选了这座桥作为主体，并用河流和道路的曲线把视线进一步引向远处，那里有很美的日落红霞及其在水面上的反光，使人们的视线被框在桥和落日之间。色调上利用蓝灰和红黄形成鲜明的对比，但以蓝灰为主，使得画面总体的调子稳重、含蓄。用小面积的红黄色点亮整个画面，使之生机勃发，与一般的城市夜景片大不相同。三角形与圆形结合的构图使得画面显得非常美，而且稳定，暗喻该城的发展有稳固的基础，有很好的未来。

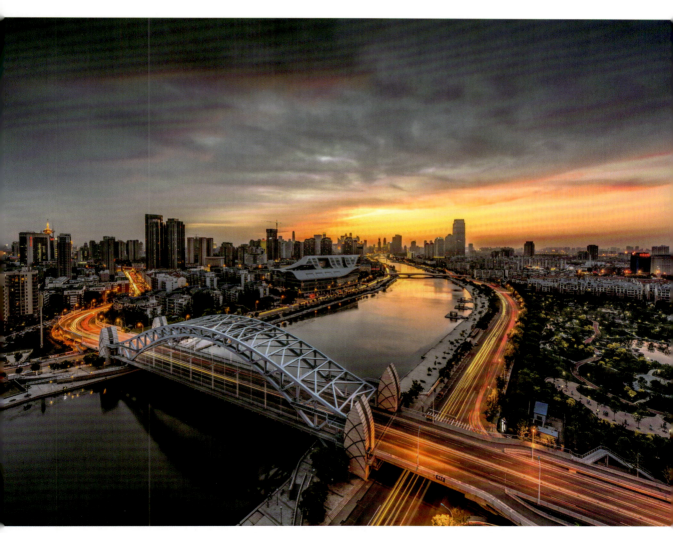

图2-28　城市夜景　　（f/18，6s，14mm，GND0.9）　　甄琦 摄

2.4 不随便按快门

初学者往往容易养成"勤拍"的习惯,喜欢猛按快门,拍一大堆照片。这对于提高摄影水平很不利,而且照片挑起来也很麻烦。拍摄后的评价与分析也就难以进行。要养成不随便按快门的习惯。每次按下快门前,都要反复问自己以下 4 个问题。

(1)要表现什么?是否值得拍?
(2)主体是否足够突出?
(3)画面是否已经不能更精简了?
(4)是否在各个方面都最好地表现了主体和主题?

2.5 培养摄影师的眼力

摄影师的眼力是指在周围世界中发现和捕捉到美好画面的能力。为了拍出好照片,你必须培养出这种能力,而不管你是否真的要当摄影师。要深刻理解好照片的评判标准,融会贯通,并将之应用于摄影实践。这一点尤其重要。

可以从以下几个方面入手:

(1)多观察,勤练眼。从摄影的视角去观察周围世界。摄影是观察的艺术,能看到的越多,就越可能拍出好照片。

(2)多思考,勤分析。多练习评价和分析照片,包括"好"的照片和"不好"的照片,分析"好"在哪里,"不好"在哪里,如何改进。每次拍摄后,都要对自己的照片进行评价。初学时,在自己评价后,还应该请老师点评。

(3)认真学习本教程和进阶摄影教程,掌握理论知识。

(4)同步进行摄影实践,并在实践中系统地、有意识地对各个知识点加以应用。

(5)提高自己的美学修养。

2.6 熟练地使用相机

只有能熟练地使用自己的相机和辅助器材(例如滤光镜),才能全神贯注于创作,才能抓住美妙的瞬间,拍出好照片。这是必须做到的。

如果你是刚买来相机,或者还没有熟练地掌握其使用方法,请学习下一章。否则,就可以直接跳到第 4 章。学手机摄影的读者,可以直接跳到第 10 章。

第 3 章　熟练地使用相机

工欲善其事，必先利其器。
如果你已经能够熟练地使用自己的相机了，请跳过本章。
关于相机的种类和各种镜头的表现特点，请学习第 11 章。

3.1　基本操作

购买了相机后，要仔细阅读说明书。不过，单反数码相机的说明书一般都是内容很多，组织得又不太好。你可以根据本章的描述，按需要学习相关的内容。首先要了解主要部件的位置，搞清楚如何进行主要的基本操作。相机的基本操作如下（第一次使用相机至少要掌握前 6 条）：

（1）装 / 卸镜头（如果是单反或者微单相机）、电池、存储卡等。
（2）选择拍摄模式（旋转拨盘）。
（3）了解快门按钮的位置及使用（特别是半按快门，要反复操作和体会）。
（4）了解取景器和 / 或取景屏的位置。
（5）回放照片（包括放大到 100% 查看）。
（6）改变焦距（对变焦镜头而言）。
（7）删除照片。
（8）设置快门速度。
（9）设置光圈。
（10）设置感光度 ISO。
（11）选择图像尺寸和文件格式。
（12）选择测光模式。
（13）选择对焦模式。
（14）选择对焦点。
（15）设置曝光补偿。
（16）锁定曝光值。
（17）设置白平衡。
（18）了解镜头上对焦环（标有距离的那个）的位置。

你现在对于上面的一些名词的含义可能还不了解，也可能不知道要依据什么来设置参数。这没关系，你只要知道在哪里设置就可以了，其他的后面有详细讲解。

3.2　相机的正确握持方法

接下来，首先要掌握相机的正确握持方法。大相机和小相机的方法不一样，但要点都是一个"稳"字。

◆ 大相机

大相机是指体积较大的相机，如 135 单反相机等。有平握和竖握两种，如图 3-1（a）～图 3-1（c）所示。

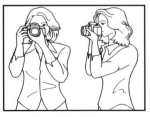
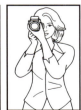
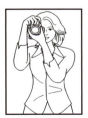

（a）平握　　（b）竖握 A　　（c）竖握 B
图 3-1　135 单反相机的握持

操作要点：

（1）右手紧握住相机手柄。
（2）左手托住镜头下部。
（3）将右手食指轻轻放在快门按钮上。
（4）将双臂和双肘收拢，双肘轻贴身体。
（5）两脚适当叉开，身体保持稳定的姿势。

有的摄影书推荐的竖握如图 3-1（c）所示。这种握法比图 3-1（b）更灵活，右手可以灵活地转动相机，很适合抓拍。

◆ 小相机

小相机是指体积较小的相机，如袖珍型相机或卡片机。一般就是两手分别抓握住相机的两端，如图 3-2 所示。也可以松开左手，用右手单手握持，但要保证按下快门时不会抖动。

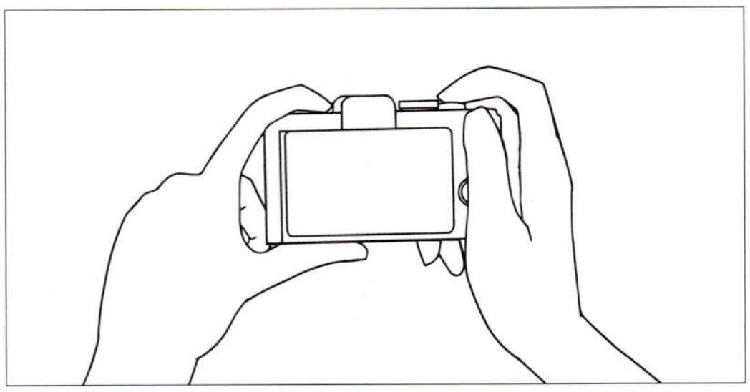

图 3-2 小相机的握持

根据拍摄现场的需要，可以采取各种不同的拍摄姿势，如站、弯腰、马步蹲、单脚跪地、双脚跪地、坐、卧等。要点还是一个"稳"字。当然，最好也不太难看😀。

【提示】

在食指按下快门前的一刹那，要屏住气，稳住手。按的动作要小、轻，全程按下后，要按住快门不放、在曝光完成后还要保持一小会儿（例如半秒），以减少相机抖动。

3.3 拍摄照片的步骤

一般来说，在拍摄照片之前，首先要确定主题和主体，然后按以下步骤操作（假设已经插好存储卡和电池，并已经开机）：

（1）进行相机的参数设置（如果需要的话），详见 3.4 节。第一次使用时，可以只设置一项：把拍摄模式设置为 A 模式（即全自动），将之当傻瓜机用。

（2）选择合适的焦距（适用于变焦镜头）。把相机镜头对准主体，一边在取景器里（或取景屏上）观察，一边旋转镜头上的变焦环（靠近机身的那个），看取景范围是否合适。必要时更换镜头。

有的小相机是用一个拔钮来调节焦距。

（3）选择合适的拍摄距离。改变你的位置，更靠近或离开被摄主体，观察取景器里画面的变化。这一步可以与第（2）步结合起来做，直到找到合适的取景范围。

（4）选取合适的拍摄角度。围绕被摄主体转一圈，边转边观察和对比取景效果。

（5）选取合适的拍摄高度。改变你的拍摄高度，如趴下、蹲下、半蹲、站立或站到桌子之上，观察不同的取景效果。

上述第（2）～（5）步要结合起来做，反复比较取景效果，直到找到最佳拍摄点。

（6）取景和构图。在取景器里对被摄主体和其他景物的位置及其相互关系进行安排和组织。

（7）对焦和测光。一般采用自动对焦和自动测光。半按快门，相机会自动进行对焦和测光。若相机发出"滴滴"的声音，则表示对焦成功。

（8）全程按下快门到底。听到"咔嚓"（或"咔"）的一声，即拍摄完成。

（9）通过回放查看拍摄效果。如果要看细节，要放大到 100% 查看。

【重要】

现在的相机中,自动对焦和测光一般是联动进行的。即半按快门,这两件事情会同时进行。但这两者其实是完全独立的两件事情,只是为了操作简便,让其联动而已。

3.4 选择拍摄模式和设定参数

3.1 节已经指导你学习了如何在相机上操作。已经熟练掌握那些操作了吗?如果还不熟练,请查阅相机的说明书,并按说明书反复进行操练。

这里要讲的如何选择拍摄模式和设定参数,是指依据什么来选择拍摄模式和设定参数。

◆ 选择拍摄模式

拍摄模式常见的有(以佳能相机为例)A(全自动)、P(程序)、Tv(快门优先)、Av(光圈优先)、M(手动)、B(B门)(见 P35)以及若干场景模式(图 3-3)。对于摄影爱好者来说,建议不要使用 A、P 以及场景模式,因为那是傻瓜式的,一切都由相机操控,发挥不了拍摄者的作用。当然,刚开始学的时候,暂时用用也无妨,但要尽快熟悉并使用 Tv 模式和 Av 模式。

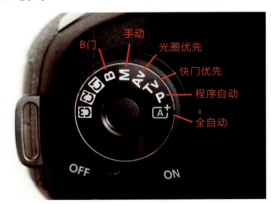

图 3-3 5D3 的拍摄模式转盘

如果你对快门速度有要求,请选择 Tv 模式;如果对光圈大小有要求,则应选 Av 模式。如果希望两者都由自己设定,就选 M 模式。不过,对于初学者,建议不要采用 M 模式。关于快门和光圈,见 P32。

◆ 设定光圈和快门速度

若是采用 A、P 或场景模式,跳过这一步。
- Av 模式:设定想要的光圈。
- Tv 模式:设定想要的快门速度。
- M 模式:设定两者。

◆ 选择图像尺寸和文件格式

建议采用最大尺寸和最好画质,并采用 RAW+JPEG 格式。现在存储卡和硬盘都很便宜,没有必要节省空间。在还没学会后期处理或者懒得后期处理的时候,可以直接拿 JPEG 格式文件来用。而 RAW 则用作存档(如果是好照片)。

RAW 格式文件中存放的是相机记录的影像原始数据,信息全面、丰富、无损,便于后期加工处理。而 JPEG 文件中存放的则是该文件经过相机内部软件处理、压缩过后的影像,信息有损失。但它在色彩、对比度等各方面都比较好(因为加工过了),可以直接拿来使用。其文件占用空间也比较小,而且格式通用,很多软件都支持,便于浏览、复制和上网分享。初学摄影时,可以用 JPEG 格式;等入了门,就应该拿 RAW 格式文件来自己做后期处理了,以获得最好的效果。

这两个参数选定后,不需要经常更改。

◆ 设定白平衡

大多数情况下,选择"自动白平衡"即可。一般也不常改。

也可以根据被摄场景的色温情况选择相应的白平衡,见 P128。

为了强调日出或者日落时分暖色调的气氛,拍摄时可以把白平衡设置为"日光"。

◆ 设定感光度 ISO

光线好的情况下，ISO 可选用低感光度：ISO 50～ISO 200；光线不是很足时，需要用中等感光度，例如 ISO 200～ISO 400；拍摄夜景则要用高感光度，例如 ISO 800～ISO 3200 等，详见 P34。一般来说，如果条件允许，要尽可能采用低 ISO，以提高画质。

为了省事，可以把 ISO 设置为"自动"，让相机根据拍摄现场的光线强弱自动调整 ISO。但要注意不能犯 P47 中所述的错误。

◆ 选择测光模式

在大多数情况下，选择评价测光（也称矩阵测光）就可以。初学者也宜采用这种模式。

但如果要实现对曝光的精确控制，最好用点测光，见 P42。

◆ 设置曝光补偿

当你要让相机对它自动计算出的曝光量（P36）进行一定数量（挡数）的增减时，可通过设置曝光补偿来实现。半按快门，就可以在取景器或取景屏上看到曝光补偿量的刻度显示。图 3-4 是佳能 5D3 的显示，其中的游标显示当前的补偿量为＋2/3 挡。半按快门一下，然后立即旋拨机身背面上的转盘（各相机可能不同），就可以改变游标的位置。负值表示减曝光，正值表示加曝光。

-3..2..1..0..1..2..+3

图 3-4　曝光补偿的显示

关于曝光补偿，见 P37。

3.5　对焦

对焦是指通过旋转镜头上的对焦（距离）环，使得被摄体（或其上的某个点）在感光材料上形成最清晰的影像。这时在取景器（或取景屏）上看到的也是最清晰的。

对焦有自动对焦和手动对焦两种，可用镜头上的拨钮进行选择。AF 表示自动对焦，MF 表示手动对焦。若采用手动对焦，拍摄者要一边观察取景器（或取景屏），一边手动旋转对焦环，直到被摄体（或其上的某个点）在取景器上最清晰。若采用自动对焦，只要把取景器中的对焦点对准被摄体（或其上的某个点），然后半按快门，相机就会自动完成对焦，并给出"嘀嘀"的提示音。自动对焦速度快，操作简便。大多数情况下使用自动对焦就足够了。手动对焦太麻烦，但有时却不得不使用，例如自动对焦失败或者拍摄微距。自动对焦失败是指相机无法成功地完成自动对焦。

◆ 自动对焦点的选择

数码单反相机都具有多个自动对焦点，例如 9 个、11 个甚至几十个。对焦点在取景器里一般用很小的方块来表示，如图 3-5 所示。 小数码相机则是采用对焦区域，在屏幕上用较大的方块（区域）表示。可以用相机上的拨盘和转盘或者控制盘中的方向键来选择对焦点（或区域）。为简单起见，下面只介绍数码单反相机的情况。

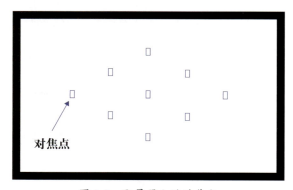

图 3-5　取景器上的对焦点

在对焦点的选择上，有以下 3 种模式。

（1）多重对焦。

拍摄者预先指定多个可用的对焦点，形成

一个对焦区域。拍摄时，将该区域对准被摄体，相机会自动选用其中的某一个或几个对焦点进行对焦。这种模式操作简便，也比较容易对焦成功。但拍摄者无法精准地控制对哪个点进行对焦，一切都由相机决定，比较容易出现失焦的情况，特别是在对焦区域比较大的时候更是如此。

（2）中心区域单点对焦。

相机只对取景器中央的那个对焦点进行自动对焦。这种模式的优点也是操作简便，只要把中央对焦点对准要清晰表现的被摄体（或某一点），半按快门，即可实现精准对焦。但是这种模式对于不在正中央的被摄体无法对焦。要结合采用下面的"自动对焦锁定"才好用。

（3）任选单点对焦。

这种模式类似于中心区域单点对焦，相机也是只对单个对焦点进行自动对焦，但这个对焦点可以由拍摄者从相机的所有对焦点中任选一个。拍摄时，可以在取景后再指定对焦点，让要清晰表现的被摄体在取景器中与对焦点重合。

关于在相机上指定对焦点的方法，不同的相机有所不同。有的相机设有"选择对焦点"按钮。按一下该按钮，然后用拨盘和转盘或者控制盘的方向键进行选择，这时取景器里被选中的对焦点会亮起。有的相机则是在菜单里选择，选择"对焦点"菜单项后，用控制盘的方向键移动选择点。

【重要】

当要精确对焦时，例如拍人像时对眼睛对焦，需要用单点对焦；当要对移动的特别是快速移动的被摄体进行对焦时，应采用多重对焦，以提高成功率。

◆ 自动对焦锁定

绝大多数相机的快门按钮按下半程就会启动自动对焦。自动对焦锁定是指在半按快门并对焦成功后，保持半按不变，从而将对焦距离锁定。在采用上面所述的单点对焦模式时，可以在自动对焦锁定后，重新进行构图（注意，要一直保持半按）。熟练掌握这种方法后，就会觉得使用起来非常灵活和方便。

◆ 自动对焦失败及补救

自动对焦有时会失败，镜头会无休止地尝试对焦。这通常在遇到以下情况时发生：

（1）被摄体反差太小（例如干净光滑的白墙、白纸等）。

（2）光线十分微弱。

（3）反光非常强烈的被摄体。

（4）距离很近且又交叉重叠的被摄体（例如笼中的鸟等）。

（5）被摄体在玻璃或其他透明物体的后面。

（6）被摄体距离相机太近。

补救方法：

（1）采用替代对焦，即找一个与被摄体到相机的距离相同的物体作为替代物，对之进行对焦并锁定，然后重新构图拍摄。

（2）改用手动对焦。

（3）对于上述（2）的情况，要打光照亮被摄体（例如用强光手电）。

（4）对于上述（6）的情况，唯一的解决办法是拉开距离，使之大于镜头的最小拍摄距离。

◆ 对焦模式

数码单反相机常见的自动对焦模式有3种：单次自动对焦、人工智能伺服对焦和人工智能自动对焦（以佳能相机为例）。

（1）单次自动对焦（ONE SHOT）。大部分拍摄采用这种模式，但它仅适用于拍摄静止被摄体。

（2）人工智能伺服对焦（AI SERVO），又称为连续自动对焦，适用于拍摄运动物体。如果半按快门且保持，相机会先进行一次自动对焦，然后会跟踪对焦区内的被摄体，自动调整对焦点，牢牢地"盯"住它。

（3）人工智能自动对焦（AI FOCUS），又称为自动切换对焦模式。采用这种模式时，相机会根据被摄体的状态，自动选择 ONE SHOT 模式（如果是静止的）或 AI SERVO 模式（如果是运动的）。

◆ 两个实用技巧

1） "永远锁定"对焦

上面介绍的自动对焦锁定只适合于一次拍摄。如果需要反复拍摄同一被摄体和场景（例如采用不同光线或不同构图），则可以在自动对焦成功后，把镜头上的拨钮拨到手动位置，"永远锁定"对焦。

2） "陷阱"对焦

陷阱对焦实际上就是"守株待兔"，即事先预测被摄体可能经过或到达的区域，并按此用替代物进行对焦，然后"永远锁定"对焦。等被摄体到达该区域时，立即按下快门，就像是设置了一个"陷阱"一样。

"陷阱"对焦最典型的应用是拍摄鸟类。不仅可以预先对焦，甚至还可以真的做一个吸引鸟的"陷阱"，如放上鸟食等。

3.6 镜头的选用

不同焦距（P158）的镜头有不同的表现特点，而且其视角大小也有很大的区别。要根据被摄场景以及拍摄的具体要求来选用合适的镜头。

标准镜头的特点是视角与人眼视角大致相同，拍人物和景物不会变形，但拍出来的照片往往平淡无奇。标准镜头常用于人像摄影，在风光摄影中比较少用。

广角镜头的特点是视角大，能把很大的场景拍进去，拍出宽广、浩瀚的感觉，而且近距离拍摄能夸张地表现近大远小的透视效果，照片的立体感强。拍风光时常用广角镜头，特别是超广角。拍摄高大或宽广的景物以及近距离拍摄建筑物时，往往必须采用广角镜头。

长焦镜头的特点是能把远处的景物"拉近""放大"了再拍，而不用走很远的路程去接近被摄景物。它还能压缩画面的纵深透视感，产生平面的感觉，增强画面的平面形式感。

关于各种镜头的详细介绍见 P158。

第 4 章 曝光控制

曝光控制是指通过控制相机的光圈大小、快门速度以及感光度（ISO），实现对感光材料曝光程度的控制。这三者共同决定了曝光程度。曝光控制的目的是拍出曝光合适、符合拍摄者意图和预想的照片。

相机提供了设置光圈大小、快门速度以及感光度的按钮或菜单。

若只从曝光程度的角度来看，这三者的关系如下（互易律）。

（1）以下操作的效果是相同的：
- 光圈增大一挡。
- 快门速度降低一挡。
- ISO 提高一挡。

（2）如果把其中某一个调整一挡，则只要把其余的任何一个往相反的反向（从曝光的角度考虑）调整一挡，就能保持曝光不变。

4.1 曝光控制的重要性

如 P20 所述，一张照片是否合格，最基本的条件之一是技术上曝光准确，这是通过曝光控制来实现的。所以对于每一位摄影者来说，曝光控制是必须熟练掌握的技术。

相机的成像原理与凸透镜的成像原理相同，镜头就犹如一个组合凸透镜，把被摄景物的影像投射到感光材料（胶卷或图像传感器）上，使之感光，记录下影像。这就是摄影中的曝光。

【重要】
（1）曝光准确与否是决定影像成像质量的关键因素。

（2）拍摄者可以通过曝光控制来表达情感和感受，甚至形成自己的拍摄风格。

曝光准确的照片能较完美地再现被摄景物的明暗分布，能够在它的亮部和暗部都表现出丰富的细节和层次，如图 4-1（b）所示。而图 4-1（a）和图 4-1（c）则是曝光不准确的照片，这两张照片分别损失了暗部和亮部的细节。

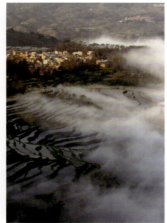
（a）曝光不足，整体偏暗

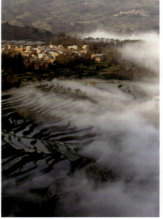
（b）曝光准确，明暗适中

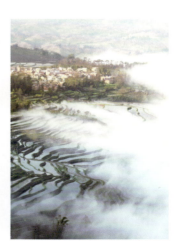
（c）曝光过度，整体偏亮

图 4-1　不同曝光情况下的影像

4.2 曝光量

图 4-2 是相机的基本结构示意图。其中用于控制曝光程度的装置有 3 个：

（1）光圈。
（2）快门。
（3）感光材料。

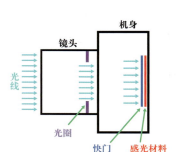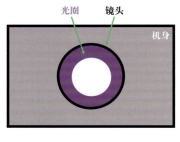

图 4-2　相机的基本结构示意图

光圈是镜头中一个可以调节大小的孔洞，用于调节照射到感光材料上的光的强弱。这个光孔越大，照射进去的光越多，感光材料上的光越强；反之，就越少，越弱。

快门是一种可以快速打开和关闭的装置（例如幕帘快门）。打开后，光通过，感光材料开始曝光；关闭的瞬间，曝光结束。这期间的时间长短称为曝光时间，也称为快门速度，如图 4-3 所示。

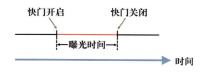

图 4-3　曝光时间示意图

感光材料上接收到的光的多少称为曝光量。它与感光材料上的光的强度和曝光时间成正比。

光的强度由光圈决定，曝光时间由快门控制。因此，曝光量是由光圈和快门共同控制的。

感光材料的曝光程度与曝光量密切相关。曝光量越大（小），曝光程度就越高（低），拍出来的影像就越亮（暗）。

【重要】

感光材料的曝光程度不仅与曝光量有关，还与感光材料的感光度有关（见 P34）。在同样曝光量的情况下，ISO 值越高，曝光程度就越高。

反映到影像上，曝光程度越高，影像就越明亮，否则就越暗。曝光适中时，称为曝光正常，照片能较好地还原被摄景物；曝光不足，照片整体偏暗；曝光过度，照片整体偏亮（P31 图 4-1）。

【重要】

光圈面积每增加一倍，或者曝光时间每增加一倍，或者 ISO 值每提高一倍，曝光程度就提高一挡。

【提示】

现在的数码相机一般都提供了设置光圈大小、曝光时间以及 ISO 值的手段。请找出你自己相机的设置方法。

4.3 光圈

光圈通常是由多个叶片组成，可以调节孔径的大小（称为光圈的大小）。光圈的大小用光圈系数来表示，记成 f/n 或 Fn，其中 n 就是光圈系数，也称 F 值。

n 的常用取值为 1、1.4、2、2.8、4、5.6、8、11、16、22、32、64 等，分别称为光圈的级或挡。光圈系数与光圈大小的关系如图 4-4 所示。

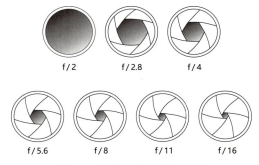

图 4-4 光圈系数与光圈大小

镜头上一般标有其最大光圈。如果标记为 1:m，就表示其最大光圈恒定为 m。如果标记为 f/m_1～m_2，则表示其最大光圈会随着焦距的变化而变化，最短焦距端的最大光圈为 m_1，最长焦距端的最大光圈为 m_2。

【重要】

（1）相邻两级光圈之间的进光量差一倍（因为光孔的面积差一倍）。

（2）F 值越大，表示光圈越小（因而进光量就越少）。要注意这里是相反的关系。

（3）相邻两级光圈中，大 F 值 / 小 F 值 =1.4。

（4）光圈与照片的景深密切相关。F 值越大，景深越大，详见 P56。

（5）当采用最佳光圈（P163）时，相机的成像质量最好。最佳光圈一般是在 f/5.6 到 f/11 之间。

【举例】

f/4 光圈的进光量是 f/5.6 光圈的进光量的 2 倍，是 f/8 光圈的进光量的 4 倍（2×2 = 4）。

相机上提供了设置光圈的手段，有的是在镜头上有光圈转环，有的则是通过机身上的拨盘或者菜单来设置的。

【扩展】

（1）光圈系数 n 的计算公式为：n= 焦距 / D，其中 D 为光圈的直径。当 D= 焦距时，n=1.0。

（2）为什么相邻两级光圈中大 F 值 / 小 F 值 =1.4？

根据圆的面积公式 $S = \pi D^2 / 4$ 可知，$D = \sqrt{4S/\pi}$，所以，当 S_2 / S_1 =2 时，$n_1 / n_2 = D_2 / D_1 = \sqrt{S_2/S_1} = \sqrt{2} \approx 1.4$。其中 n_1、S_1、D_1 分别为大 F 值光圈的光圈系数、光孔的面积、直径，n_2、S_2、D_2 分别为小 F 值光圈的光圈系数、光孔的面积和直径。

4.4 快门

快门是相机上的一个可以快速打开和关闭的装置。打开后，让光线通过它进入机身，感光材料开始曝光；关闭的瞬间，曝光结束。这期间的时间长短称为曝光时间，也称为快门速度。快门速度用数字表示，以秒为单位。数码单反相机常用的快门速度范围是 30 秒至几千分之一秒，例如，5D3 的是 30s～1/8000s。

需要注意的是，曝光时间是对快门速度的另一种表述。快门速度提高，意味着曝光时间减少而不是增加。快门速度提高到原来的 m 倍等同于曝光时间减少到原来的 1/m。

拍摄者是通过相机上的快门按钮来控制快门的。按下这个按钮，快门瞬间打开，经过与当前快门速度值相对应的时间后，快门自动关闭。快门本身打开和关闭的动作非常快,其时间可以忽略不计。

【重要】

在光圈不变的情况下,快门速度越慢(快),曝光量越大(小)。可以通过控制快门速度来控制曝光量。

为了操作方便,在相机里设置了一些固定的快门速度挡:30s、15s、8s、4s、2s、1s、1/2s、1/4s、1/8s、1/15s、1/30s、1/60s、1/125s、1/250s、1/500s、1/1000s、1/2000s、1/4000s。相邻两挡之间的曝光时间差一倍。在光圈相同的情况下,曝光量也差一倍。

【提示】

(1)现在的数码相机一般都采用幕帘快门,它由两块不透光、能快速移动的幕帘组成。幕帘快门的使用寿命一般为几万次到几十万次,依具体的相机而定。

(2)数码相机中,快门速度可以以1/2挡或者1/3挡作为调整的最小单位,这可以通过设置相机来选择。

(3)快门速度不仅与曝光有关,还与画面的清晰/模糊以及表现动感有直接的关联。详见P48。

4.5 等量曝光组合

这里的量是指曝光量。等量曝光组合是指曝光量相同的一系列光圈和快门速度的组合。例如,表4-1中各种组合的曝光量是相同的。

光圈每减小一挡,进光量就减少了一倍,为得到相同的曝光量,曝光时间就得增加一倍,即快门速度降一挡;反之,光圈每增大一挡,快门速度就得提高一挡。

表 4-1 等量曝光组合

光圈	快门速度/s	光圈	快门速度/s
f/2.8	1/1000	f/11	1/60
f/4	1/500	f/16	1/30
f/5.6	1/250	f/22	1/15
f/8	1/125	f/32	1/8

4.6 感光度

◆ **感光度**

感光度是指胶片或者图像传感器对光的敏感程度,用ISO值来表示。其常用值有50、100、200、400、800、1600、3200、6400、12800、25600等,称为感光度的挡,相邻两挡的ISO值相差一倍。ISO值越高,表示胶片或者图像传感器的敏感程度越高。

胶片的感光度是固定的,不能改变,而数码相机里图像传感器的感光度则是可以现场设置(改变)的(当然,是在一定的范围内)。

【重要】

从曝光程度的角度来看,感光度提高一挡与曝光量增加一倍的效果是相同的。所以也可以通过调整相机的ISO值来实现对曝光的控制。

感光度的高低对画质的影响很明显。感光度越高、噪点越多、画质越差,所以一般要尽量采用低感光度,例如ISO 50或ISO 100。但如果光线较弱,而光圈已经不能再增大,快门速度已经无法再降低(例如已经调到头或者受表现意图所限),就只好提高ISO值了。

【提示】

现在的高级单反数码相机的高感(高感光度)表现已经很好了,中、低感光度就更不用说了。所以白天ISO 400及以下以及夜景ISO 1600及以下的画质都是很不错的,完全可以接受。

◆ 自动 ISO

ISO 设置中有一个选项：自动。它是指相机会根据曝光的需要自动地调整 ISO 值。即：当光线充足时，会自动采用较低的 ISO 值；当光线较弱时，会自动提高 ISO 值。

拍摄者可利用这个功能省去自己设置 ISO 值的麻烦，但同时也失去了对 ISO 值的控制权。

笔者建议一般不要采用自动 ISO 功能，拍摄者还是自己控制 ISO 比较好，自动 ISO 有可能会出现"明明光线很好，相机却自动选择了高 ISO"的情况，详见 P47。

如果为了省事选用了自动 ISO，就一定要在拍摄过程中经常检查实际拍摄时的 ISO 值，以免出现上述问题。

4.7 光圈、快门速度和感光度的互易关系

如上所述，光圈、快门速度和感光度共同决定着图像传感器的曝光程度。单从曝光程度的角度来看，光圈增大一挡、快门速度降低一挡和感光度提高一挡这三者的效果是完全一样的。所以光圈、快门速度和感光度之间具有 1:1 的互易关系。即当我们把这三者中的某一个调整一挡时，只要把其余的任何一个往相反的反向（从曝光的角度考虑）调整一挡，就能保持曝光程度不变。这称为曝光的互易律，也称为倒易率。

例如，如果为了把运动物体拍清晰，需要把快门速度提高两挡，同时要保持曝光不变，那么只要把光圈开大两挡或者把感光度提高两挡即可，或者把它们各提高一挡也可以。

当然，在采用自动曝光模式的时候，相机会自动计算和调整，拍摄者不用管。只有在手动拍摄模式下，才需要由拍摄者自己进行上述换算和调整。

对于胶卷来说，上述互易律只有在快门速度是在一定范围内（大概是 1/1000～1s）才成立。超过这个范围，就不是 1:1 的关系了。这称为互易律失效。这时如果还按互易律进行调整，就会出现曝光不足，需要进行正向曝光补偿（P38）。

对于数码相机来说，由于电子的图像传感器的感光特性与胶片不同，所以从原理上来说，不存在互易律失效的问题。不过，实际拍摄中，在进行长时间曝光时，还是要根据实际拍摄效果来确定是否需要补偿。

4.8 相机的拍摄模式

数码相机一般提供的拍摄模式有 A、P、Tv、Av、M、B 以及若干场景模式，这是通过旋转主转盘来选择的（P27 图 3-3）。

刚开始学习摄影时，可选用 A、P 模式或场景模式。A 和 P 模式的含义如下：

A—全自动模式。全部参数均由相机自动设定。这是将之当傻瓜机使用。

P—程序自动模式。仅光圈值和快门速度由相机自动设定，而测光模式（见 P42）、自动对焦模式（见 P28）等其他设置则由拍摄者自己完成。

另外 4 种是比较专业的拍摄者常用的模式。

Tv—快门优先模式。
Av—光圈优先模式。
M—手动模式。
B—B 门模式。

【重要】
应尽早熟练掌握上述 4 种比较专业的模式。

◆ 全自动模式和程序自动模式

这两种模式都采用自动曝光方式，即把曝光控制全部交由相机自动完成。相机会根据光线的情况自动计算出光圈 F 值和快门速度，并按此进行设置。

初学者在拿到相机后，往往就先采用这两种模式进行拍摄。有时为了拍摄操作方便，也常采用这两种模式。

以前有些相机只有全自动模式，被称为傻瓜机，意思是说连傻瓜都会用的相机，打开相机，取景后按快门就行了。

◆ 快门优先模式

快门优先模式即相机主转盘上的 Tv 模式（有的相机称为 S 模式）。这种模式是由拍摄者设定快门速度，而光圈 F 值则由相机自动计算并设定。之所以称为快门优先，是因为是先确定快门速度，然后据此计算光圈大小。

适用情况：对快门速度有特定的要求。

怎样根据拍摄意图确定快门速度呢？见 P48。

◆ 光圈优先模式

光圈优先模式即相机主转盘上的 Av 模式（有的相机称为 A 模式）。这种模式是由拍摄者设定光圈 F 值，而快门速度则由相机自动计算并设定。之所以称为光圈优先，是因为是先确定光圈大小，然后据此计算快门速度。

适用情况：对光圈大小有特定的要求。

光圈的大小决定照片景深的大小，而景深控制则是摄影中的一个重要表现手段。当要进行景深控制的时候，就需要根据所要的景深来设置光圈。见 P56。此外，在满足景深要求的前提下，为了获得高画质，要尽可能采用镜头的最佳光圈（P163），一般是 f/8 或相邻的光圈。

◆ 手动模式

手动模式即相机主转盘上的 M 模式。在这种模式下，光圈 F 值和快门速度都要由拍摄者手动设定。曝光是否合适，就全看设定了。有人建议初学者采用这种模式，说是直观。其实不然，初学者会经常找不到试拍的起始参数，而且相机对光线变化也不能自动适应。笔者建议，不是老"司机"，不要轻易采用这种模式。还是应该根据你对光圈或者快门速度的要求，分别采用光圈优先或快门优先模式，再加上后面要讲的曝光补偿。这样更加灵活方便。

◆ B 门模式

数码单反相机自动曝光的最长时间往往是 30s。当要进行超过 30s 的曝光时，就要采用 B 门模式，并由拍摄者自己计时。

在 B 门模式下，按下快门按钮并保持，快门会瞬间打开并一直保持打开状态；松开按钮，则快门关闭。所以，按住快门按钮多长时间，相机就曝光多长时间。建议使用快门线或者遥控器，它们都会提供按钮锁定功能。

4.9 自动曝光原理

在上述 6 种模式中，只有手动和 B 门模式是由拍摄者控制曝光量，其余的都是由相机自动计算曝光量。那么，相机为什么能自动计算出曝光量呢？它根据什么来计算呢？搞清楚这一点，对于掌握曝光控制的真谛至关重要。

相机自动计算曝光量的原则是：不管你拍什么，它都要在自动测光的基础上，保证拍出来的影像都是反光率为 18% 的中灰影调（平均而言）。可以这样来帮助理解：把拍出来的照片转换为黑白照片，打印出来，然后用刷子把照片上的灰黑色粉末涂抹均匀（假设能够做到），就会得到一个中灰色的画面（P37 图 4-5），其反光率为 18%，这种中灰色称为 18% 灰。

为什么定为 18% 呢？这是通过对大量拍摄场景进行分析和统计得出的结果，其影调的平均值是 18% 灰。因此不管你拍什么，相机都猜你拍的场景是 18% 灰。显然，它经常是猜对了。

但是，如果你把相机对准黑乎乎的煤堆或者白色的雪景呢？那就糟糕了，相机还是把它们拍成 18% 灰，不黑不白，灰不拉叽的。这个时候，相机就露出其傻瓜的一面了。不过这也不能怪它，它又不知道你拍的是什么，对吧（也许以后把人工智能应用到相机上就可以了）。

显然，只有在拍摄正好是 18% 灰（平均）的场景时，相机才能准确曝光。其他情况下都会有偏差。

那么如何解决这个问题呢？这时候就要靠人了。拍摄者要用自己的头脑判断被摄场景与 18% 灰有多大的差别，然后告诉相机进行相应的曝光补偿。即：当被摄景物比 18% 灰（图 4-5）更亮（暗）时，要增加（减少）适当的曝光。被摄场景与 18% 灰差距越大，曝光补偿量的绝对值就越大。

图 4-5　18% 灰

4.10　曝光补偿

曝光补偿是指让相机对它自己自动计算出的曝光量进行一定数量（挡数）的增加或减少。这是由拍摄者通过设置曝光补偿量来实现的。若补偿量为正（负）值，就是让相机增加（减少）曝光，会使拍出的影像变得更亮（暗）（与没有补偿相比）。这提供了拍摄者对相机自动曝光进行修正的功能。

多数情况下，补偿量设置为 0。这表示拍摄者认为相机的自动曝光符合他的要求。当拍摄者认为相机自动曝光的影像偏暗（或亮）时，就可以把补偿量设置为一个合适的正值（或负值），以实现他所希望的曝光。

曝光补偿最大可加减 2～5 挡，视具体相机而定。加减的最小刻度为 1/2 挡或 1/3 挡（可以设置）。在相机信息显示及说明书中，一般用 EV 来表示"挡"。例如，－1EV 和 ＋1EV 分别表示减 1 挡和加 1 挡。

【重要】

为什么要进行曝光补偿？
曝光补偿有两个目的。
（1）为了忠实地还原被摄景物。
因为相机的自动曝光都是把景物拍成 18% 灰，所以，如果要拍的景物不是 18% 灰，就要进行曝光补偿，以使得拍出来的影像尽量与实景一致。
（2）为了达到某种想要的特殊曝光效果。
例如：
- 拍高调或者低调照片（P129）。
- 当被摄场景中光比很大时，重点表现暗部细节或者亮部细节（P44）。

【提示】

光比是指场景中最亮处与最暗处的亮度的比值。

对于同一景物，用不同曝光补偿量拍摄出来的效果如图 4-6 所示。请仔细观察。

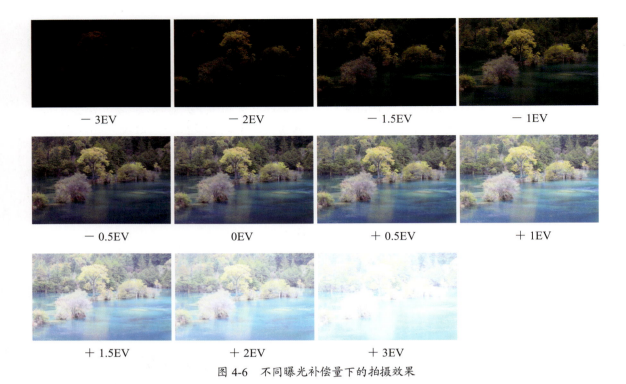

图 4-6　不同曝光补偿量下的拍摄效果

【重要】

如何确定曝光补偿量？

答：首先，要遵循白加黑减规则。即被摄景物如果比18%灰更亮（暗），就要增加（减少）曝光，即补偿量为正值（负值）。这称为加曝（减曝），也称为正向（反向）曝光补偿。

其次，要确定补偿量的绝对值大小。它取决于被摄景物的亮度与18%灰的差距大小。差距越大，这个绝对值就越大。对于纯白色和纯黑色，其值是2挡（仍能保留较多细节）。而对于介于这两者之间的亮度，就要根据经验进行判断，取值介于0～2之间。

一些常见颜色的曝光补偿量如下（假设被摄场景是均匀的颜色）：

（1）煤炭等黑色景物：－2EV；（仍能保留暗部细节）。

（2）暗红色、暗褐色、深紫色、黑灰色：－1.5EV。

（3）深红色、褐色、暗灰色：－1EV。

（4）深绿色、深灰色、青色：－0.5EV。

（5）中灰色、亮紫色：0EV。

（6）亚洲人皮肤、黄褐色、粉色：＋0.5EV。

（7）嫩绿色、亮粉色、浅灰色：＋1EV。

（8）亮黄色、亮橙色、银灰色：＋1.5EV。

（9）雪景、瀑布、白云等白色景物：＋2EV（仍能保留高光细节）。

实际的被摄场景的颜色和亮度往往是不均匀的，而且可能是各种组合情况，挺复杂的。这时，如何具体确定补偿量与所采用的测光模式有关。如果测光只是测量很小的一个点（即点测光），那么根据那个点的颜色和上述规则，就能确定其补偿量。

4.11　包围曝光

包围曝光是指连续拍摄多张（例如3张或5张）不同的曝光的照片，以便选取曝光最合适的影像或者用于后期制作。它主要用于补救曝光失误（以防万一），或者用于后期进行曝光合成，制作 HDR 照片（见"张老师教摄影"公众号，输入 hdr）。HDR 是 High Dynamic Range 的缩写，意为高动态范围，这种技术常用于大光比或超大光比场景的拍摄。

单反相机一般都提供了至少 3 张包围曝光的功能，即一共拍摄 3 张：一张正常曝光，另外两张在"正常"的基础上分别进行等量加、减曝光。例如：

[－2EV，正常，＋2EV]

这里增量为 2EV。这个增量由拍摄者根据实际需要设定。"正常"是指相机按自动测光计算并进行曝光补偿后（如果补偿量不为 0）的曝光量进行拍摄。

曝光合成时，要求参与合成的多张照片没有错位，所以，最好上三脚架拍摄。当然，如果快门速度足够高，手持拍摄，可能也没问题。

有的相机提供了机内 HDR 功能。但其效果往往有些夸张和过分，建议不要采用，而是应该自己后期处理。

4.12 准确曝光与正确曝光

◆ 准确曝光

本书中，准确曝光是指在技术上曝光量控制得正好，拍出来的照片能很好地还原现场景物。这是用技术标准来评判曝光是否准确。

图 4-7 是一个例子。准确曝光拍出来的照片层次丰富，色彩还原正确，而且清晰度比较高，亮部和暗部的细节都能得到较好的表现，质感也较好。

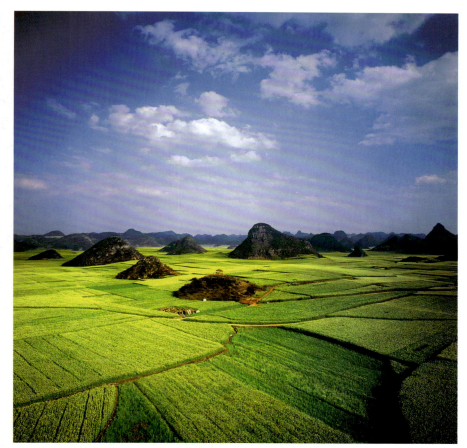

图 4-7　罗平油菜花田　　（f/16）　　张晨曦 摄

曝光不准确有两种情况：曝光过度（过曝）和曝光不足（欠曝）。曝光过度是指使感光材料感受了太多的光，拍出来的照片过于浅白，亮部细节会有所损失。严重的话会导致高光部位细节全部丢失，成为"死白"，这称为高光溢出，这样的片子基本上就是废片了。曝光不足是指感光材料所感受的光少于正常曝光量，拍出来的照片偏暗、偏黑，暗部细节丢失较多。虽然后期可以通过对暗部进行大幅度提亮来找回一些细节，但会产生很多噪点和色调偏离，画质下降。如果欠曝严重，暗部就成了"死黑"，这称为暗部溢出，后期也无法补救了。

【重要】

曝光过度和曝光不足的影像可以通过后期处理来实现一定程度上的补救。JPEG 格式影像的补救空间比较小，很难处理。若采用 RAW 格式，补救的空间就会大很多，过曝或欠曝 3 挡以内的细节都能够补救回来。所以应尽量采用 RAW 格式拍摄。

◆ **根据直方图判断曝光是否准确**

现在几乎都是用数码相机拍照，是否曝光准确，立马就能看到。但是，仅凭肉眼观察照片，判断有时会出现较大偏差。这是因为液晶屏本身的显示就不一定准，而且其亮度以及眼睛观看的效果会受环境光线强弱的影响。最可靠的方法是借助直方图来判断。直方图被形象地称为图像的"X 光片"，一眼就能看出图像的影调分布情况。

直方图是一张二维的直角坐标图，用于表示影像中各种亮度像素的分布情况。其横轴是像素的亮度值，取值为 0，1，2，…，255，其中 0 表示纯黑，128 表示中灰，255 表示纯白。按从左向右的次序，从纯黑逐渐过渡到中灰再到纯白（图 4-9）。纵轴表示具有特定亮度的像素的个数。直方图可以看成是由 256 条竖线组成，它们按从左到右的顺序分别表示亮度值为 0，1，2，…，255 的像素的个数。高度越高，表示像素越多。如果线条缺失，就表示没有这个亮度的像素。

对于图 4-8 的影像，其直方图如图 4-9 所示。图 4-8 中，像素的亮度值有 5 种：60（A 区），120（B 区），180（C 区），220（D 区），255（E 区），其像素个数分别为 120 000，120 000，120 000，60 000，60 000。图 4-9 中的①、②、③、④、⑤这 5 条线分别对应于图 4-9 中的 A、B、C、D、E 这 5 个区。

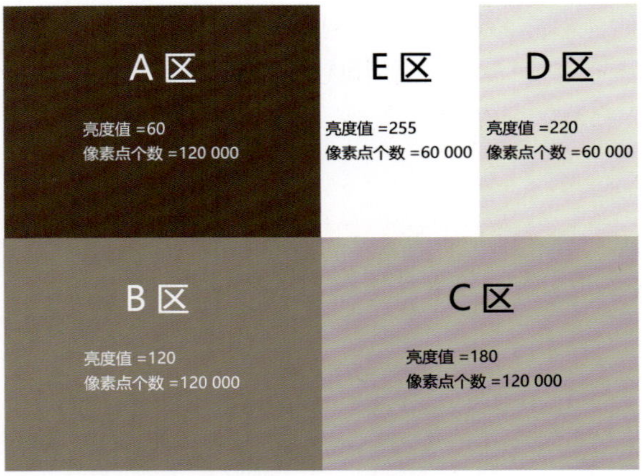

图 4-8 一个由 5 个区组成的影像

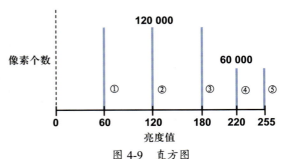

图 4-9 直方图

图 4-10（P41）中的（a）、（b）、（c）分别是图 4-1（P31）中 3 张照片的直方图。对于一张曝光准确的照片来说，其直方图应该是图形在两边都撞墙但"不爬墙"（例如 P41 图 4-10（b））。这里，把直方图的左右两端的侧面看成"墙"，"撞墙"是指图形只触及墙，"爬墙"是指图形被墙切掉了一部分（例如图 4-10（a）的左侧和图 4-10（c）的右侧）。图 4-10（b）

是一张中等亮度的照片，其直方图图形是中间高两边低，而且两侧的高度都是逐渐过渡到 0。中间高表示中等亮度的像素多，两边低表示阴影和高光都比较少。

如果直方图的图形偏于左侧，说明影像中是中间亮度和阴影的像素较多，可能曝光不足。

如果在最左边还爬墙了（图 4-10（a）），那么就是暗部溢出了。若直方图的图形偏于右侧，说明影像中是中间亮度和高光的像素较多。如果在最右边还爬墙了，那么就是高光溢出了（图 4-10（c））。

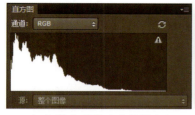 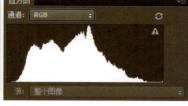 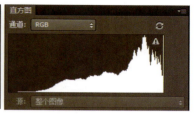

（a）曝光不足（暗部溢出）　　　（b）曝光准确　　　（c）曝光过度（高光溢出）

图 4-10　不同曝光情况下的影像和直方图

不过，当拍摄深色或浅色景物时，上述判断就不成立了。深色景物的影像中，较暗的像素多是正常的；在浅色景物的影像中，亮的像素偏多也是正常的。所以，利用直方图判断影像是否准确曝光，不可单纯依照其图形来看，还需结合被摄场景的影调特点。

实际操作中，可以在拍摄后通过回放来查看直方图，判断曝光是否合适，并据此决定是否重拍以及如何调整曝光参数。也可以采用实时拍摄方式，通过液晶屏幕取景，同时把直方图实时显示在屏幕上，并根据它来调整曝光参数。

◆ 正确曝光

本书中，正确曝光是指艺术标准上的正确曝光，即它很好地表现了拍摄者的拍摄意图，达到了拍摄者想要的艺术效果。对于不同的拍摄者来说，这个标准就千差万别了。艺术摄影，往往寄托着拍摄者的情感，反映出他个人的感受，这不可能不影响他对曝光的控制。他在曝光控制方面的特点有助于他形成自己的拍摄风格。例如，有的人拍摄风光，喜欢表现出色彩浓郁、比较深沉的风格，而有的人则喜欢把风景拍得比较亮丽明快。

有些技术上准确曝光的照片，在艺术上的表现力却可能很苍白。而有些在艺术上很成功的照片，却可能不太符合技术上准确曝光的标准，甚至偏差很大。因此，曝光是否正确，是依拍摄者个人偏好和风格而定，依拍摄题材以及艺术表现需要而定的。

通过曝光控制，可以使得想要突出表现的被摄体更加突出，使得无关或起干扰作用的景物的影像淡化甚至消隐，从而达到更好的艺术表现力。

【重要】

尽管正确曝光的照片在技术上不一定是准确曝光，但它却应该是摄影者利用曝光控制来有意达到的效果，而不是误打误撞的结果。所以，要牢记：技术要精通，运用要灵活。

4.13　向右曝光

所谓向右曝光，就是在保证不发生高光溢出的前提下，尽可能增加曝光量。之所以称为"向右"，是因为增加曝光量会使影像的直方图中的图形向右边移动。

向右曝光的目的是提高影像的画质。实拍实验表明，让影像充分曝光，能有效地减少噪点，提高画质。所以，即使你不希望影像那么亮，也可以先将之拍成比较亮的，然后在后期处理时再把它压暗。

4.14 测光与准确曝光

除了手动模式和 B 门模式，当采用其他拍摄模式时，相机都会自动计算曝光量，并据此确定光圈 F 值和/或快门速度。这是以相机内置测光系统的测光结果为基础的。这里，测光就是对取景框内景物的明暗程度进行感知和计算。在相机中，这是通过对被摄景物的反射光进行测量来实现的。拍摄者把镜头对准被摄景物，这些景物的反射光便会通过镜头照射到相机内部。相机内部的测光部件会对这些光进行感知和测量，并把数据送给微处理器进行计算。

测光的结果与所采用的测光模式密切相关。

一般来说，半按快门按钮，相机就会自动进行测光。

◆ 测光模式

常用的测光模式有 3 种：评价测光、点测光、中央重点平均测光。其区别是测光区域大小和计算方法不同。

1. 评价测光

评价测光又叫矩阵测光、3D 测光、多区域测光。这是使用最方便、适用面最广的模式。绝大多数情况都可以采用这种模式。

这种模式把取景范围划分为一些区域（一般是几十个），分别对各区域的光进行感知和计算，并根据多方面的信息进行综合加权计算，并利用数据库中存储的信息进行对比和参考，最后得出曝光值。总之，计算挺复杂的。因为考虑了各种复杂的情况，所以对几乎所有场景都适用。正因为这种模式是为了适应各种场景的需要而设计的，所以也就不是最准确的了，

实际操作中，可以把相机的过曝提示打开。如果拍摄后，回放照片时提示过曝，则应减少一点曝光（例如 1 / 3 挡），然后重拍。重复这个操作，直到满意为止。

只是偏差一般会在可接受的范围内。

【重要】

（1）采用评价测光时，拍摄者要根据所拍摄场景的明暗及其分布情况确定曝光补偿，补偿多少往往需要根据经验确定。P38 给出了一些参考经验。你可以通过反复试拍来摸索经验。应尝试拍摄各种不同明暗分布的景物，自己估计并设置补偿量，然后重新拍摄。接着查看直方图判断曝光是否准确。如果是，就说明判断正确；否则，就要看看偏差多少，然后修正经验。

（2）由于采用评价测光时，相机的测光结果是针对整个取景范围进行复杂计算得出来的，所以拍摄者难以精确地预见曝光效果。若要实现精确曝光，就只能通过反复试拍来实现（用不同的补偿量）。

2. 点测光

点测光是只对取景范围中心很小的一个区域中的光进行感知和计算。该区域占取景范围的百分比一般小于 5%，例如佳能 5D3 的该区域为 1.5%。该区域小到可以看成是一个点，所以称为点测光。该区域的范围越小，所能测的点就越精确，受周边光线的干扰就越小。点测光属于比较专业的一种方法，拍摄者的主动性比较强，可以做到对曝光的精准控制，一次拍摄成功。当然，这种测光模式操作会麻烦一些。

当被摄场景的光线比较复杂时，为了精准地控制曝光，可以在被摄景物中找到一个亮度为中灰色（18% 灰）的区域，然后对它进行点测光就可以了，不需要进行曝光补偿；也可以找到一个白色（黑色）的区域，对它进行点测光，

然后进行 +2EV（或 -2EV）的曝光补偿。

【重要】

当要精准地控制曝光时，就应该采用点测光。

3. 中央重点平均测光

这种模式重点考虑对画面中央的圆形或椭圆形区域的测量结果，同时兼顾剩余区域的测量结果，综合起来计算出最终结果。

这种模式适用于被摄主体比较突出且在中央位置的情况。

【提示】

上述 3 种测光模式中，评价测光使用得最多，其次是点测光。一般情况下采用评价测光即可，抓拍时也更适合采用评价测光。

◆ 拍出曝光准确的照片

我们可以通过以下方法来实现准确曝光。

（1）采用评价测光。并根据场景的明暗及其分布情况进行曝光补偿。

进行多少补偿？拍摄者要按照"白加黑减"的规则，根据被摄主体及场景的亮度与 18% 灰的差别来确定（参考 P38）。多思考，勤练习，就会积累出经验。

（2）按中灰影调曝光。即对被摄景物中的中灰区域进行点测光（不需要进行曝光补偿）。

适用情况：被摄景物中有中灰色区域，兼顾暗部细节和亮部细节。

（3）按高光曝光。即对被摄景物中的最亮区域进行点测光并进行 +2EV 的曝光补偿。

适用情况：被摄景物中有白色区域，且要重点保留高光部位的细节。

（4）按暗部曝光。即对被摄景物中的最暗区域进行点测光并进行 -2EV 的曝光补偿。

适用情况：被摄景物中有暗部区域，且要重点保留暗部细节。

（5）对灰卡进行测光。灰卡是一种表面为均匀的 18% 灰的卡片（P37 图 4-5）。如果没有灰卡，可以用自己的手背代替，并进行 +1/2EV 的曝光补偿（因为亚洲人的手背一般比 18% 灰亮一些）。

需要注意的是，灰卡或手背的光照条件要与被摄景物的光照条件相同，并要让灰卡或手背充满画面，而且不要采用点测光（因为手背不是完全均匀的）。

（6）在自动测光及设置曝光补偿的基础上，采用包围曝光，获得多张不同曝光量的影像，从中挑选最好的。

（7）采用 RAW 格式拍摄，以便后期进行补救。对于 RAW 格式的影像，后期处理时可以进行更大范围的曝光调整（相对于 JPEG 格式而言）。3 挡以内的曝光过度和曝光不足都可以很好地纠正回来。

4.15 大光比场景的处理

光比是指在给定的照明条件下被摄景物的最亮部位与最暗部位的亮度的比值，详见 P104 的 8.1.4 节。

与此密切相关的一个概念是相机的动态范围（P105），它是指感光材料能同时记录下的最暗到最亮的亮度级别的范围。亮度超出这个范围，相机就无法记录其影像了。

如果被摄场景光比很大（例如 P44 图 4-11），大于相机的动态范围，该怎么处理？首先，如果条件允许（例如人像摄影），可以用反光板或者灯光进行辅助照明，适当提高暗部的亮度，减少光比。否则，就要考虑是重点表现亮部细节（放弃最暗部的细节）还是重点表现暗部细节（放弃最亮部的细节），或者是两者兼顾。

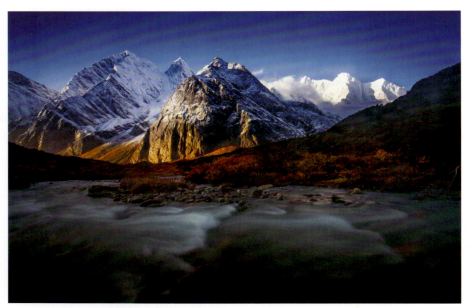

图 4-11 魔界（珠峰东坡热嘎营地）　（f/16，1.3s，17mm）　阿戈 摄

如果要重点表现亮（暗）部细节，就应该对准最亮（暗）部位进行点测光，然后进行＋2EV（－2EV）的曝光补偿；如果要兼顾两者，就应该对中灰部位进行点测光，并且不用曝光补偿。这种情况下，最亮部和最暗部细节都会有所损失。

由于相机的动态范围比人眼的动态范围小很多（因为人眼的动态范围能自适应地动态调整），所以相机无法记录人眼所能看到的所有层次和细节。有时明明看到的是层次和细节都非常丰富的场景，拍出来的照片却差很多。为了还原人眼所看到的现场，可以根据实际情况选用以下方法。很关键的一点，是在拍摄前要先想好处理方案，包括前期拍摄和后期处理。

◆ 方案一：采用 RAW 格式

【拍摄（也称前期）】采用 RAW 格式，按正常曝光拍摄。

这里及后面的"正常曝光"是指按上面介绍的实现准确曝光的方法进行曝光控制。

【后期】用 ACR 或者 LR 直接处理 RAW 格式文件，把高光部分压暗，把阴影部分提亮，尽可能找回更多的高光细节和暗部细节。不过，不能下手太重，要以"人眼看不出痕迹"为宜。

具体操作步骤见"张老师教摄影"微信公众号（输入 raw2）（即：进入"张老师教摄影"公众号，然后输入并发送 raw2）。

在大多数情况下，采用这种方案就够用了。过曝或欠曝 3 挡以内的细节都能找回来。但是，如果光比超过这个范围，就还是会丢失细节。而且如果大幅度提高阴影的亮度，会产生很多噪点，使画质严重下降。所以，对于光比很大的场景，还是解决不了问题。

◆ 方案二：采用中灰渐变滤镜

【拍摄】采用中灰渐变滤镜，按正常曝光拍摄。用中灰渐变滤镜（见 P166）压暗被摄场景中的亮部区域，能达到平衡画面亮度的目的。这样从相机的取景器看过去，光比就不是那么大了。场景中光比越大，就要用密度越大的渐变镜。P95 图 7-77 用了 3 挡中灰渐变镜。

【后期】无特殊要求。

不过，这种方案只适用于暗部与亮部的交界线接近直线的场景，例如天空与地面的交界线，主要用于风光摄影。而且，中灰渐变滤镜的携带和使用比较麻烦。

本方案可以与方案一结合起来使用,以对付更大的光比。

◆ **方案三:采用曝光合成**

先看一个例子。

对于图4-12(a)的场景。如果按天空曝光,地面会欠曝(图4-12(a));如果按地面曝光,天空又过曝(图4-12(b))。但是,你发现没有,如果把图4-12(a)中的天空与图4-12(b)中的地面拼装起来,组成图4-12(c),就完美了。

没错,这就是曝光合成——一种已被广泛采用的技法。它虽然用图片合成(合成可以造假),但只是用来克服器材上的不足,还原出人眼所看到的画面。人眼所看到的景物再加上脑补,在脑子里形成的画面就是图4-12(c)的样子。所以,曝光合成是现在很重要的一种技法。

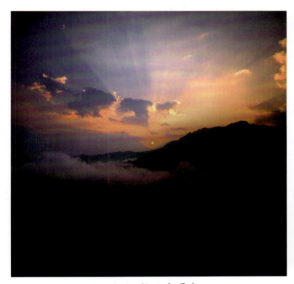

(a)按天空曝光

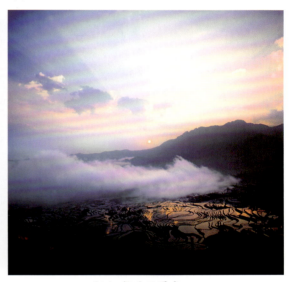

(b)按地面曝光

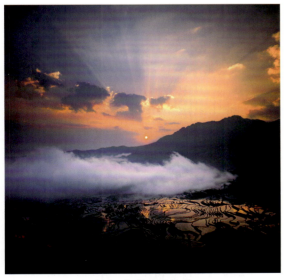

(c)合成后的效果

图4-12 曝光合成　　张晨曦摄

曝光合成是指：用不同的曝光量拍摄同一场景的多张照片（一般采用包围曝光），分别用于重点表现场景中某个影调的部分（例如高光、中灰、阴影各一张）。在后期处理中，利用软件将这几张照片重点表现的部分提取出来，合并到一张照片中。这张照片中不同影调的区域分别来自不同的照片。要保证这些区域之间衔接、过渡自然，看不出加工痕迹。

【拍摄】构图不变，用不同的曝光量拍摄多张照片。

（1）一般是 2～5 张，依场景中光比大小而定。

（2）最好上三脚架拍摄。如果没有三脚架，就把快门速度提高，拍摄 3 张，也许可以。

（3）相邻曝光量之间的差距一般为 2 挡。

【后期】对于大部分场景，能很容易地用 Lightroom 等软件自动合并多张不同曝光量的照片；而对于有些场景，则需要人工辅助甚至以人工为主，否则就可能合成失败或者效果较差。例如有的区域影像取自错误的照片，或者衔接、过度不自然。人工操作复杂一些，不过只要花点时间认真学习，也是可以轻松掌握的。

下面通过一个例子来详细说明如何进行曝光合成，见"张老师教摄影"公众号（输入 bghc2）。

利用这种方法，可以合成出 HDR 照片，即动态范围非常大的照片。不过，为了达到完美的合成效果，被摄体应该是静止的，而且相机要上三脚架拍摄。这个方案主要用于风光摄影。

◆ **方案四：用一个 RAW 格式文件进行曝光合成**

如果只拍摄了一张 RAW 格式照片，如何提高后期处理效果呢？这种方案是由该文件生成两张或 3 张不同曝光量（例如各差两挡）的 JPEG 照片，然后按方案三进行曝光合成。

4.16 多重曝光

多重曝光是指相机在一幅画面（一张底片或者一个影像文件）上叠加多次曝光分别形成的影像，从而获得一张有重影的照片（例如图 4-13 和 P205 图 14-17）。这里多重是指两次或者更多次曝光。多重曝光是一种很有用的表现手法。

有的相机有多重曝光的功能，开启这个功能并设置好曝光的次数 N 后，接下来的 N 张拍摄所获得的影像会叠加到一起，形成一张照片。需要注意的是，这里的每一张照片的曝光量都要相应地减少，以使得最后叠加起来的照片曝光正常。例如，两重曝光，可以两张各减少一挡（叠加起来，就正好是正常曝光）；也可以一张减 $1\frac{1}{3}$ 挡，另一张减 2/3 挡。

如果相机没有多重曝光功能，就可以用 Photoshop 软件来模拟多重曝光。按正常曝光拍摄多张照片，然后在 Photoshop 中将它们叠加到一起。见"张老师教摄影"公众号（输入 dcbg）。

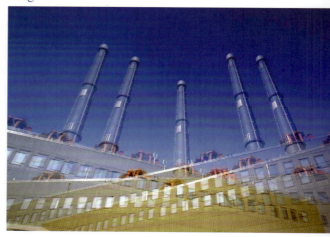

图 4-13　5 重曝光　　张晨曦 摄

4.17 初学者常遇到的两个问题

问题 1：在自动曝光模式下，为什么有时相机会"莫名其妙"地曝光过度或者曝光不足？

首先看曝光过度的问题。

（1）光圈优先模式。

可能是光圈太大，可将其调小（即把 F 值调大）；也可能是 ISO 值太高，可将其调低。如果光圈已经最小，ISO 值也是最低了，那就是现场光线太强，无法拍摄。解决方案是采用偏振镜和 / 或减光镜，以减少进入镜头的光。

（2）快门优先模式。

可能是快门速度太低，或者是 ISO 值太高。应把快门速度调高，把 ISO 值调低。同样地，如果这两个参数都已经调到头，就只能用偏振镜和 / 或减光镜了。

其次看曝光不足的问题。

（1）光圈优先模式。

可能是光圈太小或者 ISO 值太低，不妨调大光圈试试。如果光圈已经是最大了，或者所设光圈就是你想要的，不想改变，那么就把 ISO 值调高。

（2）快门优先模式

可能是快门速度太高或者 ISO 值太低，可以把快门速度调低。但太低了容易拍虚（因相机抖动或者被摄体运动等原因）。在速度不能再降低的情况下，只能把 ISO 值调高。

现在很多相机的 ISO 值可以调到很高，但高 ISO 值会使画质下降。

问题 2：ISO 值设为自动的情况下，为什么在光线较好时，相机仍会采用高 ISO 值？

为使用方便，有时会将 ISO 值设置为自动，这样相机就会自动计算和设置所需要的 ISO 值。然而，这有可能导致相机在光线较好时也采用高 ISO 值，损失画质，甚至拍出废片，而你对此却可能还毫不知晓。这种失误有可能导致很多废片，是非常糟糕的，所以一定要严加防范。

这主要发生在以下情况：

（1）采用光圈优先模式，而且把光圈设置得太小。

（2）采用快门优先模式，而且把快门速度设置得太高。

（3）采用手动模式，而且光圈太小或者快门速度太高，或两者都有问题。

所以，如果把 ISO 值设置为自动，为保险起见，要经常查看实拍的 ISO 值。

第 5 章　动感与快门速度

快门速度不仅与曝光量有关,而且与影像的虚、实以及动感效果密切相关。不同的快门速度有不同的表现特点。对于同一运动中的被摄体(简称动体),高速快门和低速快门(也称慢门)拍出来的效果是截然不同的,而且能拍出人眼所看不到的效果。高速快门能"停住"时间,把瞬间的动作或者状态定格,而低速快门则能"述说时间的故事",要充分利用其各自的特点来表达拍摄意图,这时应采用 Tv(快门优先)模式。

5.1　获得清晰的影像

首先来看看如何获得清晰的影像。一般来说,除非是特意表现,否则都要求影像是清晰的。而这与所采用的快门速度密切相关,即要求在快门打开、进行曝光的过程中,被摄体与相机之间的相对运动距离必须是在一个允许的范围之内。这个距离反映到照片上,其影像(拖线)应该足够小,使得人们在一定的距离观看照片时看不出它的存在。

◆ 拍摄静态景物

如果相机上三脚架拍摄,理论上是什么快门速度都可以,只要能保证三脚架纹丝不动。如果是手持拍摄,就要根据安全速度来确定最低快门速度,并最好留有足够的余量(P21)。如果是用防抖镜头或机身,就需要通过实拍测试来确定自己的安全速度。

◆ 拍摄运动中的景物

拍摄运动中的景物,为了获得清晰的影像,快门速度要根据以下 3 个方面来确定(假设镜头焦距不变):

(1) 动体的运动速度。
(2) 动体与相机的距离。
(3) 动体的运动方向。

运动速度越快、距离越近、运动方向越接近于与拍摄方向垂直,快门速度就必须越快。

拍摄高速运动的景物,要采用高速快门,以便能把运动中的人、动物或者物体的动作或者状态定格,使其"凝固"住。例如,P10 图 2-6 中,为了把翠鸟出水瞬间的动作以及溅起的水花定格,快门速度采用了 1/2000s。

根据经验,人们总结出了快门速度参考表,如表 5-1 所示。这里假设动体的运动方向与拍摄方向垂直,且不采用追拍法。

表 5-1　快门速度参考表

动体	应采用的快门速度 /s
行走的人(1m/s)	1/125 ~ 1/250
跑步的人(3 ~ 5m/s)	1/500
滑冰的人(5 ~ 10m/s)	1/1000
骑车的人(7 ~ 10m/s)	1/1000
奔跑的马(10m/s)	1/1000
自行车赛(13m/s)	1/2000
汽车(15 ~ 25m/s)	1/2000 ~ 1/4000
摩托车(50m/s)	1/4000

◆ 追拍法

为了表现动感,还可以采用追拍法,以获得动体的清晰影像,而背景和前景则产生动感模糊的效果(P49 图 5-1)。拍摄时,要在按下快门的同时,保持拍摄姿势不变,但轻轻移动相机,使得镜头能追随动体,尽量让动体在画面中的位置保持不变。

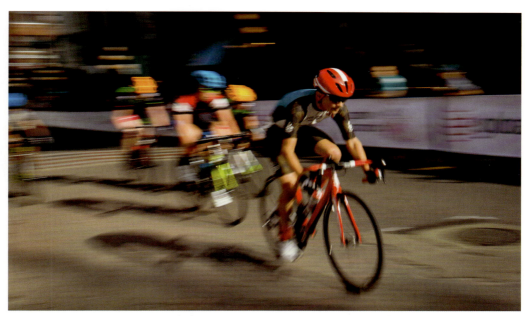

图 5-1　自行车赛　（f/18，1/30s，24mm）　王伟胜 摄

这种拍法的关键是在按下快门曝光的那段时间内保持相机与被摄动体的相对位移近似为 0。

要根据经验选择合适的快门速度。太快的话，可能背景不够模糊；太慢得话，可能连主体都模糊了。一般来讲，可以选择比表 5-1 中的速度慢 3～4 挡的速度作为起始尝试速度，并根据拍摄效果进行调整。例如，追拍行走的人，可以从 1/15s 的速度开始尝试。

【提示】

（1）拍摄方向要尽量与动体的运动方向垂直。

（2）背景和前景最好是明暗或色彩相间的景物，以加强动感。

（3）要选择适中的光圈，以使得背景和前景不会太模糊，这样动感模糊才能较好地得到表现。

5.2　拍出动感模糊

◆ 故意让被摄体模糊

为了表现动感，可故意采用比表 5-1 低很多的快门速度，使动体的影像成为有动感的模糊（例如图 5-2）。图 5-3（P50）是另外一种情况，即坐在车里朝车的前方拍摄，是被摄景物不动，但拍摄者在动。表现出了放射式的动感，而正前方的建筑物则是清晰的。

要根据动体的运动速度、拍摄距离、镜头焦距以及所希望的动感模糊程度来确定快门速度。例如，图 5-2 采用了 1/15s 的速度，图 5-4（P50）采用了 30s 的速度（因为云距离相机很远）。

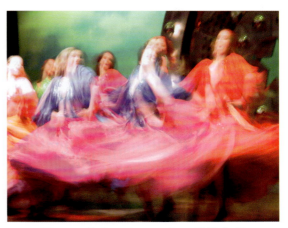

图 5-2　舞动　（1/15s）　张晨曦 摄

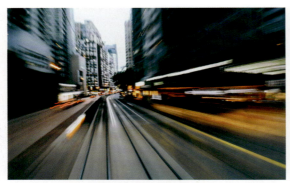

图 5-3　在运动的车里朝前进方向拍摄的影像
（f/18，1.6s）　刘乃同 摄

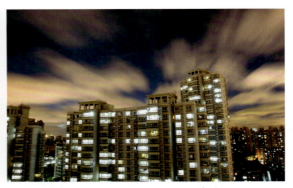

图 5-4　飞云　（30s）张晨曦 摄

◆ 拍出丝滑柔顺的瀑布和流水

对于瀑布，采用高速快门，能定格流水，拍出其气势，显得更壮观；若采用慢门，则能拍出唯美、柔顺、丝滑的效果。对于没有气势的瀑布，用慢门也许更合适。图 5-5 对两者进行了比较。其中图 5-5（a）跟人眼看到的一样，而 5-5（b）则不同。图 5-6（P51）采用了 0.6s 的慢门速度，拍出了诺日朗瀑布的柔美和流畅。

对于河流流水也是如此。一般来说，当快门速度为 1 秒左右的时候，流水就开始呈现为唯美柔顺的丝状，并保持有流水的细节。这就是"传说中"的流水拉丝。这既能较好地表现流水的动感，又显得流畅、柔美。所以很多人都喜欢采用这种快门速度。当快门速度低于 15～30s 时，丝状般的流动细节完全消失，流水就呈现为完全雾化状态了，就好像停止了流动，弥漫着一种平和和寂静的气氛。

拍摄水流最好用偏振镜，偏振镜能消除水面以及石头上的反光，还能减光 1～2 挡。

值得注意的是，如果用中速快门（例如 1/125s）拍瀑布和流水，画面往往既定格不了水流，也不柔美，会显得杂乱，不太好看，这是因为流水细节太多。

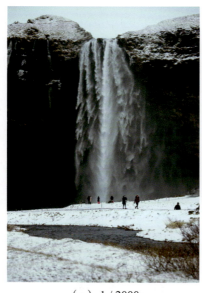

（a）1/2000s

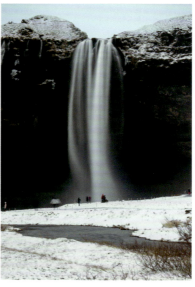

（b）2s

图 5-5　瀑布——不同快门速度的拍摄效果　张晨曦 摄

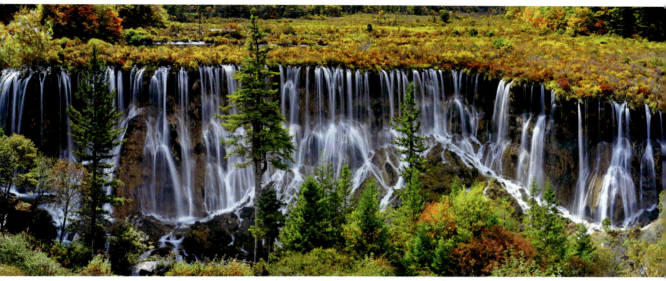

图 5-6　诺日朗瀑布　（0.6s，多张接片）　张晨曦 摄

【提示】

为了获得长时间曝光，应该把相机的 ISO 值设置成最低，把光圈设置成最小（但画质会变差）。不过，在光线较强的情况下（例如晴天的白天），即使这样，也可能无法获得足够长的曝光时间。这时就得在镜头前加上偏振镜和/或减光镜（见 P166），以减少进入镜头的光线。减光镜有不同的减光量，常见的有 3 挡、6 挡、10 挡等。若要达到 30s 左右的曝光时间，在早晚可能 6 挡左右的减光镜就够用了，而在光线比较强的上午和下午就要用 10 挡的了。

【扩展】

当把 10 挡左右的减光镜装在镜头前时，相机的对焦和自动测光将失灵。这时可按以下步骤进行操作：

（1）把减光镜取下，把拍摄模式设置为 Tv，把快门速度设置为 1/30s。

（2）半按快门进行自动对焦和测光。完成后，记录下相机所设置的 F 值，并把镜头拨钮拨到"手动"位置（锁定对焦距离）。

（3）把拍摄模式改为 M 挡，然后根据刚才记录的 F 值设置光圈，并把快门速度设置为 30s（从 1/30s 到 30s 正好差 10 挡）。装上减光镜。

（4）试拍。如果曝光合适，则拍摄完成。如果不合适，就根据曝光情况调整光圈，然后重复本步骤。

◆ 拍出海浪迸溅或拉丝效果

对于海边的海浪，采用 1/30s 左右的快门速度，能拍出具有冲击力的迸溅效果；而采用 1s 左右的快门速度，则能拍出海浪拉丝的效果（P52 图 5-7，P69 图 7-21）。快门速度要根据具体情况和试拍来确定：浪花的速度越慢，镜头的焦距越短；相机与浪花的距离越远，就要采用越慢的快门速度。

◆ 拍出宁静和虚无缥缈的水面

采用 30s 或更低的快门速度，可以平抑波浪或者水波纹，使之平静下来，变成雾化状态或镜面状态。波浪大的地方会变成像是蒙上了一层浓雾，产生虚无缥缈的梦幻效果。如图 2-20（P17）所示。而比较平静的水面上的波纹则会消失，平整光滑，像镜面或者磨砂玻璃面似的，这样的水面更具有艺术效果，如图 5-8（P52）所示。

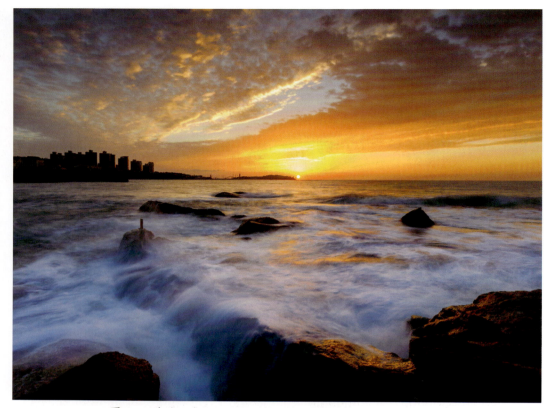

图 5-7　海边日出　（1.5s，ND64 + GND0.9）　心向远方 摄

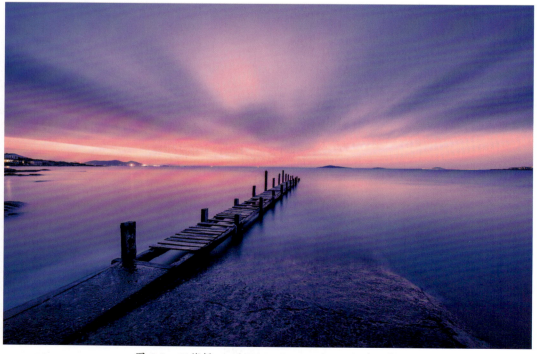

图 5-8　旧栈桥　（359s，GND0.9）　师造化 摄

◆ 让动体消失

采用足够长的曝光时间,可以让动体从画面上消失。例如对于行人,采用 20s 以上的曝光时间,就可以使其影像接近消失。图 5-9 的现场有很多人,但 30s 的曝光时间使得很多行人的影像已经完全消失,只有不太走动的人留下淡淡的影子。

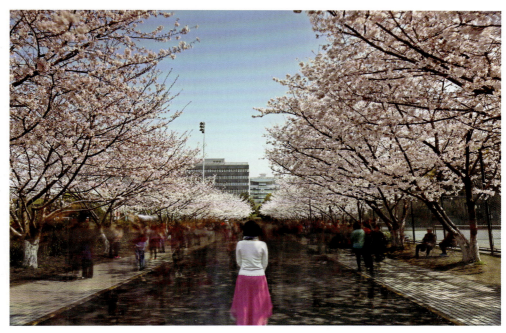

图 5-9　樱花大道　(30s,ND1000 + GND0.9)　张晨曦 摄

◆ 记录轨迹

对于移动的云、车灯、星星等,用长时间(如几分钟)或超长时间(如几个小时)曝光,可以记录下其运动轨迹,讲述"时间的故事"。例如,图 5-10 记录下了车轨,图 5-11（P54）记录下了星轨。

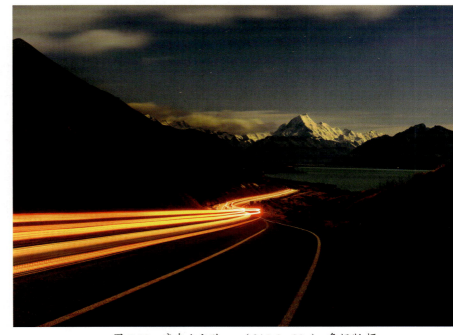

图 5-10　库克山之路　(f/5.6,30s)　詹姆斯 摄

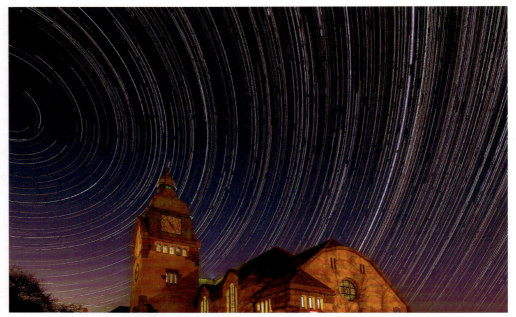

图 5-11 青岛基督教堂星轨（14mm，多张合成） 师造化 摄

◆ **拍摄月亮**

由于月亮是在移动着的，所以为了拍出清晰的月亮，快门速度不能太低。具体多少与所采用镜头的焦距有关。例如，200mm 镜头，最好不要低于 1/125s。一般来说，对于已经上升到比较高的月亮，拍摄的起始参考设置是 ISO 100，f/11（＋1挡），1/100s。都是"1"，很好记的数字（之所以不直接写 f/8，是为了便于记忆）。要根据试拍效果来调整参数，因为拍摄地点、环境光以及天气等都会对曝光产生影响。

◆ **拍摄繁星点点的星空（银河）**

星星的光很弱，所以要长时间曝光。然而又不能太长，否则拍出来的星星可能就不是一个点，而是一条拖线了（尽管很短）。假设是用 16mm 的超广角镜头来拍摄，一般来说曝光时间不能超过 30s。应根据"星空 500"经验规则来确定曝光时间，见 P191。至于光圈，要开到最大。ISO 值设置为 3200（如果光圈是 f/2.8）或 6400（f/4）。例如图 2-13（P13）。

第6章 景深控制

6.1 景深的概念

在相机对焦后，精确地说，在拍摄方向上，只有被精确地对焦的那个点会在感光材料上形成其清晰的像点，在这个点附近距离相机更近或者更远的点，其像点是一个小小圆圈（称为弥散圈），是模糊的。不过，受人眼分辨率的限制，直径小于某个值的小小圆圈是看不出来的，会认为它就是一个点。所以，在拍摄方向上，在对焦点附近有一个范围，在这个范围内的点都会在感光材料上形成清晰的像点。也就是说，能在照片上有清晰影像的不仅仅是在对焦点上的那个物体，还包括其前后某个范围内的所有景物。

让我们来看一个例子。图6-1是同一场景的4张照片，光圈依次用 f/2.8、f/5.6、f/11、f/32，对焦点都是左边的 Kitty 猫A。请观察它们的清晰范围有什么区别。拍摄现场中，3件物品在左右方向上有错开（以免相互遮挡），在纵深方向上（即拍摄方向，垂直于画面）互相距离大约10cm。

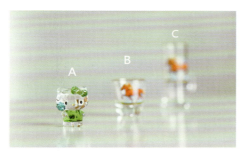
（a）f/2.8，只有A是清晰的

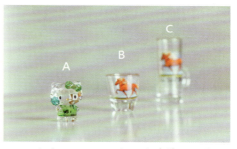
（b）f/5.6，B和C变清楚了一些

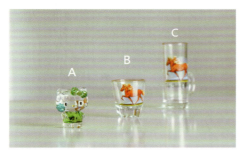
（c）f/11，A和B都清晰，但C还是有些模糊

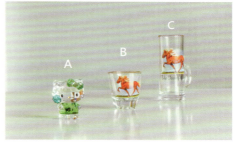
（d）f/32，A、B和C全部都清晰

图6-1　不同光圈的景深比较

可以看出，这4张照片在纵深方向（拍摄方向）上的清晰范围大不相同。随着光圈的缩小，其在纵深方向上的清晰范围越来越大。

景深是指被摄场景中能在照片上形成清晰影像的景物在纵深方向（即拍摄方向）上的距离范围。例如，在图6-2（P56）中，假设A为对焦点，B点之前景物的影像都是模糊的，C点之后景物的影像也都是模糊的，只有B到C这个范围中景物的影像是清晰的。那么B到C这个范围（距离）就是景深（也称全景深）。

可以用区间 [B，C] 来表示。B 和 C 分别称为景深近点和景深远点。[B，A] 称为前景深，[A，C] 称为后景深。

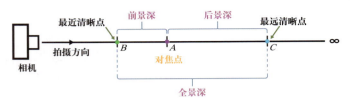

图 6-2　景深

景深越大（小），有清晰影像的景物范围就越大（小）。景深的大小不仅与镜头的光圈大小密切相关（光圈越大，景深越小），而且还与镜头焦距以及被摄体到相机的距离有关。

虽然在图 6-2 中，后景深大概是前景深的两倍，但这并不是普遍的规律。那种广为流传的"为获得最大景深，应该对焦到拍摄范围的靠前 1/3 处"的说法是错误的。

6.2　景深控制

摄影中，经常要采用不同的景深（大小）来表达不同的拍摄意图。有时我们希望只是被摄主体清晰，其余都模糊，有时又会希望整个场景都是清晰的。例如，拍人像经常采用小景深，只让被摄人物清晰，前景和背景都虚化；拍风光往往采用大景深，使远近的景物都清晰。

影响景深的因素有 4 个：光圈、焦距、拍摄距离、画幅。对于给定相机来说，画幅是固定的，所以从理论上说，通过控制前面 3 个参数，就可以得到我们想要的景深。然而，在实际拍摄中，确定焦距和拍摄距离的主要依据是取景和视点。景深往往是在确定拍摄点和构图后才会考虑的。因此，控制景深最主要的方法是改变光圈大小。

【重要】

（1）F 值越大（小），景深越大（小）。光圈优先拍摄模式就是专门为此设计的。

（2）焦距越短（长），景深越大（小）。

（3）拍摄距离越大（小），景深越大（小）。

（4）给定相机，获得最大景深的方法如下：
- 采用最小光圈、最短焦距、最大拍摄距离。
- 采用超焦距（P57）。
- 采用景深合成（P58）。

（5）给定相机，获取最小景深的方法如下：采用最大光圈、最长焦距、最小拍摄距离。

6.3　查看或计算景深

◆ 从取景器里观看

从取景器里看到的景深情况与拍出来的景深经常是不一致的，这是因为为了保证取景器上有足够的亮度，取景时相机会自动把镜头的光圈开到最大（不管你设置的光圈是多少）。不过，高级相机往往设有景深预览按钮，按下这个按钮并保持，就可以在取景器里看到实际的景深效果。

◆ 查看照片

对于数码相机，可以在液晶屏上回放所拍的照片，然后通过放大来直接查看景深效果。

◆ 利用手机 APP 计算

这是在手机上下载并安装专门用于计算景深的 APP（例如"景深计算器"APP）。拍摄时，输入镜头焦距、光圈 F 值以及拍摄距离，就能立即得到全景深、前景深、后景深以及超焦距等，非常方便。

◆ 查看镜头刻度

有的镜头上有景深刻度盘，从中央开始往两边分别标有 2.8、4、5.6、8、11、16、22 等刻度（例如图 6-3，该镜头的景深刻度盘上没有标出 2.8 和 5.6，因为写不下），它们是光圈 F 值。在完成对焦后，对于当前的 F 值，在景深刻度盘上找到对应的一对刻度，则这对刻度所对应的距离环中的区间就是景深。

在图 6-3 中，光圈是 f / 11，在景深刻度盘上找到两个刻度值 11，它们分别所对应的距离

为 1.52m（景深近点）和 2.0m（景深远点）。因此，其景深为 [1.52m，2.0m]。

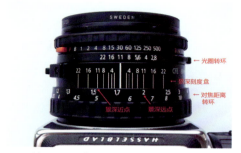

图 6-3　镜头上的景深刻度盘（哈苏 CFE80 镜头）

◆ 查看景深表

对于每一种镜头，都可以找到或计算出其景深表。这种表对于不同的光圈大小和拍摄距离分别列出了景深，拍摄时根据实际情况现查。不过这非常麻烦，现在已经不用了。

6.4　超焦距

超焦距是"超焦点距离"的简称，它是指当把镜头对焦到无穷远（∞）时景深近点到镜头的距离。即图 6-4（a）中的 L。这里的景深是 $[L, \infty)$。可以看出，此时的景深实际上是前景深，其后景深完全被"浪费"了。

为了得到最大的景深，可以把对焦点改为 B，如图 6-4（b）所示。其中 B 到镜头的距离为 L。这样，景深就会变成 $[L/2, \infty)$。这是把全部景深都用上了。所以，采用超焦距，可以获得最大景深。

若镜头上有景深刻度，就可以很简单地设置超焦距。只要把距离环上的 ∞ 对准景深刻度上与当前使用光圈 F 值对应的右侧刻度即可。

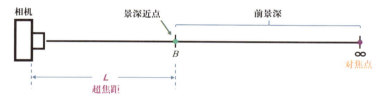

（a）对焦点为 ∞，景深为 $[L, \infty)$

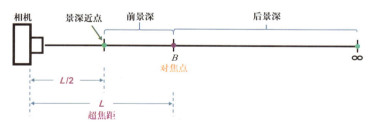

（b）对焦点为 B，景深为 $[L/2, \infty)$

图 6-4　超焦距

在图 6-5（P58）中，所使用的光圈为 f / 16，所以把对焦转环上的 ∞ 对准景深刻度上右侧的 16。在其对称的左侧刻度上，可以查出景深近

点的距离为 3.8m。就是说，在拍摄方向上，从距离相机 3.8m 到无穷远的所有景物的影像都是清晰的。如果这个距离还不够近，那么可以把光圈 F 值设置为更大，然后重复上述设置过程。

超焦距一般只在一些特殊情况下才使用，例如当要求从近距离到无穷远的所有景物都要清晰地表现或者进行纪实抓拍的时候。前者可发生于风光摄影中前景很近、远处又有山脉和云彩的时候；对于后者，在设置成超焦距之后，只要被摄主体位于某个距离（景深近点）之外，不用对焦就能保证影像是清晰的。

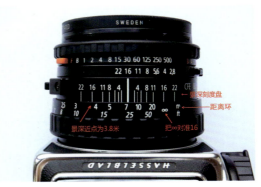

图 6-5　设置超焦距

6.5　景深合成

在某些特定情况下，即使采用超焦距，也可能景深不够。例如风光摄影中，当前景非常近，或者在拍摄带地景的星空或极光的时候，因为星星和极光的光很弱，必须采用大光圈（P191）。这时只能采用景深合成的方法。

先来看看图 6-6，这是重新拍的一组，光圈都是 f / 2.8。图 6-6（a）、（b）、（c）分别是对不同的物品对焦，它们各自只有一个物品是清晰的，其余两个都是模糊的，景深很小。但是，我们可以分别从图 6-6（a）、（b）、（c）取出 Kitty、中间杯子、右边杯子的清晰影像，然后将它们合并起来，就可以得到图 6-6（d）——它的 3 件物品都是清晰的，这样就获得了一张景深很大的照片。这就是景深合成。

所谓景深合成，就是用同一构图对被摄场景拍摄多张照片，分别用于重点表现远近不同的景物（对焦距离不同），以期获得其清晰的影像。然后在后期处理中，利用软件将这几张照片重点表现的部分提取出来，合并到一张照片中，以获得超大的景深。要保证这些区域之间衔接、过渡自然，看不出加工痕迹。

可以看出，这跟曝光合成的情况有些类似，只是那里合成的照片是不同的曝光量，而这里则是不同的对焦距离。

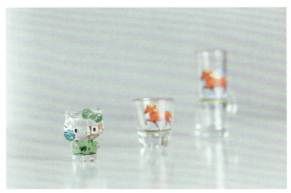

（a）对左边的 Kitty 对焦，只有它清晰

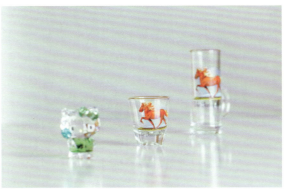

（b）对中间的杯子对焦，只有它清晰

图 6-6　景深合成

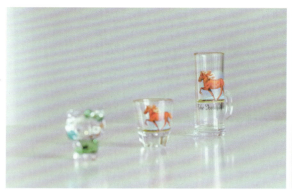 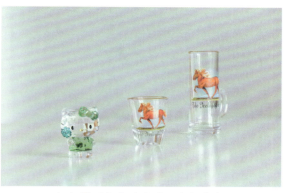

（c）对右边的杯子对焦，只有它清晰　　　　　　（d）景深合成的结果：全都清晰

图 6-6（续）

【拍摄】用同一构图对被摄场景拍摄多张照片。这些照片的对焦点或对焦距离不同。

首先要根据光圈的 F 值和所要获得的景深范围确定需要拍几张，每张的对焦距离是多少或者对焦点在哪里，要保证这些照片的景深合起来能覆盖所要获得的景深范围。这时景深计算 APP 就很有用了。

例如，对于 5D3 机身加 16mm 镜头，光圈 f / 8，如果要获得 [0.3m, ∞) 的景深，就要拍 3 张，其对焦距离分别为 0.35m、0.7 m、10 m。如果光圈是 f / 2.8，就得拍 7 张：0.32 m、0.38 m、0.47 m、0.62 m、0.93 m、1.8 m、10 m。你可以用景深计算器复核一下，看看这些照片的景深范围是否能全面覆盖 [0.3 m, ∞)。

拍摄时，要先把镜头的对焦模式设为手动，然后把对焦环依次转到上述距离，分别进行拍摄。为了保证后期处理时照片能精确对齐，必须使用三脚架。

然而，还有一个实际问题没有解决，就是如何让镜头准确地对焦在上述距离上？随身带一个钢卷尺来量？好像太麻烦了😊。所以，实际上，人们往往是用估计的方法。首先估算出要拍的张数 N，并在心里估摸着把对焦环上与所要覆盖景深范围对应的弧长分成 N 等分，然后从对焦景深近点开始拍，并且把对焦环每转过 1 / N 弧长，就拍一张，直到拧到头，最后拍一张。为保险起见，张数 N 可以略取大一些，留出余量。

为了能熟练地操作，平时可以在家练练把镜头对焦环旋转 1 / N 的操作，找找感觉。

如果光圈不是很大（例如 f / 8 或更小），前景不是非常近（例如 1m 以上），就可以估计一下，也许拍两张就够了：一张对焦前景，另一张对焦中景（例如 10m 左右）。如果要求高一点，再加一张对焦远景，就绰绰有余了。

【后期】

（1）把用于合成的照片载入后期处理软件。LR、ACR 或者 Photoshop 都可以。

（2）对所有照片进行相同的处理，包括各种调整。

（3）调用软件的自动合成命令，进行合成。

（4）把合成出来的照片放大，仔细查验是否成功。因为这些软件有时在拼接时会从错误的照片中提取影像（位置是对的，但不是最清晰的）。如果画面都很清晰，而且拼得天衣无缝，那就是成功了，合成工作结束。否则，进行下一步。

（5）进入 Photoshop，利用蒙版和橡皮擦刷出每张照片的清晰部分，然后进行合并。

【举例】

请进入"张老师教摄影"公众号，输入并发送 jshc。

第 7 章 摄影构图

7.1 摄影构图的概念

摄影构图是指对画面中的构图元素进行取舍以及对其相互关系进行处理和安排，最终构成一幅完美的画面，把拍摄者的意图、感受或情绪充分表达出来。"取舍"是指选择哪些被摄体的影像进入画面，而"对其相互关系进行处理和安排"则是指通过改变视点（相机的位置）或者移动被摄体（如果可能的话）来改变它们在画面中的相互关系，并通过观察和比较做出最佳的安排。

这里，视点是三维空间中的一个点，相对于被摄体来说，视点有 3 个参数：拍摄距离、拍摄方位、拍摄高度，如图 7-1 所示。

【重要】

对于动态的被摄体（运动中或者形态处于变化中），构图还有个时间因素，即要等待最佳瞬间的出现，就是在被摄体移动到最佳位置和/或出现最佳形态的那个瞬间，果断地按下快门。

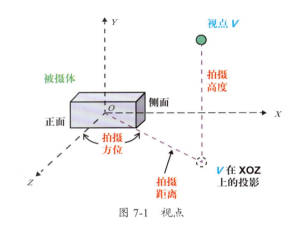

图 7-1 视点

7.2 摄影构图的基本要求

创作一幅摄影作品，首先要有一个主题。构图是为表现这个主题服务的，主体（P70）是主题思想的体现者，一定要醒目和突出。所以构图至少要做到以下两点：

（1）突出主体。
（2）正确处理好主体、陪体和环境的关系。

陪体（P70）和环境（P70）的作用是烘托主体和主题。

进行构图时，可以安排和调整的主要有以下几个方面：

（1）主体在画面中的位置：可利用黄金分割等规则。
（2）拍摄距离：靠近或离开主体。
（3）拍摄方位：绕主体转一圈，看看哪个角度最好。
（4）拍摄高度：改变相机的高度，看看从什么高度拍摄最合适。
（5）透视、空间深度的处理。
（6）光线、影调的处理。
（7）色彩的搭配。
（8）清晰与模糊程度。
（9）点、线、面的提炼与应用。

摄影构图的基本要求如下：

（1）简洁。

摄影是减法的艺术，所以画面要简洁。与主题无关、不必要的景物要设法排除到画面之外。实在无法避开的，可以用虚化、影调处理等手段使其影像弱化或消失。

当然，在风光摄影中，这条要求并不完全适用，画面并不是越简洁越好。大风光摄影中的场景可能包含很多被摄体。这时，就需要充分发挥拍摄者的构图能力，用某个"主调"把这些构图元素组织起来，就像谱写交响曲那样。

（2）完整。

被摄体在画面中必须给人以完整的视觉印象。特别是主体。所以，被摄体，特别是引人注目的被摄体，如果在画面边沿被裁切，是不可接受的。

（3）稳定。

画面中的被摄体在视觉上要给人以均衡稳定的感觉，除非是有意为了表现某种特殊效果。画面的均衡与各被摄体的重量有关，这种重量是指被摄体在观看者感觉中的心理重量。

例如，图 7-2 中，右下角的那两块冰在画面的稳定性方面起了很大的作用。少了它们，画面的重心就会往左倾斜。

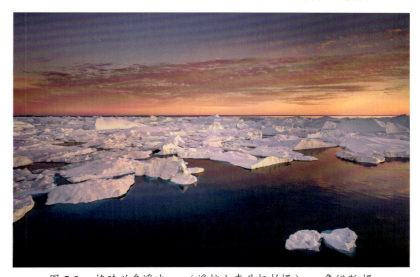

图 7-2　格陵兰岛浮冰　（遥控小直升机拍摄）　詹姆斯 摄

7.3　寻找最佳视点

在确定了被摄主体之后，拍摄者首先要做的是针对被摄体寻找一个最佳视点，使得拍摄者在这个位置朝被摄体看过去，能获得最佳的取景与构图。通过改变视点，能获得完全不同的构图。

视点包括 3 个要素：拍摄距离、拍摄方位、拍摄高度，这三者称为选择拍摄点的三要素或取景三要素。

拍摄点的选择在摄影中非常重要，它直接影响构图的优劣。拍摄者一定要通过改变上述三要素来观察和对比不同的取景和构图效果，并据此选取最佳视点。

【提示】

在风光摄影中，踩点非常重要。就是到景区或者景点附近走走，寻找最佳拍摄点。在这个过程中，还要通过预想在各种角度光线下的拍摄效果来确定最佳拍摄时间。有的适合在日出时分或上午拍摄，而有的则适合在日落时分或下午拍摄。

7.3.1　拍摄距离与景别

拍摄距离是指拍摄点到被摄体的距离。从图 7-3（P62）可以看出，在镜头焦距不变的情况下，拍摄距离越小，进入取景框中的景物范围(称为取景范围)越小,主体所占的位置越大,因而就愈发突出和显眼。

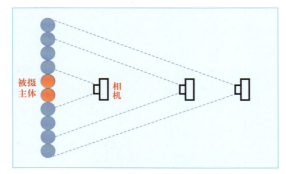

图 7-3　不同拍摄距离的取景范围

虽然初学者最容易犯的构图错误是主体太小,不够突出。甚至有摄影家说:"如果你拍得不够好,那是因为你靠得不够近。""近点,再近点。"但并不是所有好照片都要让主体占据很大画面的。

那么,应根据什么来确定主体的影像应该是多大呢?除了要强调突出主体外,还要充分考虑应表现多少环境信息。这要根据主题以及你要重点表现的内容来确定。例如,图7-5(P63)重点表现的是雪山下的桃花村,而图7-11(P64)重点表现的则是雪山本身。

根据取景范围的不同,可以把画面中的场景分为全景、远景、中景、近景、特写。一般称之为景别。

【提示】

如果使用定焦镜头,改变景别只能通过改变拍摄距离来实现,这要靠拍摄者步行或乘坐交通工具,比较麻烦。若使用变焦镜头,则通过改变焦距即可实现。不过,需要注意的是,两种方法表现出来的照片空间透视感有很大区别。

◆ 全景

全景是把所要表现的场景中的所有景物都恰到好处地展现在画面中,能充分反映其全貌。全景照片中,人、景、物在画面中占有合适的面积,能够交待清楚人物和环境的基本特征及其相互关系。图7-4和图7-5(P63)是两个例子。拍全景一般要用广角镜头。

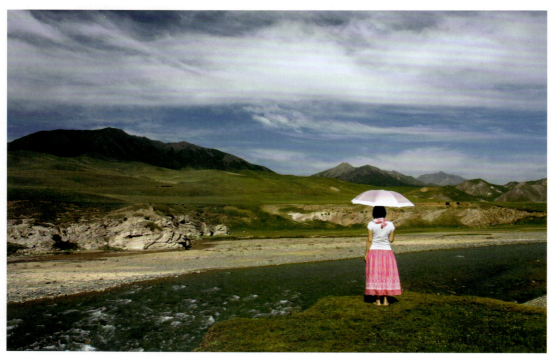

图 7-4　全景　　(f/11,16～35mm)　　张晨曦摄

【提示】

这个概念与有的相机中的"全景"拍摄模式不同，后者特指相机在拍摄者按住快门后，能自动连续拍摄多张照片，然后在机内自动拼接为一张宽幅照片。

◆ 远景

远景是指从远处拍摄景物，画面中有广阔的空间范围。人和物在画面中所占的面积很小。图 7-6 是一张远景照片。

远景主要用于表现空间的广袤、环境的概貌特征或某种氛围等，特别适合宽广大场景的表现。拍摄远景应该用广角或超广角镜头。

◆ 中景

中景是指从较近距离（相机与主体的距离）拍摄所得到的画面。以成年人的人体来衡量，是指膝部以上，能展示大半身（图 7-7）。如果是拍摄景物，则是指包括其主要部分的大部分。

中景适合用来表现人与人以及人与景物之间的关系。中景是比较中庸的景别，场景不大不小，适合表现情节。既能够交待人物的动作姿态，又能看到人物的神态表情。

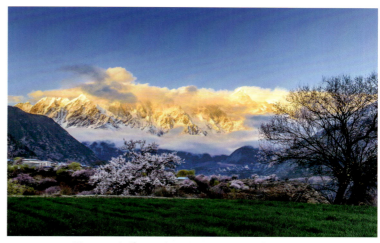

图 7-5　全景　（f/8，36mm）　柳叶刀 摄

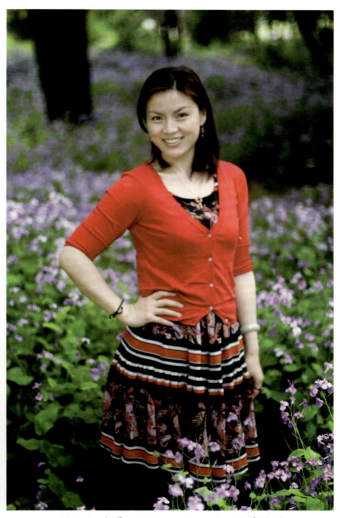

图 7-7　中景　（f/1.4，50mm）　张晨曦 摄

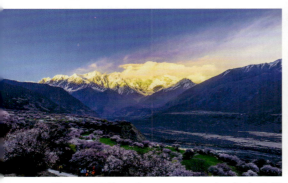

图 7-6　远景　（f/5.6，21mm）　柳叶刀 摄

◆ 近景

近景是指近距离拍摄所得到的画面。对于人物来说，是指成年人胸部以上的部分，如图 7-8 所示。如果是拍摄风光，则是只包括被摄场景的主要部分，图 7-9 是雪山的近景照片。

近景主要用于表现人物的神态、表情和细节，或用于表现景物的局部特征，包括形状纹理、质感、层次等细节。与人眼的正常视觉范围相比，近景给人以"放大"的感受，就是让观看者"凑近"看主体。

◆ 特写

特写是指拍摄距离很近或用长焦镜头拍摄的画面。只摄取人物或景物的某些局部，表现其细节，例如图 7-10 是花蕊的特写，图 7-11 是雪山的特写。特写能很好地表现人眼看不到的细节，被摄体及其细节被放大了很多。微小物体的特写常用微距镜头拍摄。

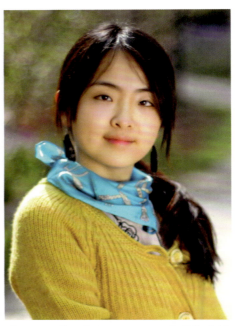

图 7-8　人物近景（f/1.4，50mm）张晨曦 摄

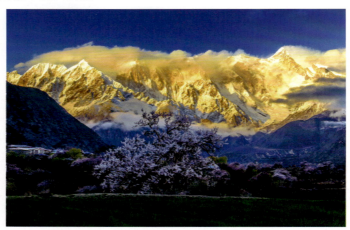

图 7-9　雪山近景　（f/8）柳叶刀 摄

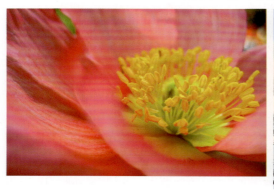

图 7-10　虞美人花蕊　（f/2.8）张晨曦 摄

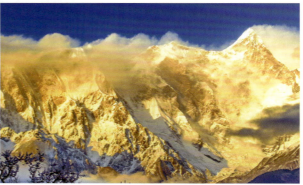

图 7-11　雪山特写　（f/8）柳叶刀 摄

可以看出，人物的景别范围与风光的景别范围是不同的。实际拍摄中，要灵活地应用上述 5 种景别。一般来说，拍风光用全景和远景比较多，拍人物和环境人像用全景和中景比较多，拍人像用中景和近景比较多，拍花卉用近景和特写比较多，拍昆虫、小物件等用特写比较多。

7.3.2 拍摄方位

拍摄方位是指在同一水平面上拍摄方向与被摄主体正面的夹角，主要有正面方位、斜侧面方位、侧面方位、后侧面方位以及背面方位，如图 7-12 所示。图中只画出了右侧的情况，左侧的情况与之对称。

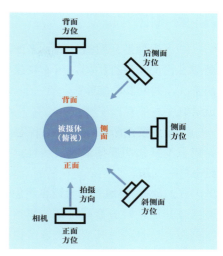

图 7-12　拍摄方位（俯视图）

◆ 正面方位

正面方位是指相机正对着被摄体的正面拍摄。图 7-13 是一个例子。

正面方位有以下特点：

（1）表现被摄体的主要特征。因为正面是人或者物体特征最突出的一面。

（2）拍摄人物可展现其面部表情、神态等。

（3）让被摄体直面观众。

（4）表现对称美。

（5）适合表现安静、平稳、庄重、严肃的主题。

（6）缺乏立体感和空间透视感。并且有时会显得呆板。

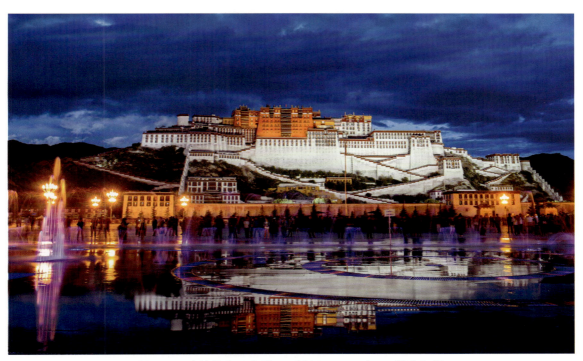

图 7-13　布达拉宫正面照　（f/8，28mm）　师造化 摄

◆ 侧面方位

侧面方位是从被摄体的正侧面（包括左侧面和右侧面）进行拍摄，用于表现被摄体的侧面特征，勾勒其轮廓线。

侧面方位有以下特点：

（1）表现侧面特征。许多物体的外形和轮廓只有从侧面看才最富有特征。如轮船、自行车等。

（2）能很好地表现人或事物的动作姿态。被摄体在运动时最富有特征的线条一般是展现在侧面。这是因为其运动的方向往往是在正面的方向上。侧面拍摄方向正好与之垂直。

（3）有利于表现运动的方向性以及运动体在运动方向上的前后关系及距离。

（4）追拍法常选用这个角度（P48）。

◆ 斜侧面方位

斜侧面方位是指介于正面和侧面角度之间的方位。从这个方位既能看到被摄体的正面，又能看到其侧面，所以能很好地表现其立体感和空间感（例如图 7-14）。其特点如下：

（1）可以弥补正面和侧面方位的画面呆板、平面化的不足。

（2）拍摄人像既能表现面部正面的特征，又能表现面部的凹凸起伏和轮廓特点，是常用的一个角度。

（3）有利于突出表现物体中的斜侧面的某一局部。特别是应用广角镜头时，让这一部分离镜头最近，则其两侧的景物会随着与镜头距离的增加而迅速地变小，形成明显的大小对比。

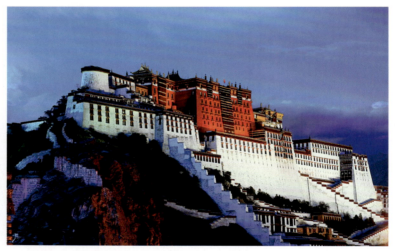

图 7-14　右斜侧面方位拍摄效果　　（f/11）　　郭逸华 摄

◆ 后侧面方位

后侧面方位是指介于背面和侧面角度之间的方位。从这个角度能同时拍到背面和侧面。它与斜侧面有些类似，区别在于它用背面代替了正面。显然，这种角度是重点表现背面和侧面的特征。

◆ 背面方位

背面方位是指相机正对着被摄体的背面拍摄，表现背面特征。例如图 7-15（P67）。这个角度虽然用得较少，但如果拍得好，往往能产生特别好的效果。它有以下特点：

（1）人的背影有时是一个富有深刻含义和很大想像空间的影像。有些人的背影很美。

（2）能将人物和他们所关注的对象表现在同一个画面上，看到他们所面对的人或事，并产生较强的参与感。

（3）有的景物背面更有特征或者更美，背面方位才能更好地表现。

7.3.3 拍摄高度

拍摄高度是指相机相对于被摄体几何中心的高度。根据这个高度的不同，把拍摄角度分为3种：平角度拍摄、仰角度拍摄和俯角度拍摄。

◆ **平角度拍摄**

平角度拍摄是指相机与被摄体中心的高度相同，呈水平角度拍摄。这个角度拍出的照片，符合人的视觉习惯，给人以客观、真实、自然、亲切的感觉。缺点是比较一般化，缺乏新意。图 7-15 是平角度拍摄的。

有一些照片必须采用这个角度，如证件照、正式场合的合影照等。

◆ **仰角度拍摄**

仰角度拍摄是指相机低于被摄体、从下往上拍摄（镜头朝上）。当站在地面上拍摄高大垂直的景物全貌时，自然就是仰角度拍摄（图 7-16）；若采用平角度拍摄，拍摄者就得升到半空中去了。仰角度拍摄可用于强化表现被摄体的高大宏伟，特别是当用广角近距离拍摄时，能很大程度地夸大其高大形象。在体育、舞台摄影中，为了表现（夸大）人物跳跃的高度，往往采用低机位仰角度拍摄。

不过，仰角度拍摄要注意避免出现严重变形的情况。

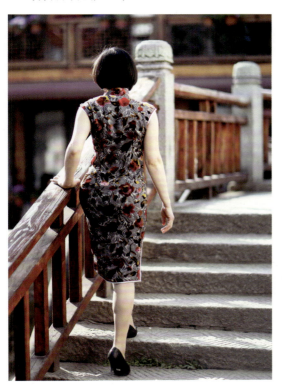

图 7-15　背影　（f/1.4，85mm）　张晨曦摄

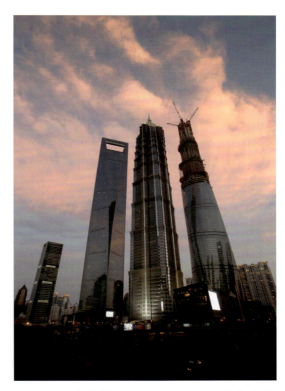

图 7-16　仰角度拍摄　（f/5.6）　张晨曦摄

◆ **俯角度拍摄**

俯角度拍摄是指相机的位置高于被摄体，从上往下拍摄（镜头朝下），特别适合拍摄大场景，展示规模和宏大气势。

登高望远，在高处俯拍有利于展现空间和层次，可以将远近景物充分展开（平角度拍摄时它们可能重叠到一起）。很适合拍摄山峦、梯田、河流、阅兵式、大型集会等，如图 7-17 和图 7-18 所示。

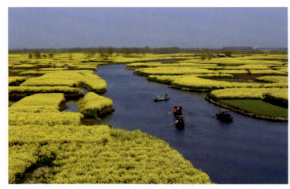
图7-17 兴化油菜花 （俯角度拍摄） 张晨曦 摄

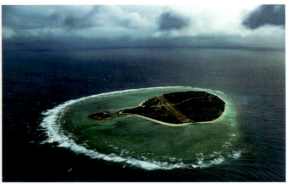
图7-18 大堡礁 （俯角度拍摄） 乔龙泉 摄

7.4 黄金分割

黄金分割是构图常用的一个美学法则，要熟练掌握并在拍摄时灵活应用。最常用的"三分法构图"可以看成是黄金分割的一种简化和近似。

◆ 黄金分割的概念

黄金分割是一个普遍适用的美学法则。

将一条线段 ab 分为不同长短的两段：ac 和 cb，如图7-19所示。

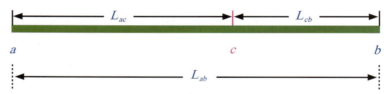
图7-19 黄金分割

用 L 表示线段的长度，如果

$$L_{cb}:L_{ac}=L_{ac}:L_{ab}=1:1.618=0.618$$

则称这是对线段 ab 的黄金分割。在造型艺术中，这还被称为黄金律、黄金比。

黄金分割的数学之美，我们可能一下子很难体会到。但它在造型中的美还是比较容易察觉到的。现实中的例子很多，例如，人体上半身长度与下半身长度的比，大多数门窗的宽长之比，都接近于 0.6～0.7；显示屏以及长方形照片的短边与长边的比，多为 2:3、3:4、5:7 等，近似于黄金分割的比例。

◆ 黄金分割在构图中的应用（三分法构图）

"三分法构图"是把画面的横向和纵向都分为三等分，如图7-20（P69）所示。A、B、C、D 4 个交错点成为最佳的视觉中心。把主体安排在这些位置上（图7-21（P69）），就最能吸引观看者的视线，在形式上也是接近最美的（分割比例为 0.667）。

画面中的地平线或者横长条形的主体最好是安排在靠近 EF 或 GH 的位置，明显的垂直分界线或者竖长条形的主体则最好安排在靠近 KL 和 MN 的位置。如图7-22 和 图7-23（P69）所示。

三分法构图也称为井字构图或九宫格构图，因为图7-20（P69）中的分割线很像"井"字，而整个图则很像中国的九宫格。

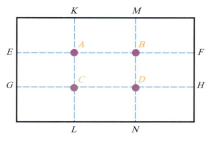

图 7-20　三分法分割

【提示】

地平线是指户外地面或水面与天空的交界线。在采用三分法构图时,常把地平线放到 *EF* 或 *GH* 的位置,分别称为放在上三分之一和下三分之一。前者重点表现地面上的景物,后者适用于天空很精彩的情况,并能使画面显得更加辽阔。

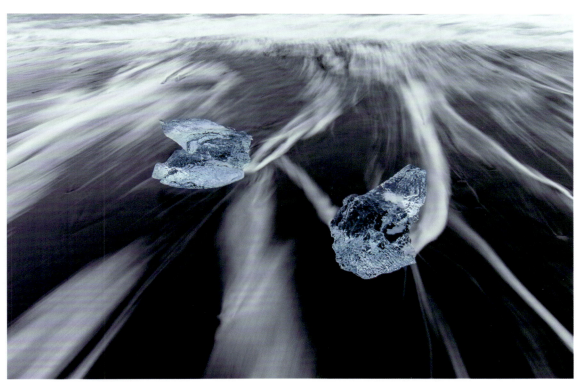

图 7-21　蓝冰钻石(冰岛)　(f/22,0.8s,19mm)　张晨曦摄

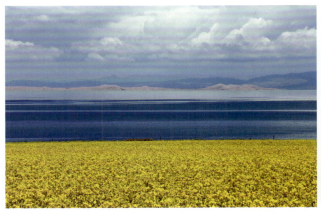

图 7-22　青海湖畔　(f/16,200mm)　张晨曦摄

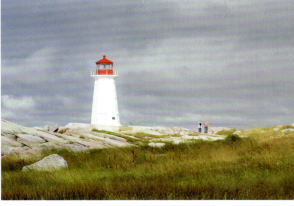

图 7-23　灯塔　(f/8,70mm)　邓宽摄

7.5 画面的构成

7.5.1 主体/陪体/前景/背景

根据被摄体在画面中所起的作用,可以将之分为 4 种:主体、陪体、前景、背景。其中前景和背景合起来称为环境。主体是表达摄影作品主题的主要对象,陪体是陪衬和烘托主体的对象,环境则是对被摄体所处的环境(包括地点、时间等)给出交待。前景是位于主体前面的环境,背景是位于主体后面的环境。

图 7-24 是一个例子。其中前面的人和小船一起构成主体,后面的人和小船一起构成陪体,背景则是远处的竹林和桂林特有的山峦。

7.5.2 主体和视觉中心

主体是表达主题思想的主要对象,可以是人,也可以是事物;可以是单个对象,也可以是一组群体。主体的选择是摄影中非常重要的一个步骤,要选择最能表现主题思想的主体。如果主体的姿态是随时间变化的,例如正在撒网的渔夫或者特技表演中的飞机,那么就要等待最能表现主题思想、最美的姿态出现,并在这一瞬间果断地按下快门(实拍中往往要有些提前量)。

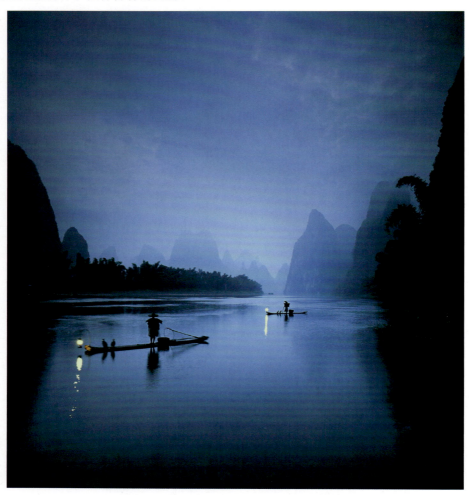

图 7-24 梦幻漓江   (f/16)   张晨曦 摄

【提示】

可以利用相机的连拍功能连续拍下一连串画面，然后从中挑选。

在画面中，主体应占据显著位置，突出、醒目，最吸引观者的视线。

当观看者观看一幅画面时，常常会把注意力集中在画面中某个他最感兴趣的地方，那儿给他的印象最深刻，最吸引他的视线，是视线最终停留的地方。我们把这个地方称为画面的视觉中心。

在大多数情况下，要把主体安排在画面的视觉中心的位置上，从而突出主体。画面也更有美感。但是，有时画面中表现的是一个场景，整个场景都是主体，没有形成一个视觉中心。这种情况下，观看者的视线就没有停留的地方。往这个场景里加一个小小的趣味点，例如一个人，画面就活了，例如图7-25。

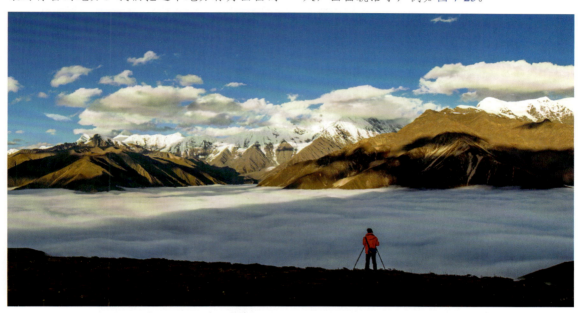

图7-25　贡嘎山子梅垭口　（f/16，20mm）　阿戈 摄

在构图上，把主体和视觉中心安排在与黄金分割相符合的点或线上，在形式上最符合美学法则。因此，可以把三分法构图作为安排主体和趣味中心的重要规则。

【提示】

一般来说，把主体安排在画面中央，会显得呆板和乏味。但是，如果要表现对称或者主体的影像接近占满整个画面，那么这也许就是不二的选择。

7.5.3　突出主体的常用方法

◆ 让主体的影像足够大

如果主体的影像太小，容易被淹没在环境中，难以引人注目。这是很多初学者容易犯的错误。因此，让主体的影像足够大，是构图时首先要做到的。那么，问题来了，到底多大才合适呢？这要看主题的需要以及构图和造型手段是否能把主体突显出来。主体太大，虽然肯定会引人注目，但会减少甚至丢失环境信息，削弱画面的空间感，对表现气氛和意境也不利。所以一般不能太大。例如，图7-26（P72）重点表现了建筑群本身，但画面太满，感觉没呼吸的空间。图7-27（P72）则是把主体的影像压缩到较小的形态，并安排在画面中心，通过冷暖色调对比以及简单的环境来凸显主体，同样也达到了吸睛的目的。它既表现了这座建筑神圣的一面，又表现了博大、宁静和空灵的意境。

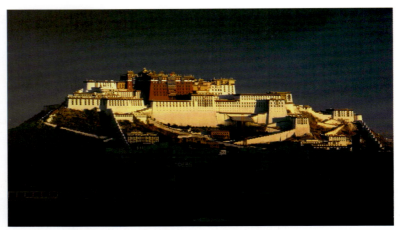

图 7-26 布达拉宫　　张晨曦 摄

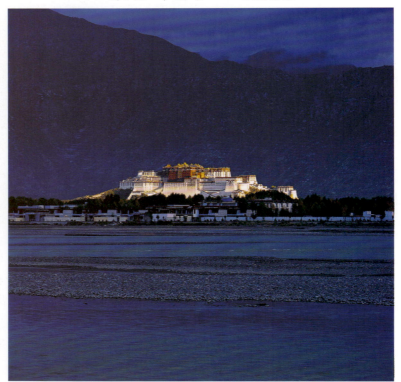

图 7-27 圣殿 （f/22）　刘郁人 摄

当然，有的时候，就是要采用近景或特写，让主体充满整个画面，以产生更大的视觉冲击力。

◆ **让主体成为视觉中心**

主体成为视觉中心，能让观看者一眼就看见主体，并把视线和注意力都集中在主体上。这样主体就能给他以深刻的印象，并产生很好的视觉效果。例如图 7-21（P69）中的两个冰块，图 7-23（P69）中的灯塔，图 7-24（P70）中的位于左下 1/3 处的"人+小船"，图 7-27 中的布达拉宫等。而图 7-22（P69）中则缺一个视觉趣味点，如果下方油菜花里有个穿红衣服的"小人"或者中间湖里有一只小帆船，那就大不一样了。

◆ **利用引导线**

利用引导线把观看者的视线引向主体，是最直接、同时又最隐含的突出主体的方法。之所以说它最隐含，是因为有些引导线是很美的曲折的线，让观看者的视线有一个沿着曲线从画面的边沿往画面深处游走、浏览和欣赏的过程，最后停留在主体上，丰富了观看者的视觉体验和心灵感受的过程，使得画面更加耐看。这些引导线可以是明确的线条，也可以是隐含在景物中的。拍摄者要有敏锐的眼光，善于发现这样的线条。

在图 7-28 中，海浪拉丝形成的线条造型很美，并把观看者的视线迂回、逐级地引向初升的太阳。天空放射型的光芒则是从上方边界汇聚到太阳，从而把视线留在了太阳附近。

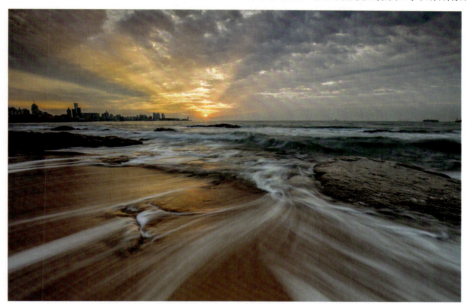

图 7-28　海边晨景　（f/11，0.8s）　师造化 摄

◆ **利用对比**

对比是指把具有明显差异、矛盾和对立的双方安排在一起，进行对照比较的表现手法。通过对比，让主体与画面的其余部分形成鲜明的对照，从而把主体彰显出来。

对比的形式主要有以下几种（详见 P83）：

（1）形体对比，例如动与静、虚与实、高与矮、仰与俯等。

（2）影调对比。

（3）色调对比。例如，图 7-29（P74）中，峰顶上的金黄色暖调与其余部分的蓝色冷调形成鲜明的对比。

◆ **利用透视**

因为透视的关系，画面中的景物具有近大远小的特点。广角镜头具有放大这种效果的能力。让镜头尽可能靠近主体，效果会非常明显，从而使主体显得非常高大，其他景物则显得渺小，从而有效地突出主体。在图 7-30（P74）中，两边的雕塑实物是一样大的，但透视效果使得近处的看起来大很多。

7.5.4　陪体

陪体是用于陪衬主体的对象，可以是人，也可以是事物，与主体有密切联系，帮助表现主题思想。

光有主体而没有陪体，画面容易显得单调，缺乏趣味性，因此需要陪体来陪衬。"红花还需绿叶扶持"，讲的就是这个道理。

此外，陪体还往往具有均衡画面的作用，而均衡是构图中要遵循的重要法则之一。

在图 7-24（P70）中，后面的"人＋小船"构成陪体。其造型与主体相似，但又比主体小，与主体形成呼应，是理想的陪体。

构图时，要处理好陪体与主体的关系。陪体是用来衬托主体的，在大小、色彩、明暗、清晰度等方面，不能与主体"平起平坐"，更不能喧宾夺主。

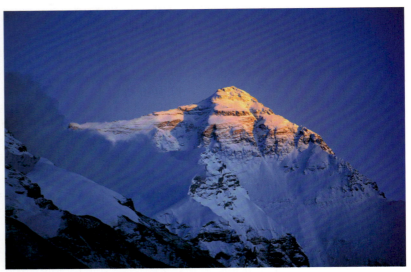

图 7-29　珠穆朗玛峰　　（f/2.8，200mm）　　柳叶刀 摄

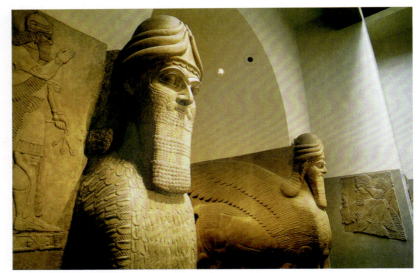

图 7-30　透视效果　　（引自《张益富摄影教程》第二版[11]）

7.5.5　前景

前景是指位于主体前面、最靠近相机的景物。构图时，选择合适的前景非常重要。巧妙地利用前景，能使画面更美，更富有表现力。因此要给予足够的重视。

常见的前景有拱门、建筑物的一部分、树木、花草、石头、标志性的景物等。其作用主要有 3 个：

（1）表现空间感和层次感，增加画面的纵深感。

（2）起装饰作用，增加画面的美感，并与主体形成对比或呼应。

（3）近距离拍摄前景，把细节放大，突出质感，能帮助表现主题。

前景的位置最常见的是在画面的下方，不过，上方、左边、右边以及 4 个角等也是可以的。前景要安排得当，不能抢了主体的风头。另外，起装饰作用的前景在造型上应该是优美的。

图 7-31（P75）中的前景为冰块，图 7-32（P75）中的前景为花园。

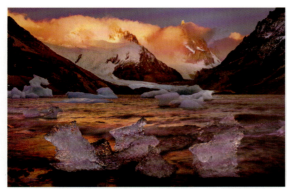

图 7-31　燃烧的冰湖（3 张景深＋曝光合成）云漫 摄

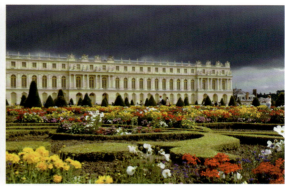

图 7-32　枫丹白露宫（法国）　（f/11）　刘依 摄

【重要】

在风光摄影中，前景尤其重要。利用前景，能将场景中的元素联系到一起，使画面更加耐看，并能将观看者的视线从前景引向画面深处。

初学者在练习拍摄时，要有意多多练习找前景。

7.5.6　背景

背景是指位于主体后面，除了陪体以外的环境，用于衬托主体，传达地点、季节、时间、氛围等信息。对背景的处理也是创作中很关键的一步。对于需要的背景，应予以保留甚至强调（如增加清晰度）；对于关系不大或起干扰作用的背景，则应避开或进行简化处理。

这里，"避开"可以通过改变拍摄距离、拍摄方位、拍摄高度、镜头焦距等多方面来实现。要尝试从各种视点来观察是否能避开。"简化处理"则往往是通过采用大光圈虚化和影调处理等方法来实现。这里的影调处理是指通过压暗或者提高其亮度，削弱其影像的可见性。

◆ 避开不想要的背景

常用方法有以下 4 种。

（1）把背景中不想要的景物移开。这在室内拍摄时经常使用，一般都要把主体后的杂乱物品移走或者整理一番。

（2）如果主体是可以移动的，则移动之，从而改变取景，避开背景中不想要的部分。例如拍摄花卉，可以移动花盆；拍摄人物，可以让人向前后左右移动一下。主体位置发生了变化，取景也就不同了，背景也会跟着变化。

（3）通过以下两种途径改变背景。

- 改变拍摄方位。
- 改变拍摄高度。

（4）通过以下两种途径缩小背景范围。

- 减少主体与背景的距离。
- 用更长（焦距）的镜头。

用长焦拍摄，可以减小取景框中背景区域的大小，从而更便于选取所需要的背景，避开不想要的背景。特别是当要把一小片区域（例如绿草地或阴影区域等）放大为整个背景时，就更应该用长焦。

◆ 把主体从背景中衬托出来

主体与背景要在不同的层次上，且层次分明，这样才能突出主体。具体方法如下：

（1）影调对比。浅色主体、深色背景（P76 图 7-33），或者深色主体、浅色背景。如果主体有亮有暗，背景也应有亮与暗，用背景中的暗（亮）部去衬托主体的亮（暗）部。

（2）色彩对比。主体与背景应在颜色上形成明显的对比（P123 图 9-7）。

（3）虚实对比。对焦主体，并用大光圈虚化背景（P76 图 7-34）。

（4）采用简单的背景（P76 图 7-35）。

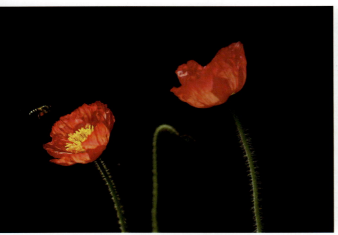 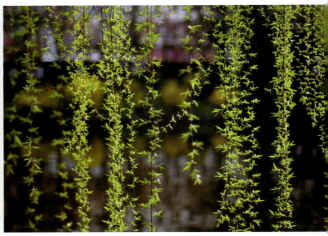

图 7-33　虞美人（f/2.8，1/1000s，100mm）　张晨曦摄　　　图 7-34　柳条　（f/1.4，50mm）　张晨曦摄

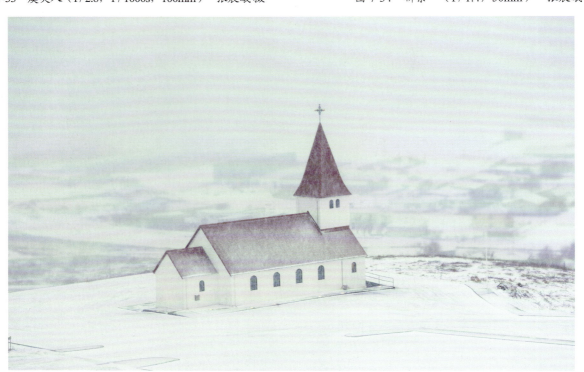

图 7-35　维克教堂（冰岛）　（f/5，100mm）　张晨曦摄

7.6　构图的元素

摄影构图的元素是指形成画面的视觉元素，影像由这些元素组成。拍摄者要充分了解和熟悉这些元素，在拍摄中要善于发现和提炼这些元素，并以最美的形式构成一幅好画面。

摄影构图的元素主要有 6 个：<u>点</u>、<u>线</u>、<u>面</u>、<u>形状</u>、<u>体积</u>、<u>空白</u>。P77 图 7-36 中，除了空白，其他元素都有了。

◆ 点

"点"是指画面中呈点状的被摄体，或者那些并非真正呈点状，但在构图时被当做"点"来对待的被摄体（影像比较小）。这些点状被摄体，有时就是画面中的主体，并成为画面的视觉中心；有时则并非主体，而只是作为一种视觉元素，起到均衡画面的作用。

虽然"点"比较小，但有时却能起到画龙点睛的作用，"点亮"画面。

例如图 7-37，中间那个点（太阳）及其周围漂亮的星芒是画面的亮点。有了它，画面一下子就活了。否则，画面的吸引力会大打折扣。

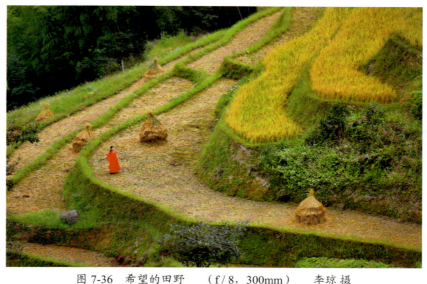

图 7-36　希望的田野　（f/8，300mm）　李琼 摄

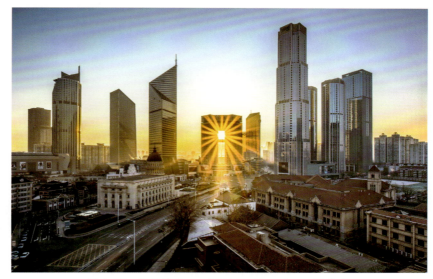

图 7-37　都市晨光　（f/25，19mm）　甄琦 摄

在风光摄影中，星芒往往是一个加分的元素。漂亮的星芒会给画面增色很多，创作中要尽量加以利用。产生星芒要有以下 3 个条件：

（1）有比较强的点光源（例如太阳或者灯泡），其光线从一个孔洞或缝隙中照射过来，或者挨着某个物体的边沿照射过来。在后一种情况下，星芒只有一半。

（2）逆光拍摄。

（3）光圈 F 值比较大（例如，f/16 及以上）。

◆ 线

"线"包括 3 种类型：
（1）明确的线条。
（2）隐含的线条，例如景物有规则地排列所形成的线条。
（3）抽象的线条，例如视线、运动方向延长线。

人的视线往往会沿着线条移动，因而线条是画面中最活跃的元素之一。不同的线条形态具有寓意性和抒情性。线条的曲直、长短、疏密、粗细、位置、方向等的不同决定着其在构图中的作用也不同。其中,把观看者的视线引向主体是用得最多的套路。

在日常生活中,由于人们对某些物体的线条结构积累了深刻的印象和感受,因此,一看到某种类型的线条结构,就会产生相应的联想。例如,水平线表现平稳,暗示宁静和安详（P86 图7-57）；垂直线表现崇高,暗示坚定、雄壮和抗争（P86 图7-58）；曲线表现优美、和谐、迂回（P88 图7-62）；斜线表现不稳定、富有动感；汇聚的线条表现深度和空间（图7-38）。图7-39 的线条具有节奏感。

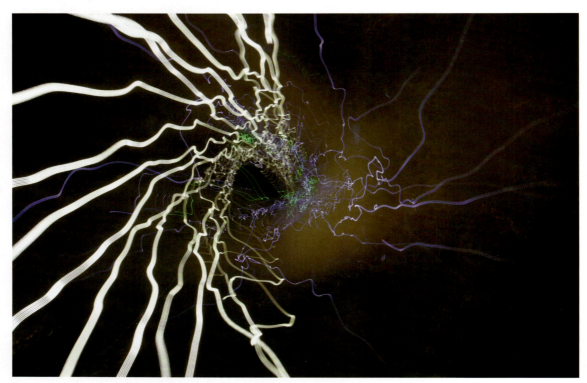

图7-38　时间隧道　（8s,22mm,线条把视线引向画面深处）　张晨曦 摄

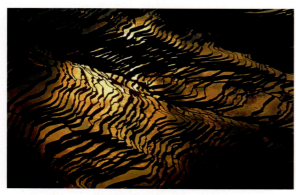

图7-39　线条的节奏感　　张晨曦 摄

◆ 面

"面"是指画面中连续的具有同一"属性"的区域,该区域中没有任何分隔线,例如一个桌面、一块草地、一个池塘等。图7-40（P79）中,有6个面、5条线和1个大"点"。图7-41（P79）中有很多的"面"和"线"。

有时候画面中"点""线""面"都存在,而有时候,画面主要由许多"面"组成。每个"面"都具有自己的形状,给观者以不同的视觉感受。它们相互结合在一起,组成一幅摄影画面。

构图就是要通过对"点""线""面"的合理和艺术化的安排和表现来有效地表达主题。

【提示】

"点""线""面"三者的关系如下：

（1）有规则排列的"点"可以形成"线"。
（2）闭合的"线"构成"面"。
（3）"面"与"面"的交界是"线"。
（4）近看是"面"，远看（足够远）则是"点"或"线"。

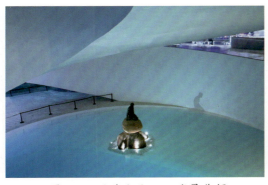

图 7-40　曲线和面　　张晨曦 摄

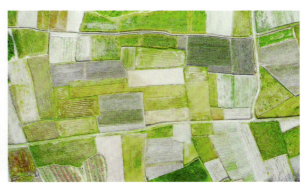

图 7-41　面　　（遥控拍摄）　　王海军 摄

◆ 形状

形状是指被摄体本身所具有的外形特征，是人眼最先能把握到的基本特征之一。当被摄主体的形状具有明显的特点时，它必将对整幅画面构图的形式产生显著的影响，因此它是画面组织中非常重要的元素。表现好被摄体的外形特征，是构图的重要任务之一。

形状是由被摄体的轮廓线或者界线包围而成的，具有面的特征。通过改变视点和镜头焦距，可以得到不同的形状（除非它是完全对称的）。要寻找最佳的视点。

为了突出被摄体的平面形状，常采用剪影的方式来表现形体。图 7-42 用剪影定格了一个武者隔空击掌的动作（摆拍的）。剪影强调了被摄景物的轮廓，削弱或者消除了被摄景物的具体细节和色彩，从而突出地表现其平面形状。从侧面拍摄，很好地表现了其动作和身体姿态。

拍摄剪影的常用方法是以高亮的景物作为背景（例如天空或者白墙），然后按背景曝光。

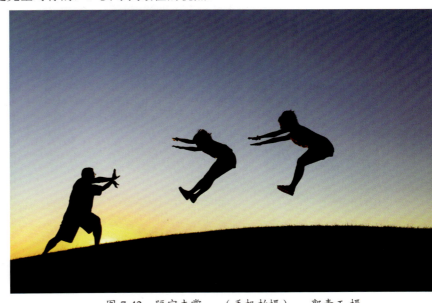

图 7-42　隔空击掌　　（手机拍摄）　　郭素玉 摄

◆ 体积

有时，为了表现主体的厚重感，要将其体积表现出来。这是要表现其三维特征了，可以通过影调来实现。有了阴影和明暗变化，其体积感就显现出来了。图 7-43 是一个例子。优秀摄影作品为了加强表现主体的厚重、久远、沧桑等感觉，都采用了增强主体体积感的方法。

◆ 画面空白

画面空白是指画面中没有影像的部分，有两种情况：

（1）亮的、白的空白。

（2）暗的、黑的空白。

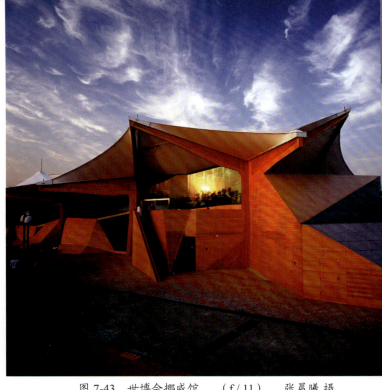

图 7-43　世博会挪威馆　（f/11）　张晨曦 摄

烟、云、雾、水、天因其浅淡接近白色，通常也被看作画面的空白。绘画中，有"画留三分空，生气随之发"的说法，摄影画面也是如此，也讲究留白（图 7-44、图 7-45）。

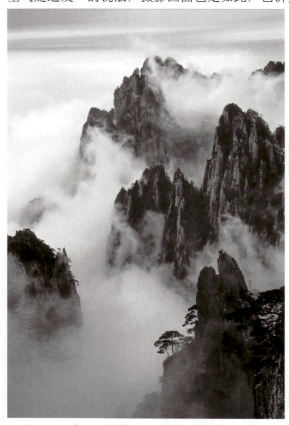

图 7-44　黄山双剪峰（f/22，70mm）黑木桥 摄

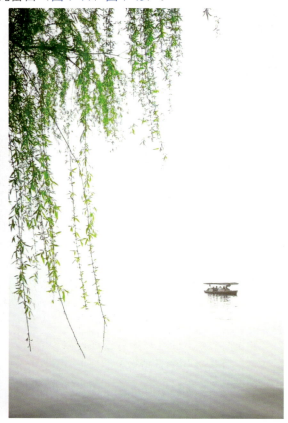

图 7-45　早春三月　（手机拍摄）　李殊 摄

画面空白具有衬托主体的作用，在主体四周留出些空白，能使主体更加突出。画面空白还具有刻画意境、渲染气氛的作用。恰当的空白能激发观看者更多的想象，使其去领悟作品的意境。如果运用得当，能达到"无画处皆成妙境"的效果。特别是在风光摄影中更是如此。

在构图时，一般在人物视线的前方要留出一定的空间，对于运动的主体，也是要在其运动方向的前方留出一定的空间，而且这个空间应大于主体后面的空间。2:1是比较合适的比例。

7.7 摄影构图的形式法则

在形式上，摄影构图要遵从以下形式（美）法则：

（1）均衡和稳定。
（2）对比。
（3）多样统一。
（4）呼应。
（5）重复与渐变。

7.7.1 均衡和稳定

均衡是指画面左右两边景物的"重量"是接近相等的，给人以平衡、安定和完整的感觉。这里的"重量"是指视觉上的重量，即各景物给观看者的视觉刺激所形成的心理和价值观上的感觉的大小。例如图7-46中，左下角的那块石头起了很好的平衡作用。少了它，画面会显得左轻右重。

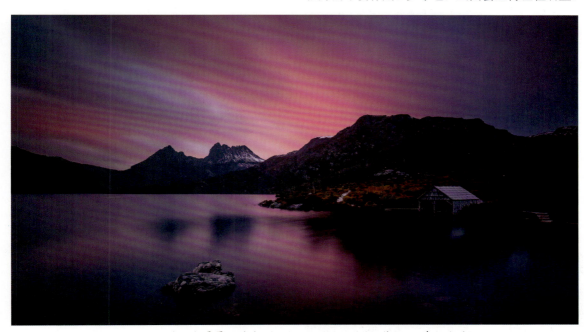

图 7-46　鸽子湖晨景（澳大利亚）　（f/11，30秒）　詹姆斯 摄

在视觉重量方面，一般有以下规律[14]：
（1）处于引人注目位置的景物重，反之轻。
（2）有生命的景物重，无生命的景物轻。
（3）动的景物重，静止的景物轻。
（4）深色影调比浅色影调重，但低调照片中的白色重。
（5）暖色重，冷色轻。
（6）色彩纯度高的重，反之轻。
（7）轮廓清晰的重，轮廓虚糊的轻。
（8）近景重，远景轻。

然而，只有均衡还不够，画面中还要"横是横，竖是竖"，才会稳定。即水平线（地平线）要水平（跟画面的上下边平行），垂直线（如电线杆、建筑的垂直墙沿）要垂直（跟画面的左右边平行）。稳定还要求画面遵循上轻下重、上小下大的规则。

对称是一种形式上完美的均衡，是指左右两边的景物成镜像关系（图7-47）。对称有均匀、整齐、庄重、完美的美感，但有时显得单调、呆板。对称构图一般采用二分法构图，把画面分成左右对称的两半。

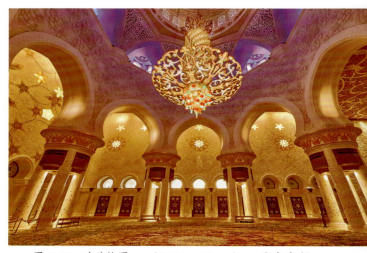

图 7-47　对称构图　　（f/7.1，12mm）　　张光启 摄

除了左右对称，还有上下对称。最常见的是景物及其倒影。倒影往往能使画面构图更完美，内容更丰富，表现力更强。图 7-48 是一个例子，洁白的雪山及夜空中的圆月和星星在镜面般的湖面上形成倒影，构成完美的画面。这里也采用了二分法构图，把地平线放在了中央。

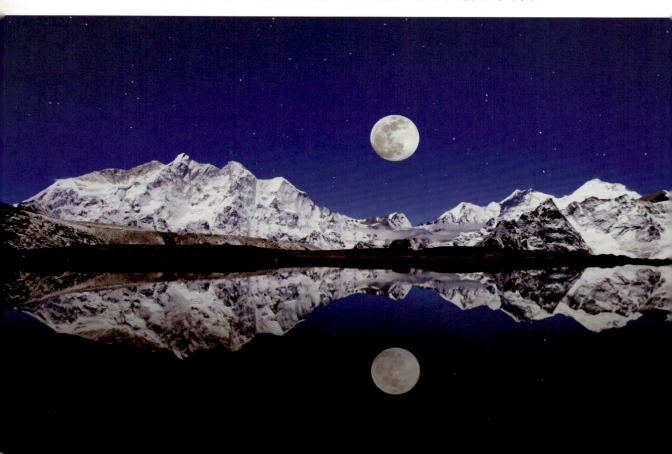

图 7-48　雪山倒影　　（f/4.5，30s，22mm，月亮后期合成）　　阿戈 摄

【重要】

拍倒影不一定要有湖或者池塘，实际上，只要有一小滩水（例如澡盆面积大小），就能拍出很好的倒影，只是必须把相机放到最贴近水面的位置。显然，三脚架必须是没有中轴或者能拆掉中轴的，或者改用那种高20cm左右的小三脚架；相机最好有翻转屏或者用直角取景器，否则会很累的。当然，如果不具备这些条件，就只好趴在地上手持拍摄。实在不行的话，就干脆改用手机拍摄。其实这个时候用手机是最方便的了，把手机的摄像头朝下，可以非常贴近水面。

7.7.2 对比

对比是指把矛盾和对立的双方安排在一起，通过其冲突来达到某种表现意图的手法。例如矛与盾、动与静、红与绿、疏与密等。它强调各要素的彼此不同性质，能给观看者以强烈的视觉刺激，并可能引发联想和思考。这是因为我们的世界就是由许许多多对立统一体构成的。

对比的形式主要有形体对比、影调对比、色彩对比。

◆ 形体对比

形体对比是指用形体上的不同进行对比，例如直线与曲线、动与静（图7-49）、大与小、虚与实（图7-50）、仰与俯的对比等。

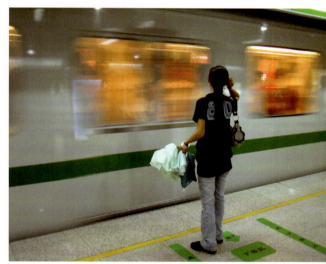

图7-49 动与静的对比 （f/2.8，1/15s）张晨曦 摄

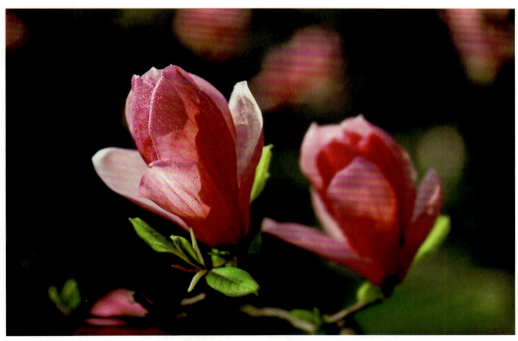

图7-50 虚与实的对比 （f/2.8，100mm） 张晨曦 摄

◆ 影调对比

　　影调对比是指用画面的影调来形成对比，亮部与暗部的光比越大，区域面积相差越大，对比就越强烈。而渐变影调变化则是比较弱的对比。图 7-51 具有很强的影调对比和动静对比，表现出了巨大的冲突，形成了一种魔幻的感觉。

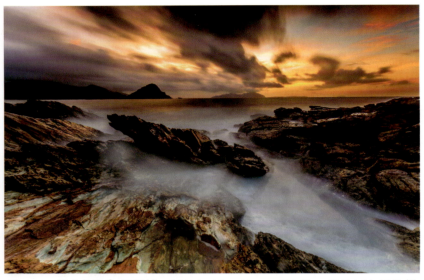

图 7-51　黑岩角海景（深圳）（f/16，30s，17mm，ND64 + GND0.9）阿戈 摄

◆ 色彩对比

　　根据色彩的三要素可将色彩对比分为色相对比、明度对比和纯度对比。色相对比又可分为同色系对比、近似色对比以及对比色对比。同色系对比是指色相相同，明度或纯度不同的对比；近似色对比是指含有共同成份的近似色的对比，例如青色与蓝色的对比；对比色对比是指两种不含共同成份的色相的对比，例如红与蓝。在 P184 图 13-16 中，黄色与蓝色形成对比；P123 图 9-7 中，粉色与绿色形成对比。

【重要】

　　不管是上面 3 种对比中的哪一种，对比的双方都不能势均力敌，而应是一方为主导，并与主题的表现是一致的。鲜明而单纯的色彩在进行对比时，面积不宜过大，否则容易使观看者产生视觉疲劳。

7.7.3　呼应

　　呼应是指被摄人物景物之间的配合关系。这种呼应可以是人与人之间的，也可以是人与景物之间的，还可以是景物与景物之间的。呼应的形式多种多样，既可以是具象上直观的相似（如外形、颜色、运动状态、动作等），也可以是抽象的某些方面的相似或共鸣（难以言表），还可以是他们之间的交互，如视线等。图 7-52 反映了一对父子之间的呼应。

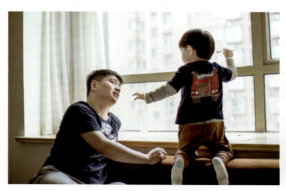 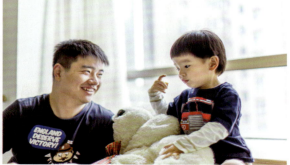

图 7-52　父子俩　（f/2.5，1/640s，50mm）　张晨曦 摄

7.7.4 多样统一

多样是指有多种样式，有变化，统一是指协调、单一、完整、不矛盾。有变化而不统一，会显得繁杂凌乱；而只有统一却无变化，又会显得单调。所以最好是两者结合起来。

多样统一就是把有差异的被摄景物在画面中协调、一致地安排在一起，组成一个整体，以完美的形式表现主题和内容。

例如，图 7-53 中相同轿车排列得统一整齐，但单调无变化。图 7-54 中不同轿车的排列虽然克服了无变化的缺点，但显得凌乱。而在图 7-55 中，轿车的排列不仅有变化，而且也统一，具有节奏感。

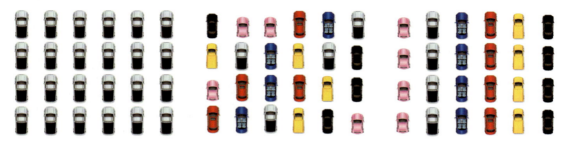

图 7-53　轿车排列单调　　　　图 7-54　轿车排列凌乱　　　　图 7-55　轿车排列统一且有变化

7.7.5 重复与渐变

重复是指画面中的景物有规律地重复出现。单一的重复很单调，容易使人厌倦。所以，要在强弱、大小、长短以及轻重等方面有节奏地发生变化，才能产生形式美感。这里的节奏是依靠形态对比、色彩对比或影调对比的交替出现而形成的。

渐变是指在景物的一系列重复中大小、高低、明暗、浓淡等的逐渐增加或减少，例如，形体逐渐由大变小，影调由暗至明，色彩由深至浅等。图 7-56 中采用了大小的渐变。

通过重复和渐变的巧妙应用，可以在照片中形成韵律。优秀的摄影作品一般都具有韵律感。

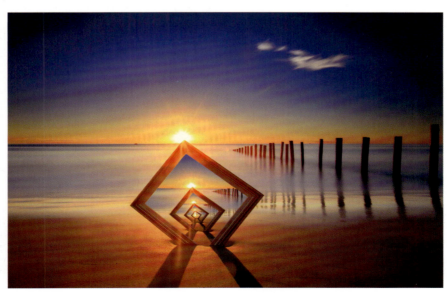

图 7-56　画中画　詹姆斯摄

7.8 规范的超越

范朝亮老师在《理性的灵动：大自然的摄影语言》中说："凡事都有个规范，构图也不例外。规范给初学者一个起点，让他们在无从着手时有据可循。但是规范本身也是个制约，它限制创造力的发挥，过度的规范反而让摄影作品变成流水线上的工业制品。创作过程的本身就是超越规范。然而规范之所以成为规范，有它存在的原因。要超越它，必须深刻了解规范的初衷和打破规范所期望达到的创作目的，而不是不明就里地为所欲为。正如毕加索所说：'像专家一样学习规范，为的是像艺术家一样打破规范。'"[1]

7.9 常用的构图形式

◆ 中央式构图

中央式构图是把被摄主体安排在画面的中央地带。中央地带在画面的几何中心，是最显眼的地方。直接将主体放在这个地方，能够将其凸显，使之获得更多的关注。但是这种构图过于稳定，比较呆板。P72 的图 7-26 和图 7-27 都是中央式构图。

◆ 三分法构图

三分法构图可以看成是黄金分割法则的近似应用，详见 P69。

◆ 直线构图

直线构图分为两种：水平线构图、垂直线构图，如图 7-57 和图 7-58 所示。水平线构图适于表现宽广、平稳、宁静等，垂直线构图适于表现高大、雄伟等。

◆ 对角线构图

对角线构图有两种情况：正对角线（P87 图 7-59）和反对角线。这种构图法是用一条斜线打破平衡，造成一种不稳定的状态，突出表现动感和变化，这种斜线还可以加强透视感。

与 P87 图 7-60（a）的水平线构图相比，P87 图 7-60（b）的对角线构图显得更加活泼和富有表现力。

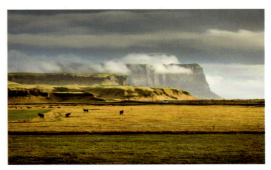

图 7-57　水平线构图　（f/11, 85mm）　刘郁人摄

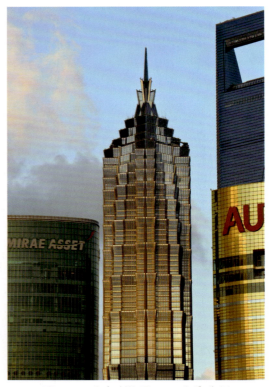

图 7-58　垂直线构图　张晨曦摄

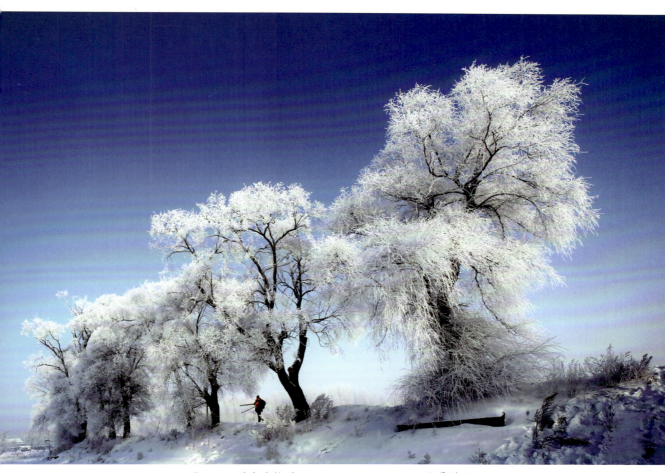

图 7-59　对角线构图　（f/11，16mm）　张晨曦摄

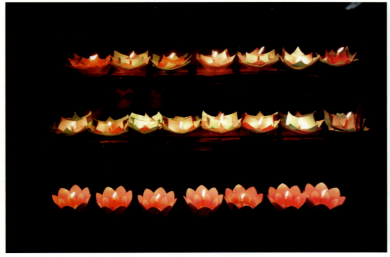
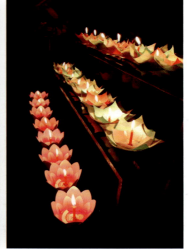

(a) 水平线构图　　　　　　　　　　　　　(b) 对角线构图

图 7-60　水平线构图与对角线构图的对比　张晨曦摄

◆ 放射线构图

放射线构图中的线条呈放射线式的排列，它们汇聚到某个点，称为消失点或灭点。消失点可以在画面内，也可以在画面外。

如果消失点在画面内，则该点就是整个画面的视觉中心。一般会把主体放在这个位置。

如果消失点在画面外，则往往给人以向该消失点方向延伸的感觉和想像空间，例如参天大树组成的树林、向上的视线、建筑的廊柱等。

图7-61和P9图2-5是两个例子。图2-5中，天空的云彩构成向左上角和右上角的放射线，其倒影以及湖面上的冰泡构成向左下角和右下角的放射线。它们反向汇聚到画面上1/3处的中央，把观看者的视线引向深处的远方。

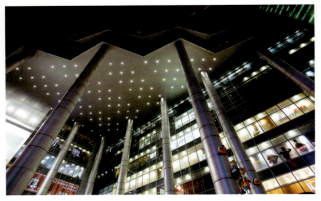

图 7-61　放射线构图　（f/4，17mm）　张晨曦 摄

◆ S 线构图

S 线构图又称为"之"字形构图，如图7-62所示。

由于 S 形是一种很美的曲线，所以往往给人更多的美感，使得画面布局富于均衡、蜿蜒、流畅的变化，并具有韵律感。特别是往纵深方向的 S 形（一个或多个的连接）可以很好地表现纵深感和美感。

C 线构图可以看成是 S 线构图的简化，也是特别适合于表现优美曲线的构图。

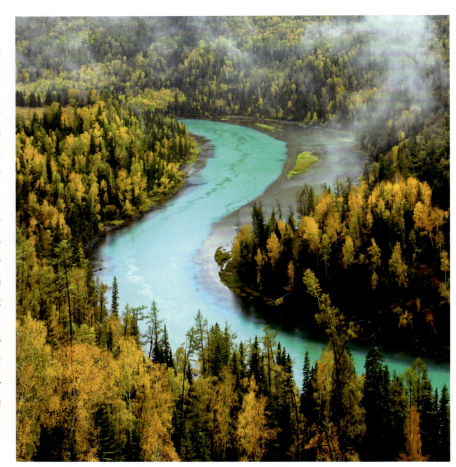

图 7-62　S 线构图　（f/8，30mm）　张晨曦 摄

◆ 圆形构图

圆形和椭圆形往往给人以圆满、活泼以及流畅的感觉。它"浑身"都是曲线（线段），因此很具有美感。

在圆形构图中，如果在圆的中央位置附近放置主体，那么它将成为画面的视觉中心。画面中会产生一种趋向于该中心的向心力。

有时将主体放在圆形的一个明显的缺口上，也是一种很好的选择。将多个大小不同的同心圆构成一个画面，也是常用的一种构图方法，能表现出节奏或韵律感（图7-63）。

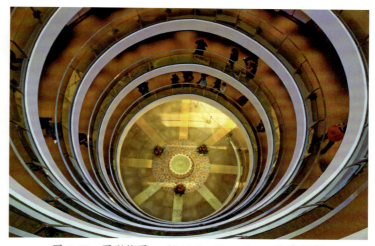

图7-63　圆形构图　（f/3.5，28mm）　张晨曦 摄

◆ 三角形构图

三角形构图分为4种：正三角形、斜三角形、倒置三角形、多个三角形。

1. 正三角形

图7-64是一个底边与画幅横边平行的三角形，两条斜边向上汇聚。这两条斜边长度相当（等腰三角形），其结构非常稳定，给人以坚实、不可动摇的感觉。如果是等边，结构最稳定，最平衡，但容易产生刻板、单调的感觉。

2. 斜三角形

这种构图具有不稳定感，最小锐角具有一种方向性和运动趋势，如图7-65所示。

3. 倒三角形

与正三角形相反，这种结构具有很强的不稳定性。

4. 多个三角形

同时运用多个上述三角形。这些三角形可以大小不同，正反不同，相互连接或套叠。既可以相互呼应，也可形成对比。只要搭配合适，总体上达到均衡，就会产生平衡有趣、活跃的构图。

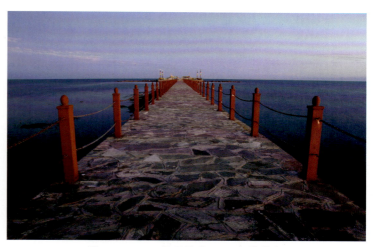

图7-64　正三角形构图　张晨曦 摄

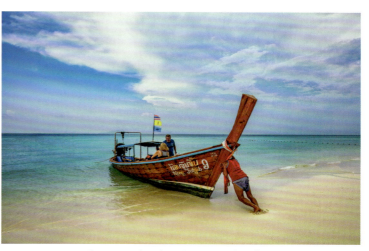

图7-65　斜三角形构图　乔龙泉 摄

◆ 框式构图

框式构图是在画面中主体的前面加一个"框"。通过这个框把观众的视线引向主体，如图7-66所示。这个框一般由前景构成，影调较深，围绕在画面的四周，有点类似于一个画框。它不仅能突出主体景物的表现，而且可以增加画面的层次和纵深感。

◆ V形构图

V形可以看成是两条交会的斜线，因此"天生"具有动感，画面会显得比较活泼，如图7-67所示。

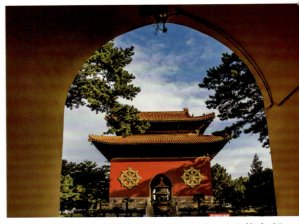

图7-66　框式构图　（f/11）　林榕生 摄

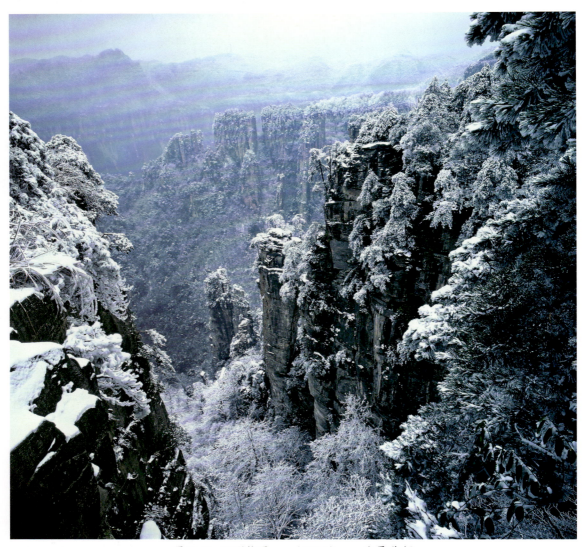

图7-67　V形构图　（f/11）　张晨曦 摄

◆ 散点式构图

散点式构图是指将一定数量的较小的被摄体重复散布在画面上的构图方法（图7-68）。通过让外形相同的物体在画面中重复出现，造成一种节奏感或者气势。进行散点式构图时，要注意安排好节奏、虚实和留白，否则容易显得单调。

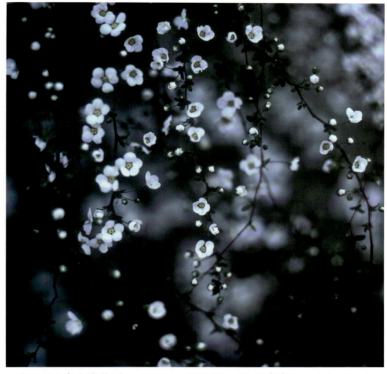

图 7-68　散点式构图　（f/2.8，Rolleiflex SL66 相机）　芜湖听雨 摄

7.10　透视

透视是指在二维的画面上表现出三维空间的方法。即在画面上使人们的视觉产生深度感。构图时，可以充分利用这种手段来表现场景的空间深度。

常用的方法有 4 种：线条透视、体积透视、大气透视、虚实透视。

◆ 线条透视

举目远望，我们会发现与视线方向平行的线条会在远处越来越靠近，最后汇聚到一点，这一点叫消失点。消失点可以在画面内（图7-69），也可以在画面外（P88 图 7-61）。

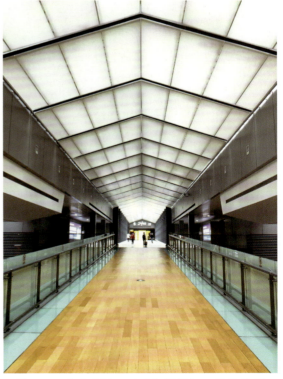

图 7-69　线条透视　（手机拍摄）　张晨曦 摄

◆ 体积透视

现实世界中的景物有一个重要的现象，就是近大远小。即同一个景物，放在远处会比放在近处显得小，而且是越远越小。这就是体积透视，如图 7-70 所示。

◆ 大气透视

大气透视是指越远的景物看起来会越淡，越模糊。这是因为空气中包括了一些水汽、烟雾以及尘埃等，它们会阻挡、削弱一些光线。

一般来说，对于同样的物体，有以下现象：

（1）景物越远，影调越亮。

（2）景物越远，会越模糊不清。

（3）景物越远，色彩越淡。饱和度随着距离的增加而逐渐下降，而且远处的景物会带上一些蓝青色。

图 7-71 是一个例子。

◆ 虚实透视

可以采用虚实变化来表现透视。一般来说，光圈较大时，主体后面的景物会虚化，而且越远的景物会越虚，如图 7-72 所示。

但是，如果光圈很小，景深很大，透视效果就表现不出来了。

可以采用以下办法来加强透视效果：

（1）寻找向远处延伸的平行线条，纳入画面，如道路、电线杆或成排的树等。

（2）用广角镜头靠近主体拍摄。焦距越短，拍摄距离越近，近大远小的效果就越突出（例如 P160 图 11-5）。

（3）采用逆光拍摄。

（4）在淡雾天里拍摄。

当然，有时需要减少透视效果，就要尽量避免上述情况。并可以用长焦镜头把画面中的景物（影像）压缩到一个平面上。

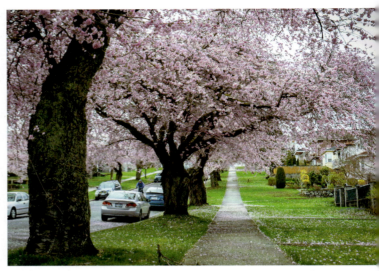

图 7-70　体积透视　　（f/8，48mm）　王伟胜 摄

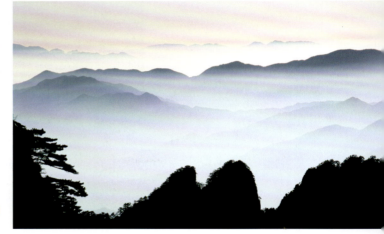

图 7-71　大气透视　　（f/16）　张晨曦 摄

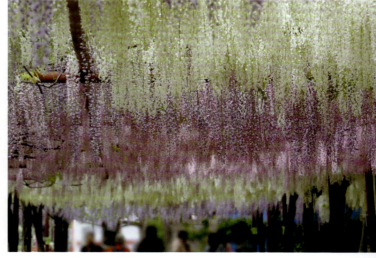

图 7-72　虚实透视　　（f/5.6，183mm）　张晨曦 摄

7.11 照片的画幅（形式）

◆ 长方形画幅

这是最常见的画幅，其长宽比往往是 3:2 或 4:3，符合黄金分割，看起来使人感觉比较舒服，也比较习惯。

长方形画幅有竖幅和横幅两种形式（图 7-73 和图 7-74）。

有的场景既可以按竖幅，又可以按横幅拍摄，有的则只能按其中的一种拍摄。竖幅重点表现上下空间，强调高大；横幅重点表现横向的空间，强调宽广。

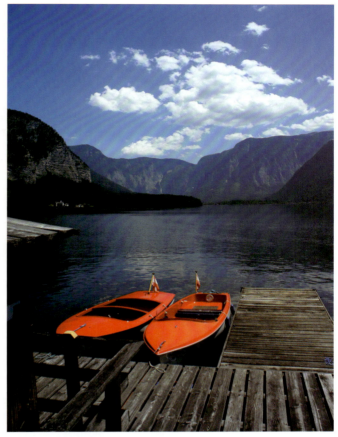

图 7-73　竖画幅（f/11）张晨曦 摄

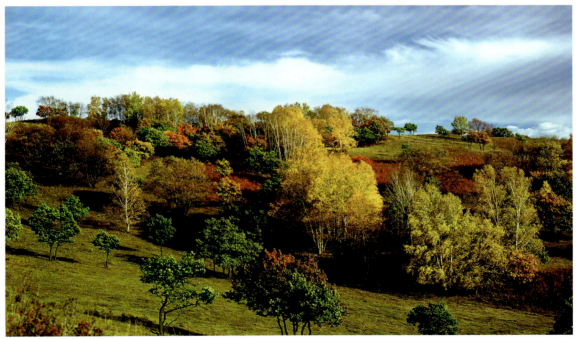

图 7-74　横画幅 （f/11）张晨曦 摄

◆ 宽幅

长方形画幅还有一种特别的形式，叫宽幅，其长宽比一般大于等于 2:1，例如 120 相机的 612（底片 6cm×12cm）和 617（底片 6cm×17cm）画幅。宽幅适合表现非常宽广的场景，如图 7-75 和图 7-76 所示。有的相机有"全景"拍摄模式，拍出来的就是宽幅。

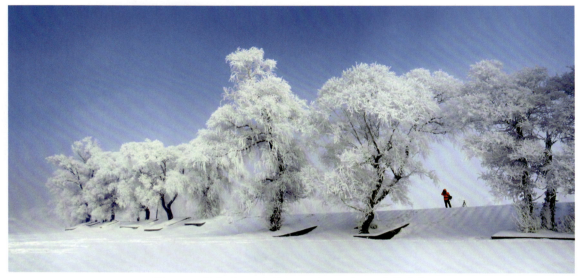

图 7-75　雾凇（612 宽幅）　　（f/11）　　张晨曦摄

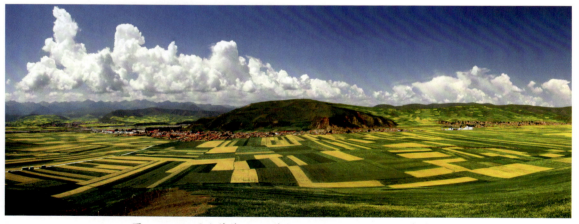

图 7-76　门源油菜花（617 宽幅）　　（f/11）　　张晨曦摄

◆ 正方形画幅

正方形（P95 图 7-77、P7 图 2-1、P13 图 2-12）是较少见的画幅形式，人们对它也有些不习惯。但是，笔者的体会是看多了就习惯了，会觉得越看越好看。有些场景甚至只有用正方形取景才能得到最好的表现，而且很耐看。

用正方形画幅拍摄，开始可能会觉得构图难度会大一些，也更讲究一些。但多看看多用用，也许就会喜欢上了。

在手机屏幕上显示，正方形画幅比横画幅能更有效地利用屏幕面积，所以也常被采用。

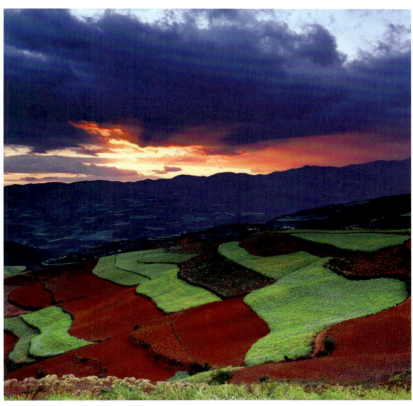

图 7-77　红土地　（f/16，GND0.9）　张晨曦 摄

7.12　接片

接片是指拍摄多张相互有部分重叠的照片，然后在后期处理中，用软件把这些照片拼接成一张更大的照片。例如，把图 7-78 中的 5 张照片横向拼接，就可以得到图 7-76（P94）的宽幅照片。

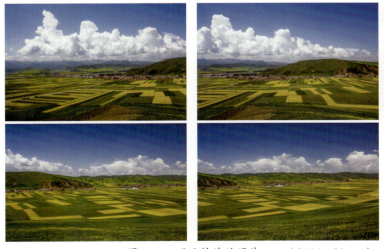

图 7-78　用于接片的照片　　（f/16，30mm）　　张晨曦 摄

接片的作用有以下两个：

（1）获得超高像素的影像文件（例如 1 亿像素以上），可用于输出巨幅画报或广告等。

（2）摄入更广大的场景。即如果被摄场景一张照片拍不下（例如镜头不够广），就可以通过接片来解决问题。所以，有些人虽然只有一只镜头，但仍能拍出多种镜头的视野效果，用的就是接片技术。

利用接片技术，可以用普通镜头拍出超广角镜头的效果（视野相同，但透视效果不同），可以拍出宽幅或长幅照片。

拍摄用于接片的照片时，应注意以下几点：

（1）照片之间一般要有 20%～30% 或更高的重叠，依镜头焦距而定。镜头越广，需要重叠的比例就越高。重叠越多，接片成功的几率就越高。

（2）镜头焦距以及对焦距离必须相同，其他参数也最好相同（假设光线情况不随时间而改变）。可以在半按快门完成对焦后，把镜头的拨钮拨到 MF（手动）的位置，然后把相机的拍摄模式设置为 M 挡，设定好光圈、快门速度以及 ISO 值后，在拍摄接片照片的过程中就不再改变。

（3）机位不变，并且最好用三脚架拍摄。其目的是尽量保证能接片成功。不过，现在的接片软件很强大，对于手持拍摄的照片，在大多数情况下也能接片成功。当然，这要求所拍摄的照片之间没有严重错位，并且能保证有足够的重叠区域。平时可以练习并实测一下，以确定自己能否做到。

对于超大的被摄场景，可以采用矩阵式的接片。例如对于图 7-79 所示的场景（粉红色方框所示），可以采用图中所示的照片矩阵加以覆盖，即拍摄 3 行，每行 6 张。每行中，相邻两张重叠大概 20%；行于行之间重叠大概 30%。后期处理时，用软件先将每行中的 6 张照片拼接起来，生成 3 张横向长条形的照片，然后再用这些照片拼接出最后的大照片。

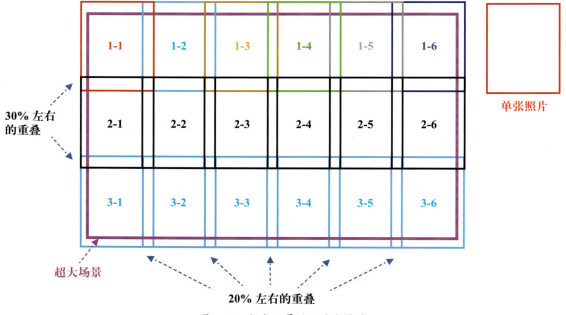

图 7-79　超大场景的矩阵式接片

第 8 章 摄影用光

摄影是光的艺术，有光才有影。光线不仅使摄影成为可能，而且是摄影造型的重要手段（图8-1）。

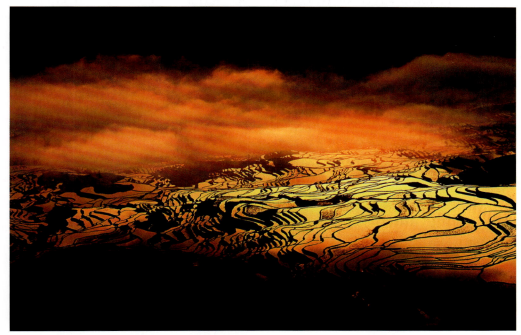

图 8-1　流光溢彩（元阳梯田）　（f / 11）　张晨曦 摄

摄影是"用光绘图"。只有恰当、巧妙地运用光线，才能获得理想的画面。

光线赋予画面生命，色彩则为画面注入了情感。光线与色彩完美结合，才能拍出好照片。

初学者往往对光线不够敏感，要通过反复练习来提高对光线的识别和应用能力，这包括对场景中各部分的受光情况以及整个场景的光影效果的分析和应用，对最终影像效果的预想等。这是培养摄影师眼光的一个重要环节。

当然，还需要掌握在各种环境下，如何利用自然光和 / 或人工光来拍摄，包括人工光的获得以及布置。

8.1　摄影用光的 6 大要素

摄影用光有 6 个重要的基本要素：光度、光质、光位、光比、光色、光型。

8.1.1　光度

在摄影中，光度是指被摄体表面的亮度。这个亮度不仅与光源的种类、性质和发光强度有关，而且还与照射距离以及被摄体表面的物理特性密切相关。光源的发光强度越强（弱），照射距离越近（远），被摄体表面对光的反射能力越强（弱），光度就越大（小）。

一般来说，被摄体不同部位的光度是不同的。正是由于这个不同，才形成了明暗反差。在实际拍摄中，要善于观察被摄体不同部位的光度及其变化，想象出它们在画面中形成的影调（P128）与反差，从而决定如何在曝光上进行控制，达到所要的表现效果。而且，如果光源是可控的（例如人造光源），可以调节其亮度和/或照射距离等，或者给其加上补光。

光度适中时（例如早上八九点钟的阳光），景物的影调和色彩能得到很好的再现，影像的画质也好；光度太大时，可以利用减光镜减少进入镜头的光；而当光度太小时（例如夜里的自然景观），数码相机长时间曝光会大大增加噪点，使画质急剧下降，应该设法进行人工补光，或者采用堆叠法进行降噪（在"张老师教摄影"公众号中输入 ddf）。

P42 中讲的测光，实际上就是对被摄体某个点或者区域的光度进行测量，这是实现准确曝光和正确曝光的基础。

8.1.2 光质

光质是指光线的软硬性质，分为硬（质）光和软（质）光两种。不同光质的照明效果不同，拍出来的影像在反差、影调、层次以及质感（P132）等方面会有很大的区别。

◆ 硬光

硬光是指强烈的直射光线，如晴天的阳光，闪光灯、聚光灯等发出的光（无遮挡）。

硬光的照明特点：具有明显的方向性，受光面、背光面及投影非常鲜明。受光面与背光面及阴影形成很强的反差，对比效果明显（图 8-2）。

画面效果：线条清晰，明暗对比鲜明，立体感强，造成有力、鲜活等视觉艺术效果。在人像摄影中，硬光特别适合用来表现人物的刚毅性格。

◆ 软光

软光是指散射光和漫反射光。散射光是指经过中间介质散射后的柔和光线，例如阴雨天、雾天的自然光，毛玻璃灯具发出的光，闪光灯加了散光片后的光。漫反射光是指光线经粗糙表面无规则地向各个方向反射后形成的光，例如经过泡沫塑料板反射后的光。

软光的照明特点是没有明确的方向性，光线柔和，被摄体能得到比较均匀的光照，反差小。

画面效果：明暗对比不明显，影调柔和，能表现出更多的亮部细节和暗部细节，但透视感、立体感以及质感都比较弱。这种光线适合表现静谧的风光（图 8-3）、花卉摄影和翻拍等。

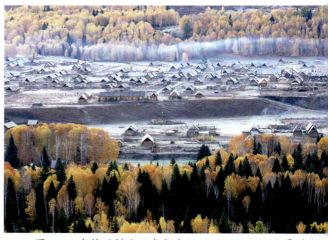

图 8-3　寂静的村庄（散射光）　（f/16）　张晨曦摄

在人像摄影中，很适合用来表现少女和儿童的纯洁、天真以及细嫩的皮肤（P99 图 8-4）。

一般来说，当要强调光影效果，或者要表达豪放的情感时，应该选择硬光；而当要重点表现被摄景物的本来面目、色彩，或者要表达细腻的情感时，就要选择软光。

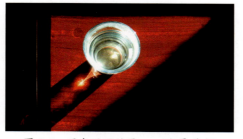

图 8-2　硬光照明效果　　张晨曦摄

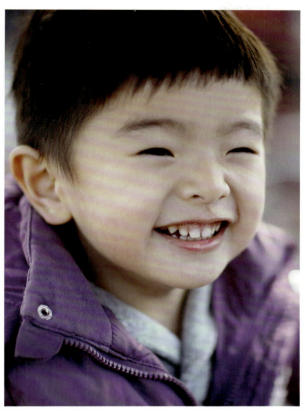

图 8-4 咪咪笑（散射光）（f/1.4，85mm）张晨曦摄

【提示】

反射光是指由介质反射到被摄体的光线。反射光的强弱和性质除与光源有关外，主要是看反射介质表面的质地和颜色。表面越平整、光滑，颜色越浅，反射光就越强，其光质就越硬；否则就越软。漫反射光的光质比反射光更软。

8.1.3 光位

光位是指光源相对于拍摄方向及被摄主体所处的位置。这是三维空间中的一个点，它有两个方面：投射方向和高度。对光位概念的掌握和应用是非常重要的，因为同一被摄景物在不同光位下会产生完全不同的造型效果和光影效果。

◆ 光线的投射方向

光线的投射方向是以俯视图中它与拍摄方向（P1）之间的夹角来衡量的，据此可以把光线的方向分为 5 种：顺光、逆光、正侧光、前侧光、后侧光，如图 8-5 所示。

1. 顺光

顺光是指光线的投射方向与拍摄方向一致（夹角约在 15°以内），拍摄者所看到的被摄体这一面全部处于光照下。

优点：

（1）光线均匀，阴影少，画面明朗，能真实地还原被摄景物本身的色彩。有助于营造光亮、鲜明的气氛。

（2）拍人像时，能隐没皮肤上的褶皱和凹凸不平，使皮肤看起来更加光滑。

（3）大晴天里顺着阳光拍摄，拍出来的天空最蓝（P100 图 8-6），水面也最蓝（反射蓝色天空）。

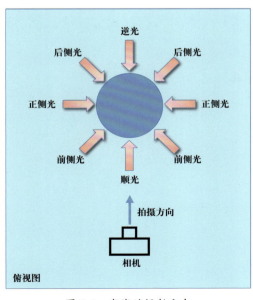

图 8-5 光线的投射方向

不足：

（1）拍出来的照片很"平"，明暗反差小，立体感差，层次不分明，大气透视感不明显。这是因为被摄体的影子在被摄体的后面，看不到。而且其轮廓也没有得到"勾画"。

（2）难以表现被摄体表面的纹理和质感。

注意事项：顺光下拍摄，要尽量使被摄主体与背景有较大的明暗对比或色彩对比，以突出主体。否则主体容易"埋没"在背景中。

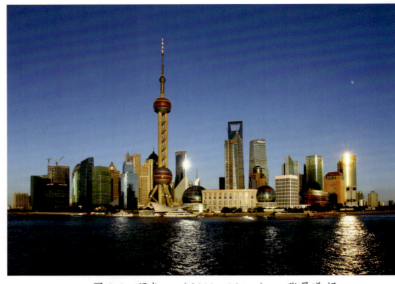

图 8-6　顺光　（f/11，16mm）　张晨曦 摄

2. 逆光

逆光的投射方向与顺光正好相反，与拍摄方向的夹角为 170°～190°（P99 图 8-5）。所以拍摄者所看到的被摄体这一面全部处于阴影之中。

优点：

（1）能很好地勾勒出被摄体的轮廓（因此也被称为轮廓光），从而将前后被摄体的影像分离开来，能很好地表现出其层次关系，也能很好地把主体从背景中分离出来（P101 图 8-8）。在日出日落时逆光拍摄，所形成的轮廓是金黄色的，非常美。

（2）能很好地表现出大气透视效果，即由于空气中尘埃等对光的散射作用，越远的景物会越模糊、越亮。逆光会加强这种效果。

（3）水平面上的逆光能很好地表现水平面表面的质感，例如雪地、冰面等（图 8-7）。

（4）按亮部背景曝光，可以拍出剪影效果（P79 图 7-42）。

（5）花瓣、树叶、动物的翅膀、冰块、翡翠以及有些服饰等物体，在逆光下拍摄，其透明或半透明的特性能得到最好的表现，显得非常漂亮，而且也丰富了画面的影调层次（P101 图 8-9）。

（6）日落或日出时逆光拍摄，有时会出现光芒照耀或者光晕的迷人效果（P101 图 8-10）。

（7）当背景较乱时，逆光拍摄可使其处于阴影中，从而简洁画面，突出主体（当然，一般要对主体进行补光）。

（8）在早晨或者傍晚，逆光拍摄人像，效果也非常好。详见 P107。

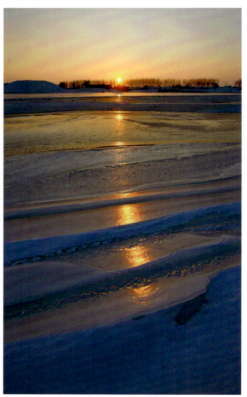

图 8-7　逆光下的冰面（松花江）（f/16，25mm）　张晨曦 摄

不足：

（1）逆光时被摄主体本身的影像比顺光更"平"，反差更小。这是因为从拍摄者看过去，光线是从被摄体背后照射过来的，被摄体朝向相机的这面全都处于阴影中。其色彩、质感和纹理等都无法得到很好的表现。为了解决这个问题，要进行补光，加一些顺光或侧顺光的照明。可以用闪光灯或反光板等，补光的亮度一般不能超过逆光的亮度。

（2）逆光情况下拍摄整个场景，反差会很大。特别是把太阳纳入画面时更是如此。如果主体是人，则人的影像可能是一片漆黑。这时需要进行补光。对于风光摄影，要采用 P43 所述的处理大光比场景的方法。

（3）逆光下拍摄，强烈的光线容易进入镜头，使照片中出现眩光或者灰雾。因此，镜头一定要带上遮光罩，甚至要在镜头的前上方用手或帽子等进行遮挡。

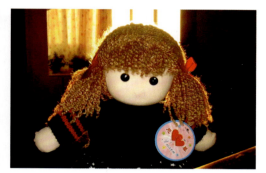

图 8-8　逆光下的轮廓线　（f2.8，正面闪光灯补光）　张晨曦 摄

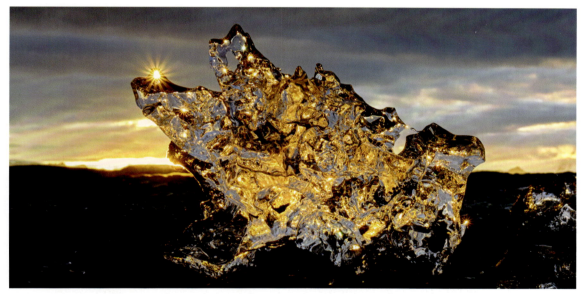

图 8-9　逆光下的冰块（冰岛）　（f/11，星芒很漂亮）　詹姆斯 摄

3. 正侧光

侧光有前侧光、正侧光和后侧光之分，可来自拍摄者的左侧，也可来自其右侧（P99 图 8-4）。正侧光也称全侧光，其投射方向与拍摄方向大约成 90°夹角。在这种情况下，被摄体有一半全部处于照明中，而另一半则全部处于阴影之中（P102 图 8-11）。

优点：

（1）能较好地表现被摄体的侧面线条及轮廓，明暗对比较强烈，造型效果好，立体感强。

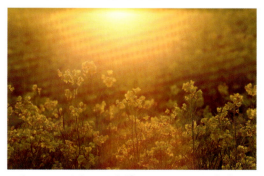

图 8-10　逆光下的光晕　（f/14）张晨曦 摄

（2）画面有很好的空间透视感和层次感。

（3）能很好地表现被摄体表面的质感。

不足：

（1）光比大，光线不均衡，可能最暗部和/或最亮部会损失一些细节。所以一般要对暗部进行补光。

（2）拍人像一般不太用正侧光，会拍出很难看的阴阳脸，脸上的皱褶也会非常明显。不过，在富有特色或戏剧性效果的人像摄影中（例如表现男人的刚毅、神秘或者沧桑），侧光通常占据主光的位置，例如 P213 图 15-8。

4. 前侧光

前侧光是指投射方向与拍摄方向成 45°左右夹角的光线。不过，实际上夹角在 15°～75°范围的光线都属于前侧光。

前侧光具有部分顺光和部分侧光的特点。在这种情况下，被摄体正面和侧面都有光线照射，因此有较大面积的受光面，背光面面积相对较小，并有恰当的阴影。照片有很强的立体感和空间透视感，画面层次丰富，而且能较好地表现被摄体的轮廓形态和质感（图 8-12）。

前侧光是常用的光线，各种题材拍摄均可采用。

5. 后侧光

后侧光也称侧逆光，是指投射方向与拍摄方向成 135°左右夹角的光线，即从被摄体后面左侧或右侧方向照射过来的光线。

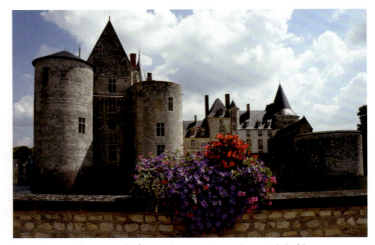

图 8-11　侧光　（f/8，28mm）　刘依 摄

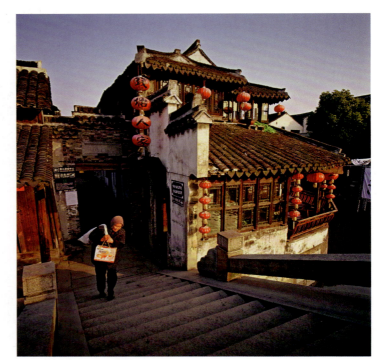

图 8-12　西塘的早晨　（f/11）　张晨曦 摄

这种光线下的拍摄效果与逆光类似，只是被摄体侧面多了一些被光照亮的区域。不过，正是有了这点不同，才使画面更具有立体感（P103 图 8-13）。这种光线常用在人像、花卉、风光、小品等题材以及低调照片（P130）的拍摄中。

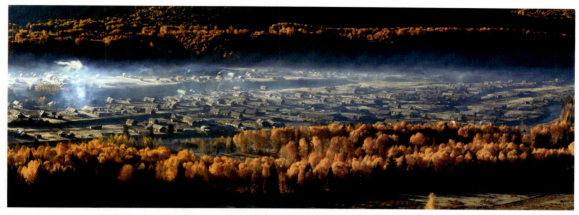

图 8-13　禾木秋色　（f/8）　张晨曦 摄

◆ 光源的高低

按光源与被摄体几何中心的相对高度，可将光线分为顶光、高位光、水平光、底光，如图 8-14 所示。

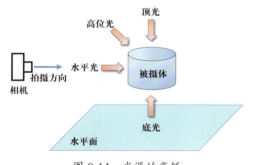

图 8-14　光源的高低

1. 顶光

顶光是指从被摄体的顶上照射下来的光线（与水平面大概成 90°夹角），例如夏天中午的阳光。顶光只把被摄体的顶部照亮，垂直面及凹进去的部分处于阴影之中，立体感很差。一般不太使用这种光线，因此晴天的中午往往是摄影人休息的时间。然而，如果要表现的是地面上的地貌特征或者大片区域的造型图案（例如农田、花田）等，顶光下拍摄，效果反而会更好。

顶光下拍摄人像，会出现前额过亮、眼窝发黑、鼻影很重、颧骨突出等很难看的效果。一般要避免使用。如果一定要拍摄，就应该让人物颔首，使脸部完全处于阴影中，并用较强的闪光灯或反光板进行补光，照亮脸部。

2. 高位光

高位光是指从斜上方投射到被摄体的光线（与水平面成 30°～60°的夹角）。早上九十点和下午三四点的阳光就是高位光，这时光线充足，顺光和前侧光拍出来的照片色调丰富，反差适中（P104 图 8-15）。这种光线符合人们日常的视觉感受，是摄影中常用的光线。正因为如此，所拍出来的照片虽然"很正"，但往往平淡无奇。

3. 水平光

水平光是指从相同高度投射到被摄体上的光线（与水平面大概成 15°以内的夹角）。自然界中，最常见的水平光是太阳接近地平线时的阳光。由于这时景物会有长长的影子，而且光线柔和，色温低，呈红黄色，往往能拍出很出彩的照片。

在拍摄人像时，也常常是采用水平光或者比水平光稍微高一点的光线作为主光，这样比较自然和明快。

4. 底光

底光也称脚光，是指从被摄体的下方投射到被摄体的光线。这种光线一般用得很少，主要情况如下：

（1）用于表现特殊的人物形象（如反派人物）或特殊情绪，或者营造特别的气氛，如阴险、恐怖、神秘、怪异等。

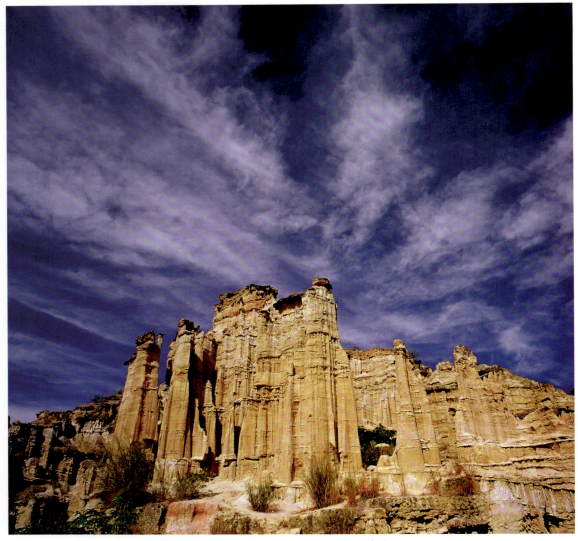

图 8-15　元谋土林　（f/11）　张晨曦 摄

（2）用于打背景光或在静物、广告摄影中用作造型光。

（3）用于建筑物照明。

8.1.4　光比

光比是摄影中的一个重要概念和参数，它是指在给定的照明条件下，被摄景物的最亮部位与最暗部位的亮度的比值，也称为景物反差。最亮（暗）部位位于被摄景物的受（背）光面。直射强光照明下的光比大，散射光照明下的光比小。

◆ 光比的作用

光比对照片的明暗反差控制有着重要的意义。其大小与照片的明暗反差、立体感、影调层次以及色彩再现有直接关系。

光比大，照片的明暗反差大，立体感强，影调鲜明，所塑造的形象也很突出、鲜明，给人以激烈、跳跃等感觉，有利于表现"硬"的效果。

光比小，照片明暗反差小，立体感较弱，影调柔和，给人以柔和、平和、宁静的感觉。有利于表现"柔"的效果。而且被摄景物亮部和暗部的细节和色彩都能得到较好的表现。不过，反差小的照片容易显得发灰，给人以发闷、不通透的感觉。所以，除非故意，一般应避免拍出这样的照片，或者要通过后期处理提高反差。

【提示】

照片的反差是指照片中影像的黑白密度的差别。

P131 图 9-20 和图 9-21 分别是高反差和低反差的照片。

在人像摄影中，可以充分利用不同反差的特点来表现人物性格。高反差能彰显人物坚毅、果敢、沉稳的一面，适合于拍摄男人和老人（P213 图 15-8）；低反差能很好地表现人物柔美、温顺、天真的一面，很适合于拍摄女人和儿童（P218 图 15-13）。

拍摄花卉、静物等，光比不宜太大，以 2:1 到 4:1 之间为宜。这种情况下拍出来的照片，层次和立体感都比较好，色彩再现也比较理想。

◆ 光比的计算

用相机（或独立测光表）对被摄景物最亮部位和最暗部位分别进行点测光，根据测光的结果即可计算出两者的光比。例如，固定快门速度和 ISO 值不变，如果两次测光得到的光圈 F 值相差 m 挡，则其光比为 $2^m:1$。由此可得表 8-1。

表 8-1 光圈 F 值挡数差 m 与光比的关系

m	光比	m	光比	m	光比	m	光比
$\frac{2}{3}$	1.5:1	2	4:1	$3\frac{1}{3}$	10:1	7	128:1
1	2:1	$2\frac{1}{3}$	5:1	4	16:1	8	256:1
$1\frac{1}{3}$	2.5:1	$2\frac{2}{3}$	6:1	5	32:1	9	512:1
$1\frac{2}{3}$	3:1	3	8:1	6	64:1	10	1024:1

◆ 相机的动态范围和宽容度

这是两个相关但又完全不同的概念，请大家不要混淆（很多资料都搞错了）。如果你已经搞混了，请仔细阅读下面这段。

对于胶片相机，动态范围是指胶片的动态范围。对于数码相机，动态范围是指它的图像传感器的动态范围。不管哪一种情况，动态范围都是指感光材料能同时记录的最暗到最亮的亮度级别的范围。处于这个范围之外的亮度，感光材料已经无法记录下其影像，因此将其表现为死黑（如果更暗）或死白（如果更亮）。而宽容度则是指在发生曝光失误时，最多可以容忍过曝或欠曝多少挡，仍能够从感光材料获得可以被接受（可用）的影像。

动态范围可以用光比来表示，也可以用光圈挡数来表示。例如尼康 D810 的动态范围是 28 500:1（光比），也就是 14.8 挡（因为 $2^{14.8} \approx 28\ 500$）；佳能 5D3 的动态范围是 11.7 挡。

显然，动态范围越大，宽容度就越大。但宽容度还与被摄场景的实际光比有关。可以按以下公式计算：

宽容度 = ±[（动态范围－场景光比）/2]　（单位都用光圈挡数）

例如，假设被摄场景的光比是 6 挡，相机的有效动态范围为 10 挡，就有 ±2 挡的宽容度，因为 [（10－6）/ 2] =2，即最多可以容忍欠曝两挡或过曝两挡。

对于大光比场景，相机的动态范围可能不够用。这时就得采用 P43 中的对付大光比的方法。

8.1.5 光色

光色是指光的颜色，它决定着照片的色调倾向，能够引起人们情感上的联想，对作品的主题表达起着非常大的作用。

人们看到不同光色往往会引起不同的联想，从而产生象征性的感觉。例如，红色给人以热烈、喜庆、温暖、胜利、紧张等感觉，绿色给人以生命、青春、希望、生机、和平等感觉，蓝色给人以崇高、忧郁、宁静、深沉、诚实等感觉。

一般用"色温"来表示光源的光色，单位为 K（开尔文），详见 P127。光源的色温越高（低），其光色越蓝（黄）。所以，早晨的阳光色温低，中午的阳光色温高。

图 13-20 中，高色温的蓝色与低色温的红色形成了强烈的对比（P187）。

8.1.6 光型

光型是按光线在画面中所起的作用所做的分型。共有 5 种类型：主光、辅光、轮廓光、背景光、修饰光。在人像摄影中，这 5 种光型的造型作用如图 15-4 所示（P210）。

◆ **主光**

主光又称造型光，是指担负主要照明任务的光线，用来塑造被摄体的基本形态和外形结构。主光起主导作用，突出了被摄体的主要特征，并决定着被摄体整体的明暗分布。主光灯布置是否合适，决定着拍摄的成败。布光时，首先要确定主光灯的位置。

当拍摄范围较大，一盏灯不够用时，可以将数盏灯并排起来，共同作为主光灯。

图 8-16 中，主光是从右侧照过来的阳光。

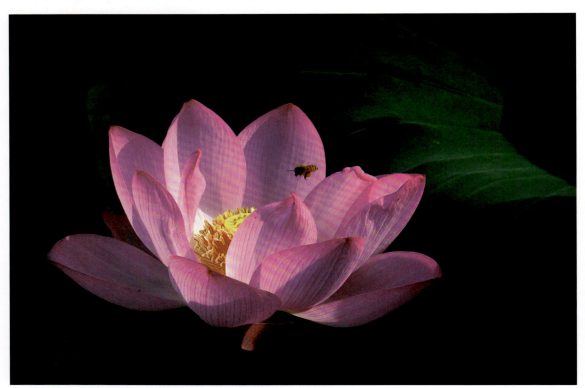

图 8-16　荷花　（f/4）　张晨曦 摄

◆ 辅光

辅光又称补光，是指起辅助作用的光线。辅光用来弥补主光照明的不足，对被摄体的阴影部分进行辅助照明，适当提高其亮度，以减少明暗反差，并增加阴影部分的细节，产生细腻丰富的中间层次和质感。辅光的光度变化可以改变影像的反差，形成不同的气氛。显然，辅光的光度不能超过主光。

改变主、辅光光度的方法有以下两种：

（1）调节主、辅光的强度。

（2）改变主、辅光源与被摄主体之间的距离。如果辅光是用反光板产生的，就要调整反光板与主体的距离。

◆ 轮廓光

轮廓光是指从逆光或侧逆光方向照射到被摄体，勾勒出其廓线的光线。它用于将被摄体的轮廓特征表现出来，并将被摄体从背景中烘托出来。轮廓光一般采用硬朗的直射光，而且往往是画面中最强的光，要防止它射入镜头产生眩光。图 8-17 用阳光作为轮廓光。

◆ 背景光

背景光是指用来照明背景的光线。其作用是产生亮度符合要求的背景，使得拍摄者可以利用明暗影调的差别把被摄体烘托出来。也可以用背景光造成某些光斑，强化艺术表现效果。背景光灯应该位于被摄体和背景之前。

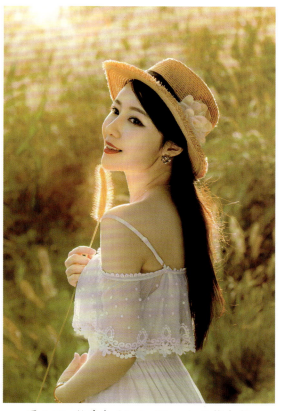

图 8-17　轮廓光（f/4，70mm）林榕生 摄
模特：高上淇

◆ 修饰光

修饰光又称装饰光，是指对被摄体的某个局部进行照明，以调整其明暗和细节的光。它是在上述 4 种光线的基础上，对光照效果作进一步的修饰，使之更加完美。发光、眼神光、工艺首饰的耀斑光等都属于修饰光。在影棚里，修饰光多采用功率小、带挡板和套筒的聚光灯。

8.2 影子

有光就有影子，当光线被景物遮挡时，就会在景物的后面（按光线的投射方向来看）形成影子。影子在摄影中有重要的作用，可以用它来帮助构图、造型、渲染气氛，甚至可以直接把它作为主体。巧妙地利用影子，还可能拍出富有趣味性或寓意的好照片。

8.2.1 影子包含的信息

不同光位、不同性质、不同强度的光所形成的影子是不同的。所以影子包含着光的信息。根据照片中影子的方向、形状、大小、浓淡等情况，就能很直观地作出以下判断。

（1）根据影子的方向，能判断出光位。即光源是在影子中轴的反向延长线上。

（2）根据影子的浓淡，能判断出光的软硬程度。因为光线越硬（软），影子越浓（淡）。

（3）影子越宽，光源距离主体越近。最小宽度是与原物体宽度相同，这时的光线是平行光（阳光或者月光）。

（4）对于竖立的物体来说，影子越长，光源的高度越低。

此外，由于在阳光的照射下，影子的长度与时间密切相关，所以影子还隐含着关于时间的信息。对于竖立的物体来说，影子越长，表示拍摄时间越接近日出日落时分；影子越短，表示拍摄时间越接近中午。

8.2.2 影子的作用

◆ 参与构图

当具有方向性的浓重的影子出现在画面中时，它就成了画面的一个重要构图元素，对于画面的构图有很大的影响。它作为景物在地面或墙上的投影，对于表现画面的空间感有非常大的作用。这些影子在画面中形成有趣、漂亮的抽象图案，能有效地提高画面的表现力，例如图 8-18 和图 8-19。

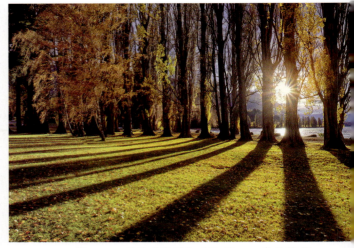

图 8-18　瓦纳卡湖斜阳（f/16）　詹姆斯 摄

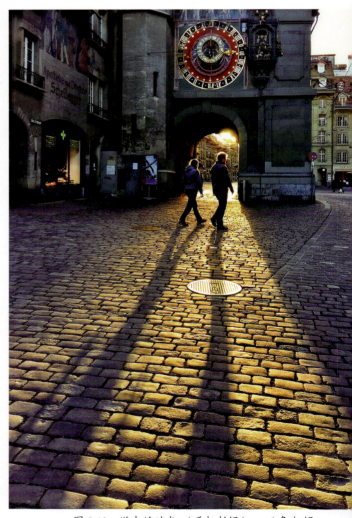

图 8-19　游走的时光（手机拍摄）　王鲁杰 摄

◆ 帮助造型

在一些优秀的摄影作品中，画面中有非常恰当的被摄景物的影子，这些影子对于构建主体的形象、表现主体的立体感和画面空间感、营造环境气氛起着重要的作用。

◆ 成为主体

可以直接把影子作为主体，通过它来表现主题，例如图 8-20。

◆ 渲染气氛

影子对于渲染气氛也有重要的作用。图 8-21 是不是渲染了一种英雄主义气概？图 8-18 和图 8-19（P108）中的影子也起了渲染气氛的作用。

另外，设想一下，一幅街景画面，夜深人静，只有两个鬼鬼祟祟的人影和一只猫的影子，是不是很吓人？或者换一个画面，最上方是两双鞋尖相抵的脚，一双红色且踮起脚尖，另一双是男式青色运动鞋，画面的其余部分是两个年轻人的影子（头朝下），是不是很有浪漫的气氛？

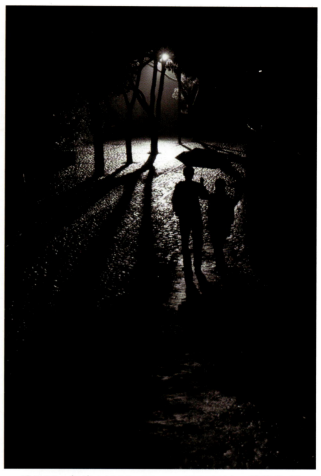

图 8-20　相伴　（f/5，37mm，ISO5000）　薛维平 摄

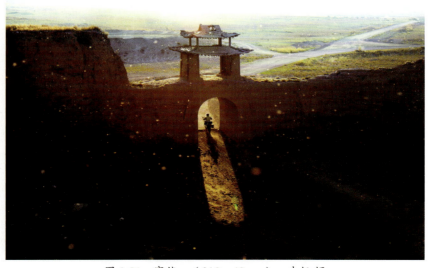

图 8-21　穿越　（f/8，48mm）　牛扬 摄

8.3 室外自然光照明

这里自然光是指由太阳产生的光,包括直射阳光、多云的散射光以及天空光。自然光照明下拍摄的特点是:人工无法改变光线,只能通过等待时间或改变机位来获得所要的光线效果。

8.3.1 室外直射阳光

直射阳光是指没有被云雾或其他物体遮挡的阳光,直接照射在被摄体上,有明显的投射方向,而且其方向、强度及颜色在一天中是随时间变化的。

在直射阳光下拍摄,要处理好以下3个方面。

◆ 选择光线的方向

当阳光的投射方向发生变化时,被摄体的形态、立体感、质感、轮廓形状、被摄场景的空间深度感、影调以及色彩等都会有很大的不同。因而在选择光线方向时,要仔细考虑以下5个方面。如果当前的光线不理想,就应该寻找更好的角度或者耐心等待最佳光线。

(1)被摄体的形态和立体感。为了表现被摄体的形态和立体感,一般宜采用侧光或前侧光。这是因为绝大多数被摄体都是由很多面组成的,侧光和前侧光会使有的面受光多一些,有的面受光少一些或者不受光,因而在画面上会产生不同深浅的影调,能很好地表现出其形态和立体感。而在顺光和逆光的情况下,则是全部均匀受光或不受光,立体感很差。

(2)被摄场景的空间深度感。为了表现被摄场景的空间深度感,应采用逆光或侧逆光。在这两种光线下,远处的景物比近处的明亮、模糊,而且反差更小,色彩饱和度也较低。这能很好地反映出大气透视的效果。

(3)被摄体的质感。表现被摄体的质感时,应按以下规则选择光线。

- 比较粗糙的表面:侧光。
- 雪景、沙滩:侧逆光(P13 图 2-12)。
- 花卉、树叶拍出半透明效果:逆光、侧逆光(图 8-22、P111 图 8-23)。
- 透明物体:逆光、侧逆光(P101 图 8-9)。
- 山峦、丛林:侧光。

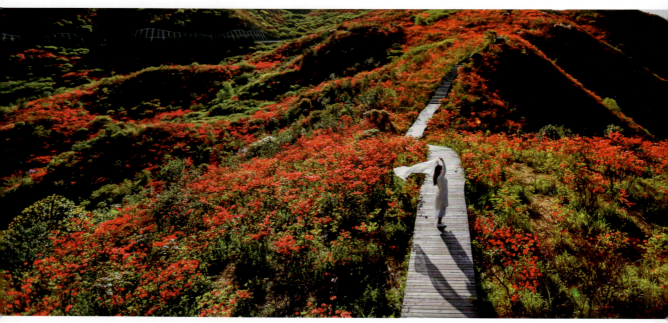

图 8-22 映山红 李琼 摄

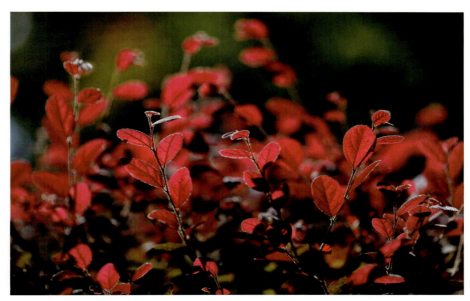

图 8-23 逆光下的红叶 （f/2.8） 张晨曦 摄

（4）被摄体的轮廓形状。轮廓形状是指被摄体边沿的形状，是被摄体外部特征的重要方面。逆光和侧逆光都能很好地表现它们，能够在边沿部位形成光亮的轮廓，形成很生动的光线效果。

（5）影调及色彩的要求。光线的投射方向对照片的影调和色彩影响也很大。顺光照明下拍摄，被摄场景受光比较均匀，画面影调较为明亮，各部分的色彩也比较好。但会显得影调较平，缺乏暗调子的对比，色彩也缺少明暗变化。侧光拍摄，画面调子和颜色的变化都比较丰富，效果比较好。逆光拍摄，画面的影调范围比侧光更大，明暗两极的影调增多，被摄体面向相机的一面色彩比较深浓。

◆ 选择拍摄时间

对光线方向的选择实际上隐含了对拍摄时间的选择。例如，对于不能移动的被摄体及找好的拍摄点来说，假设已经选好的构图不能改变，如果你是上午去的，光线是顺光，但你想要的是逆光的效果，那么就只能等到下午再拍了。但是，如果读者想要的是侧逆光或者侧顺光的效果，而这段时间每天太阳都是从正东方升起，在正西方落下，那就麻烦了，哪怕等几天也不管用。唯一的选择就是打道回府，然后换个季节再去拍。例如，P8 图 2-2 中的光线是侧顺光，这是只有冬天才有的光线。在夏天，布达拉宫的正面几乎是照不到阳光的，因为它是朝南的，而夏天的太阳接近于从正东方升起，在正西方落下。

在一天中的不同时分——黎明、日出、早晨、上午、中午、下午、黄昏、日落、暮色、夜晚，除了光线方向不同外，阳光的光度和光色也是不同的，所以拍摄效果大不相同，详见 8.3.2 节。

◆ 人工辅助补光

在强烈直射阳光的照明下，被摄景物的反差很大。如果按受光面曝光，处于阴影中的区域会很暗，细节、层次和色彩都会有较大损失。为了解决这个问题，可以人工给阴影区域补光。不过，这只适合被摄体不是很大的情况（例如人物、小树、花卉等）。常用的补光方法有两种：用反光板以及辅助闪光。

1. 反光板

平整的银白色平面都可以用作反光板。最

常用的是白色泡沫塑料板以及涂有银色或金色的织物。后者往往是套在一个圆形绷盘上使用，收起时可以交叉折叠，体积很小，使用非常方便。网上有套件出售，每套有多个不同尺寸，价格较低。

与银色反光板相比，泡沫塑料板的反光更柔和，不刺眼，常用于室外婚纱和人像摄影。

要根据被摄体的大小来选择反光板的尺寸，而且反光板的打法也很有讲究，如反光的方向、反光板的高度、反光板与被摄体的距离等。

辅助光的亮度一般应比被摄体最亮部位的亮度低 1/2～1/3 倍。

2. 辅助闪光

用闪光灯进行补光也是常用的方法，比反光板更加灵活、方便，而且光线更均匀，照明面积也更大。不过光线没有反光板柔和。闪光灯光线的色温接近日光，是很好的辅助照明工具。

如何控制阴影区域在闪光灯的照明下达到合适的亮度，这在以前胶片时代是一个高技术的活儿。现在用数码相机就简单多了，拍完后，可以根据效果立即调整。可以调整的方面有两个，一是闪光灯的光照强度（即输出功率），另一个是闪光灯与被摄体的距离。如果拍出来的影像中补光区域太暗（亮），则应提高（降低）输出功率，或者减少（增加）它与被摄体的距离，或两者都调整。图 8-24 用了闪光灯进行补光，并减小了闪光灯的输出功率，以避免白色花瓣过曝。

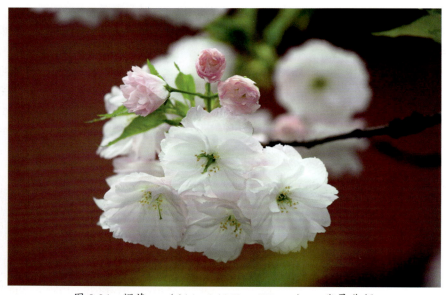

图 8-24　樱花　（f/4，1/250s，200mm）　　张晨曦 摄

8.3.2　一天中不同时间段的光照特点

在一天 24 小时中，不同时间段的自然光（主要是阳光和月光）在光度、光质、光位、光色上是不一样的，所拍出来的照片效果差别很大。要充分了解各个时间段自然光的特点，选择最合适的时间段。

◆ 黎明

黎明可以分为两个阶段：天空微亮和天色已亮。

（1）天空微亮。就是人们常说的蓝调时分（blue hours）。这时的色温高，拍出的照片带有一种很美的蓝调，例如 P113 图 8-25。如果拍摄城市风光或建筑，而且灯光还亮着，就能拍出很美的片子。

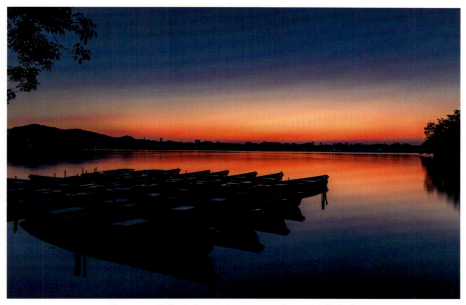

图 8-25 蓝色时分 （f/9，15s） 林榕生 摄

（2）天色已亮。这时太阳虽然尚未露出地面，但天已经比较亮了。只有天空光为地面照明，色彩偏冷，显得较为冷清和静谧，万物才刚刚开始准备"苏醒"。P98 图 8-3 是一个例子。

◆ 日出

日出前后的一小段时间被认为是最佳的创作时间。如果有漂亮的朝霞，那可是出大片的好时机。这段时间被称为黄金时分（golden hours），也许是因为光线是金黄色的。

太阳一露出地平线，暖洋洋的第一缕晨光低角度照射大地，大地仿佛一下子就苏醒了，气氛非常热烈。这时的光线色温很低，呈现为红黄色（图 8-26）。

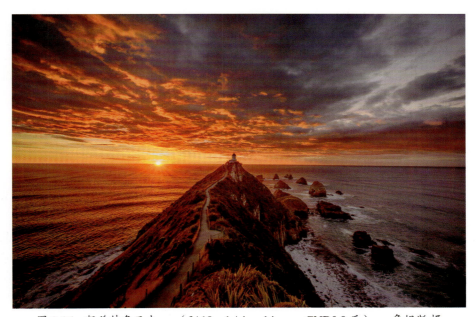

图 8-26 努盖特角日出 （f/18，1/4s，14mm，GND0.9 反） 詹姆斯 摄

顺光拍摄，空气通透度好的话，画面会很清亮，阳光照射到的景物都像是染上了红色，没有光照的景物则呈现冷色，形成冷暖色调的对比。

若逆光拍摄，画面空气透视效果明显，能表现出很好的空间深度感，而且会洋溢着让人兴奋和喜悦的暖色调。这时的光线与大地的夹角小，景物的投影往往很长，可以渲染清晨的气氛和帮助构图，还可以增加趣味性（图 8-27）。

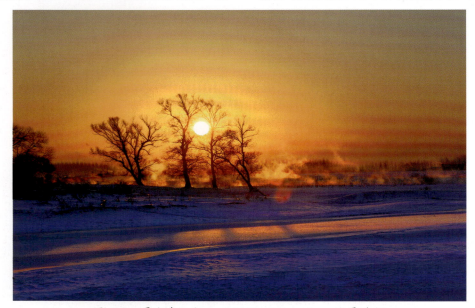

图 8-27　雾凇岛日出　　（f/11，116mm）　　张晨曦 摄

◆ 早晨

日出后 0.5～1.5 小时（大概，下同）的光线也是很好的拍摄光线。此时的光线色温较低，被摄景物的受光面会带有橙红色（随时间的推移会逐渐变淡），而且光线比较柔和。清晨的大地表面往往会有一些水汽或冰霜什么的，容易形成生动的光线效果。

◆ 上午

上午是指日出后 2～4 小时。这段时间的光线比较稳定，其特点如下：

（1）照明强度比较强，且变化小。
（2）色温稳定，是正常的白光（5500K）。
（3）光线与地面的夹角在 45°附近的一个区间内。
（4）景物具有合适的明暗反差和丰富的层次。

在这段时间内拍摄人物、建筑和动植物等很多题材都很适宜，能很好地还原景物的本来面目。所拍出的影像反差适中，清晰明快，色彩真实，层次丰富，而且能较好地表现立体感和空间深度感（例如 P104 图 8-15）。

◆ 中午

中午是指 11:00～14:00。这时的太阳挂在天空最顶上，光线是几乎垂直向下照射的，而且照明强度大。景物顶部很亮，垂直面都在阴影之中，反差很大，影子很短，造型效果很差。

中午一般不太适合拍摄，是摄影人休息的时间。但这也不是绝对的，对于有些情况照样可以拍摄，例如拍摄大地、田野等。

◆ 下午

下午是指中午结束到日落前 2 小时，其光线特点与上午类似，只是太阳的位置不同，已经从东边移到了西边，光线的方向发生了很大的变化。

◆ 黄昏

日落前 1.5 小时到日落前 0.5 小时。光线的特点与早晨的类似，只是光线方向接近相反。这时，因为贴近地面的空气中尘埃、烟灰等浮游颗粒会比较多，橙红色的渲染效果会更加明显。

◆ 日落（黄金时分）

日落前后的一小段时间。日落时分的光线与日出时分类似，但方向相反。而且，由于空气中累积了白天产生的尘埃等颗粒，散射现象会更明显，因而光度一般比日出小一些，空气透视效果也更加明显。日落时分也被称为黄金时分。

◆ 暮色时分（蓝调时分）

太阳消失于地平线之后的一段时间。这时天空中有可能会出现漂亮的晚霞，所以太阳落下后不要急于收工，而应该再等上半个小时。随后，天空会逐渐变得越来越蓝。很蓝的天空颜色会持续半个小时左右。地面上若有合适的灯光夜景，则以天空为背景，能拍出很美的夜景照片（图 8-28）。这时拍出的风光照片会带有一种漂亮而又深邃的蓝调，所以这段时间也被称为蓝调时分。

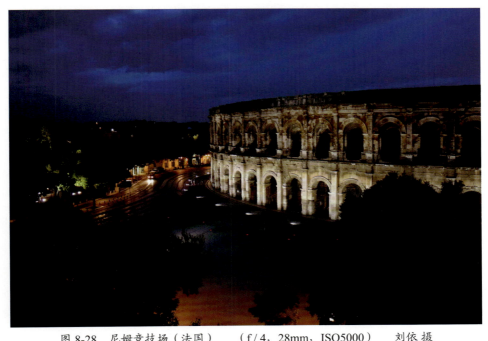

图 8-28 尼姆竞技场（法国） （f/4，28mm，ISO5000） 刘依 摄

◆ 夜晚

夜晚的光线主要来自月亮和天空，特点是光线很弱，需要长时间曝光。在城里，可以拍摄有灯光照明的夜景，但这时的天空往往是一片死黑（P116 图 8-29）。在没有光污染和大气污染的乡下，则有可能拍到银河（P13 图 2-13）。

8.3.3 室外散射光

室外散射光是指阳光经云层散射后的光线，具有以下特点：

（1）相当于是从天上洒下均匀光线，能够使景物的各个部分比较均匀地受光。

（2）方向性不明显或者没有方向性。

（3）光线柔和，被摄体明暗反差较小。

（4）被摄景物的立体感、色彩和质感较弱（与直射光照明相比）。

因天气状况和环境的不同，散射光的强度和方向性会有很大的不同，可以分为以下两类。

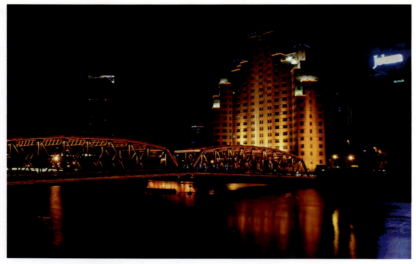

图 8-29　外白渡桥夜景　（f/16，6s）　张晨曦摄

◆ **强散射光**

以下两种情况的散射光比较强：

（1）薄云遮日。

（2）大晴天的阴影处。

这时的散射光有一定的方向性，能够在一定程度上表现出景物的立体感和反差等（图8-30）。对某些题材来说是理想的光线，例如人像、合影、花草、翻拍等。

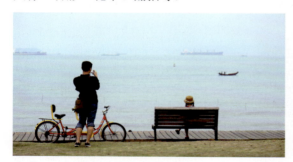

图 8-30　海边　（f/4，89mm）　张晨曦摄

◆ **弱散射光**

这是指阴天和雨天的光线，一眼望去，整个世界都显得阴沉、暗淡，没有生机。拍出来的照片自然是反差小、颜色淡且偏蓝紫色，效果不好。但是，这样的天气也并不是不能拍摄，只要我们进行以下改进：

（1）通过控制曝光和后期处理使影像的影调明快些（尽管与现实不符）。

（2）在画面中引入色彩或明暗对比大的景物，例如图8-31中的红色雨伞。

（3）后期处理中提高对比度和饱和度。

当然，若就是要阴雨天的气氛，那照实景拍摄就是了。

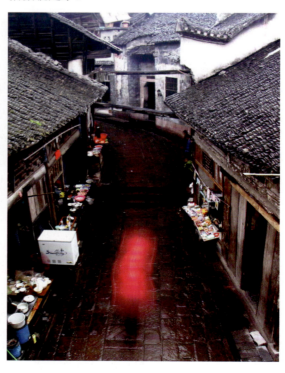

图 8-31　雨中行　（f/16，1.5s）　张晨曦摄

8.3.4 特殊天气

阴、雾、雨、风暴等特殊天气，在一般人看来似乎不适合拍照。在很多情况下也确实如此，例如在雨天和风暴天拍摄极为不便。但是，就是在这些特殊的天气里，反而有可能会出现气氛非常特别的自然景象，可以拍出成功的作品。

一般来说，在阴天拍摄，画面里要尽可能减少或者不要天空，而且要尽量纳入影调对比大或者色彩比较醒目的景物。

雾天会加强大气的透视感和深度感，会使光线变得柔和。在淡淡的云雾里，景物有一种近浓远淡的效果，会有一种淡雅的美和朦胧美，而且也容易拍到云雾缭绕的画面，借以表达意境（图 8-32、图 8-33）。

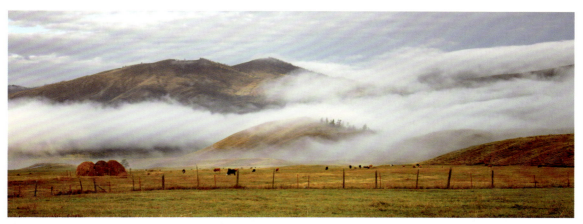

图 8-32　云雾缭绕白哈巴　　（f/11）　　张晨曦 摄

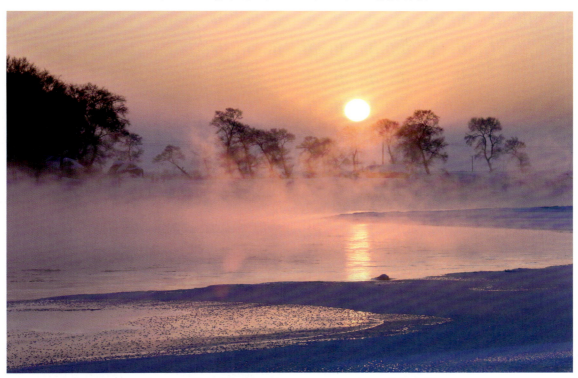

图 8-33　雾凇岛日出　　（f/16，160mm）　　张晨曦 摄

若要表现雨丝,就要用慢一些的快门速度(例如 1 / 30s),并采用深色的背景。光线应是侧光、逆光或侧逆光。快门速度越高,雨丝越短。雨天拍摄要尽量利用颜色鲜艳的雨伞、雨衣等让画面生动起来。此外,通过湿漉漉的玻璃(如车窗)拍摄外面雨天的景色,很有油画的味道。例如,有位俄罗斯摄影师就拍摄了一组很美的照片,见"张老师教摄影"公众号(输入 elsyj)。

雨停之后也是拍摄的好时机。地面上的水会形成反光和倒影,让画面生动;拍古镇石板街道正是时候,拍夜景也非常漂亮,喜欢拍倒影的也要赶紧出动了。若能找到一滩跟澡盆差不多大的积水,就能拍出比较理想的倒影。关键是要把相机放低点,放低,再放低,直到贴近水面(P83)。

暴风雨即将来临之际,天空中往往会有很精彩的乌云(图 8-34),有时还有彩虹,这都是绝佳的景色,切勿错过。台风来临前一两天,往往会把城市里的污染一扫而光,使空气变得非常纯净,而且天空中的云层变幻莫测,这往往是一年中的最佳拍摄时间。"爬楼党"们在这个时候也是最忙的了。

拍摄闪电要用三脚架,把相机镜头对准闪电出现的方向,用长时间曝光捕捉闪电。为了获得最长时间的曝光(例如 15～30s),可以把光圈设置到接近最小,把 ISO 值设置到最低。但是,如果因为某些原因不宜长时间曝光,或者为了拍到更多的闪电,可以让相机自动连续拍摄很多张(每张时间不长,例如 3～5s),然后在后期处理中用堆栈技术(见"张老师教摄影"公众号(输入 dzjs))把多张照片中的闪电合并到一个画面中。

【重要】
在这样的天气下拍摄,最重要的是保证自身的安全。其次是要保护好相机,主要是用防水罩(网上有售)套上相机。另外,千万要注意别让大风刮倒了三脚架,可以把三脚架的腿放得开一些,降低重心,使其更加稳定。

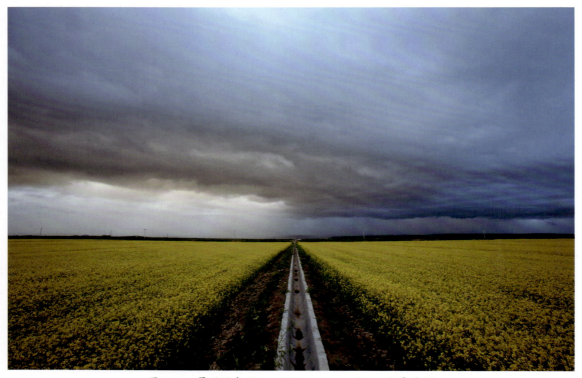

图 8-34　暴风雨来了　　(f / 16,16mm)　　张晨曦 摄

第 9 章 色彩、影调、质感

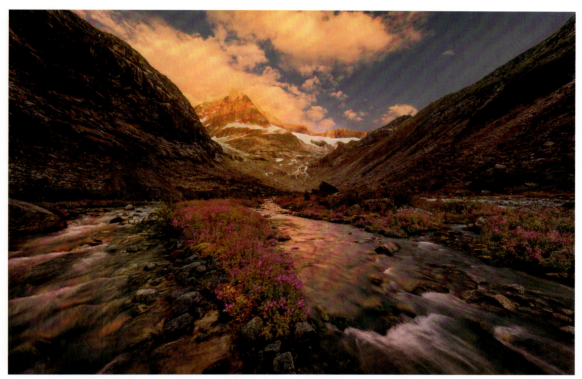

图 9-1 伊甸园（美国阿拉斯加州） （f/11，11mm，两张曝光合成） 云漫 摄

9.1 色彩

我们这个世界是五彩斑斓、绚丽多彩的（图 9-1）。如何在照片中准确地还原被摄景物的颜色？如何增加或者减少某些颜色的亮度或浓度？还有，不同的颜色会引起人们不同的视觉和心理上的感受，例如，金色会使人们感到愉快和雀跃，蓝色会使人们感到忧郁和平静。人们怎样才能有效地利用色彩语言来表达自己的感受和情绪呢？这就是本节所要介绍的。

对于彩色照片，观者首先感受到的是照片的色彩面貌，或冷或暖，或艳丽强烈，或淡雅柔和。作为一种视觉传达工具，色彩比线条和形状更能在视觉和知觉中引起反响。因此色彩可以广泛地渲染画面，用以表达情感。

9.1.1 色彩的三要素

色彩的三要素如下：
（1）色别（色相）。指出具体是哪种颜色。
（2）明度。色彩的明暗、深浅程度。
（3）饱和度（纯度）。颜色的纯度和鲜艳程度。

它们是鉴别和评价色彩的主要依据。

◆ 色别

色别，又称为色相，是指各颜色之间的区别，即具体是哪种颜色。例如，红、绿、蓝、青、洋红、黄等就是不同的色别。色别是颜色最基本的特征，它可以由光谱的波长唯一确定。人眼能识别的色别为 180 种左右。

◆ 明度

明度是指色彩的明暗、深浅程度。物体表面色彩的明度是由该物体所反射的色光的强弱决定的。反射的色光越强，色彩就越明亮，否则就越暗。而反射光的强弱又取决于光源的性质和物体的固有色。从光源的强度上来说，光线越强，色彩就越明亮。例如，同样的青色，在中等强度白光的照明下，呈现出的是中等深浅的青色，而在强光（弱光）的照明下，则呈现为淡（深）青色（见 P122 图 9-5）。

不同色彩的明度不同。在光源强度相同的前提下，假设白色的明度为 100，黑色的为 0，那么各种色彩的明度如下：

黄	78.9	青绿	11.0
黄橙	69.9	纯红	4.9
橙	69.9	青	4.9
黄绿	30.3	暗红	0.8
绿	30.3	青紫	0.4
红橙	27.7	紫	0.13

◆ 饱和度

饱和度是指颜色的纯度和鲜艳程度，是表示色觉强弱的概念。饱和度的高低取决于该颜色中所含色的成分与消色成分的比例。消色（P122）是指黑、白以及各种深浅的灰色。含色的成分越多，饱和度就越高，给人的感觉越强烈、越艳丽（图9-2（a））；反之，含消色的成分越多，饱和度就越低，给人的感觉越朴素（图9-2（b））。

物体的表面肌理会影响其饱和度，一般来说，光滑表面的饱和度高于粗糙表面的饱和度。这是因为光滑表面的反射光的方向更趋于一致，色光损失较少。

明度大小的改变，也会影响饱和度。明度适中时，饱和度最大。当明度由适中变大或者变小时，都会使饱和度降低。当明度太大（小）时，颜色会接近白（黑）色，饱和度就很低了。

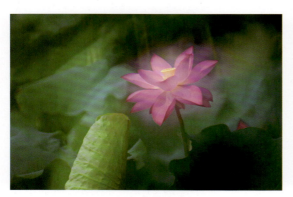
（a）高饱和度

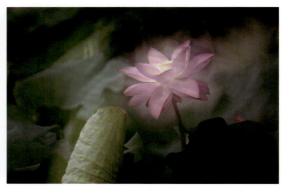
（b）低饱和度

图 9-2　荷花　（f/6.3，500mm 折返镜头，两次曝光）　张晨曦 摄

9.1.2 三原色与三补色

◆ 三原色

色彩是依赖于光的，有光才有色。自然界中的一切景物都是在光的作用下才显示出其形态和色彩。太阳是最常见自然光源，且其光线是白光（早晚除外）。早在 17 世纪，伟大的科学家牛顿就进行了色散实验，观察到可以用

三棱镜将白光分解为红、橙、黄、绿、青、蓝、紫 7 种颜色的光。后来，进一步的实验发现，这 7 种色光中，橙、黄、青、紫可以进一步分解，只有红、绿、蓝这 3 种不能再分解，所以，将之称为三原色（光）。大家也许听说过 RGB，它就是表示这 3 种原色：红（R, Red）、绿（G, Green）、蓝（B, Blue）。

等量的红光 + 绿光 + 蓝光 = 白光，也就是说，白光中含有等量的红光、绿光和蓝光。另外，等量的红光 + 绿光 = 黄光，等量的红光 + 蓝光 = 洋红光，等量的绿光 + 蓝光 = 青色光。三原色的合成原理如图 9-3 所示。

绝大多数颜色的光可以通过把红、绿、蓝三种色光按照不同的比例合成产生。同样地，绝大多数单色光也可以分解成红、绿、蓝 3 种色光。这就是三原色原理。

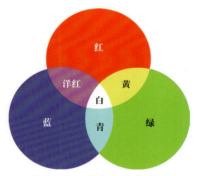

图 9-3 三原色的合成原理

【扩展】

拍摄照片时，数码相机把画面看成是由很多很多个点（称为像素）组成的，同时记录下每个点（像素）的 R、G、B 3 种原色的分量（这些数据相当于一个大矩阵，矩阵中的每个元素由 3 个分量组成），就形成了影像文件。当用计算机显示照片时，就是根据影像文件中存储的各个像素的 RGB 值，把相应比例的三种原色光进行混合，在显示器上还原出各种颜色的点，从而再现出影像（每组 RGB 值对应一个像素）。

◆ 三补色

三补色（光）是指青（C, Cyan）、洋红（M, Magenta）、黄（Y, Yellow）。对于任意一种色光 A，如果 A+B=W（White），即 A 和 B 混合能成为白光，那么就称 A 和 B 互为补色光。

由于红 + 青 = 白，绿 + 洋红 = 白，蓝 + 黄 = 白，所以青、洋红、黄分别是三原色红、绿、蓝的补色，称之为三补色（光）。

三原色和三补色的对应关系如图 9-4 中的箭头所示。而且每一种补色光都可以由相邻的两种原色光相加得到，所以它们也被称为二次色（光）。

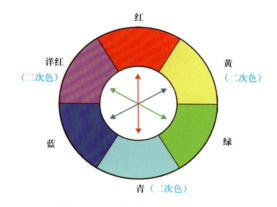

图 9-4 三原色与三补色的关系

【扩展】

需要特别强调的是，印刷中的颜料三原色与上面所说的光的三原色是不同的。颜料三原色是指青（C）、洋红（M）、黄（Y）。可以看出，这 3 种颜色实际上跟上述的三补色是相同的。而且等量的这 3 种颜料混合到一起，得到的是黑色。

为什么会这样呢？这要从颜料的发光原理来理解。在白光照射下，我们所看到的颜料的颜色，实际上是照射到它上面的白光被它吸收了某些颜色后，剩余的颜色（未被吸收）的光被反射出来。例如，黄色颜料会吸收蓝光，而白 − 蓝 = 黄，所以它反射的只是黄光，颜色呈现为黄色。类似地，有：白 − 红 = 青，白 − 绿 = 洋红，即青色颜料吸收红光，洋红颜料吸收绿光。也就是说，颜料所吸收的光是该颜料颜色的补色光。显然，把等量的青、洋红、黄 3

种颜料混到一起的结果，就是它们一起吸收了红、绿、蓝色光，白－红－绿－蓝＝0，就是把白光的三原色都吸收了，没有光可反射了，所以呈黑色。

【问题】

黄色颜料+青色颜料，混合起来是什么颜色？

答：绿色。因为黄色＋青色＝白光－蓝光－红光＝绿光。

9.1.3　消色

消色是指黑、白以及各种深浅的灰色。有些物体对光谱成分不是有选择地吸收和反射，而是等量吸收，等量反射。这种物体的颜色就是消色。如果是光谱成分接近全部反射，就是白色；如果是接近全部吸收，就是黑色；处于两者之间的就是灰色。

消色不含彩色成分，当然就没有色相、饱和度之分，只有明度上的变化。消色虽然不太引人注目，但在有些时候却能更好地表现主题。例如 P16 图 2-18。

消色在色彩配置和视觉效果上有很积极的作用。它与任何一种颜色配置在一起，都能构成自然、和谐的画面。任何颜色之间若要自然过渡，都可以把它用作过渡色；而且任何一种颜色都可以通过和它的对比来强调自己的色彩特征。

金色和银色的作用与消色有些类似，它们与其他色彩相配，都能达到和谐的效果。

9.1.4　色相环

图 9-5 是一个 12 色相的色相环，它是研究和学习色彩及色彩配置的一张重要图形。它可以看成是图 9-4 的进一步发展：把图 9-4 中任意相邻的两个颜色进行混合，就能得到三次色，然后把这个三次色插入到这两个颜色的中间。全部完成后，就能得到图 9-5 中间的那个环（从外往里第 3 个）。接着，就可以依次往里（外）画两个同心环，每个环的亮度依次比外（里）面的环亮（暗）一些。同一扇区中的颜色属于同一个色系，只是明度不同。

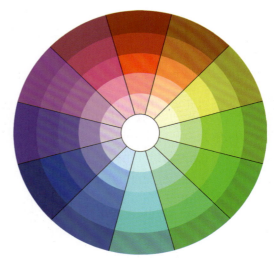

图 9-5　色相环

该色相环有以下规律：

（1）同一色系的颜色配置在一起，一定是最和谐一致的。

（2）90°以内的颜色配置在一起，也是和谐和统一的。因为邻近色包含有共同的成分。

（3）180°两端的颜色是互补色，是对立的两个方面，对比最强烈。

在一幅照片的前期拍摄和后期处理中，都可以对画面的色彩进行控制。例如，在前期拍摄时，可以通过选择不同的拍摄时间（P112）来控制色调，可以利用偏振镜来还原有反光物体的色彩饱和度，还可以采用不同颜色的光源或者补光来改变颜色，等等。

如果在拍摄时，对被摄景物的颜色无法改变或者控制，但你对色彩配置又不太满意，怎么办呢？那就先拍下来，然后在后期处理时，用软件根据表现意图对色彩的色相、明度、饱和度等进行调整，以达到理想的表现效果。

为了能对色彩有良好的理解和把控能力，需要对色相环做一番认真的分析和思考。并至少能记住图 9-4（P121）。

9.1.5　色调

色调是指画面色彩的总体倾向，即"大的"

色彩效果。不同的色调有不同的表现效果。

（1）暖色调。红、橙、黄、黄绿、红紫等色彩属于暖色，以这些颜色（尤其是红、橙、黄）为主的画面称为暖色调，例如 P9 图 2-4。暖色调常用于表现温暖、光明、热情、欢快、进取等。

（2）冷色调。蓝、青、蓝绿、蓝紫等颜色属于冷色。以这些颜色为主的画面称为冷色调，例如图 9-6 和图 9-7。冷色调常用于表现寒冷、清爽、恬静、深沉而神秘等。

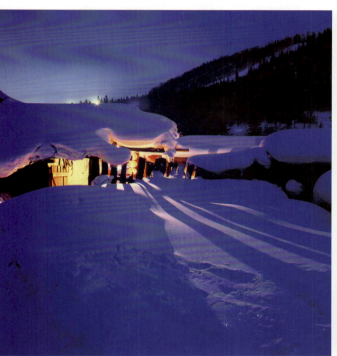

图 9-6　童话中的小屋　（f/11）　张晨曦 摄

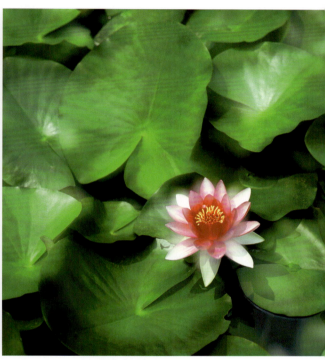

图 9-7　睡莲　（f/4）　张晨曦 摄

图 9-6 和图 9-7 分别是蓝色调和绿色调的，图 2-4 是红橙色调的。

9.1.6　画面的色彩构成

画面中色彩的构成有以下几种：暖调构成、冷调构成、对比构成、和谐构成、重彩构成、淡彩构成、高调构成、低调构成。它们在表现主题、引发意境和情感联想方面能达到不同的效果，在摄影实践中要有意识地加以应用。

◆ 对比构成

对比构成是指由具有强烈对比效果的色彩构成画面，能给观看者以很强的视觉刺激，产生一种鲜明对比的感觉。可以用来强调画面色彩的多样性，或者用来突出主体（P8 图 2-2）。

色彩的对比有以下 4 种：

（1）冷暖色的对比。例如红、橙、黄与蓝、青、绿的对比。图 9-8（P124）是红与蓝的对比，图 9-7 是洋红与绿的对比。

（2）互补色的对比。例如红与青、黄与蓝（图 9-6）、洋红与绿的对比。

（3）明度的对比。即不同明暗的同一种颜色的对比，如深暗色与浅亮色的对比。

（4）饱和度的对比。即不同饱和度的同一种颜色的对比。如用淡饱和度的背景来凸显浓饱和度的主体（P124 图 9-9）。

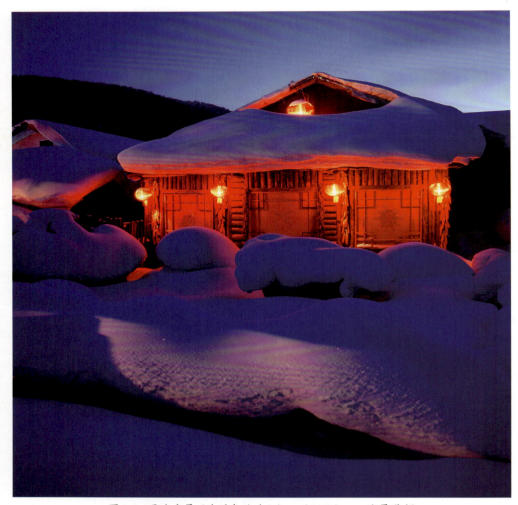

图 9-8 雪乡夜景（冷暖色的对比） （f/22） 张晨曦摄

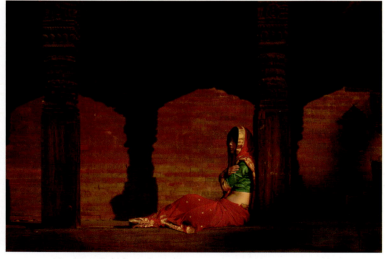

图 9-9 饱和度的对比 （f/2.8，50mm） 毛裕生 摄

◆ 和谐构成

与对比构成的色彩效果相反，和谐构成不是强调色彩刺激，而是重在表现协调、一致、平和的效果和意境，引发优雅、舒展、平静、柔和等的联想。这种画面是由和谐的几种色彩构成的。

和谐构成有以下几种：

（1）同色系和谐。同色系深浅不同的色彩一起构成的画面一定最和谐和统一，例如图 9-10。

（2）近似色和谐。近似色是指含有同一种色光成分的一些色彩。例如黄绿、纯绿、蓝绿之中都含有绿色，是近似色；黄、洋红之中都含有黄色，是近似色。近似色能构成和谐而又有变化的画面。例如 P9 图 2-4 和图 9-11 都是近似色和谐构成。

（3）低饱和度和谐。一些本来属于对比性质的色彩，在饱和度降低后，会明显削弱对比性质而具有和谐的倾向，例如淡洋红和淡绿。

（4）消色和谐。黑、白、灰这些消色没有色彩特征，它们与任何色彩搭配都能达到和谐统一的效果。当对比强烈的色彩搭配在一起时，在其间穿插一点黑、白或灰色，就能达到统一、协调的效果。

◆ 重彩构成

重彩构成是指画面由饱和度高或明度低的色彩构成，有助于强化浓郁或低沉的气氛（图 9-12），给人以深刻的色彩印象。拍摄时，适当减少曝光量（如 1 挡）可以使色彩表现得更加深重浓郁。

◆ 淡彩构成

与重彩构成相反，淡彩构成是利用一些颜色较淡、明度较高、饱和度较低的色彩组成画面（P126 图 9-13），能达到和谐协调的效果，给人以平静、淡雅、柔和的感觉。

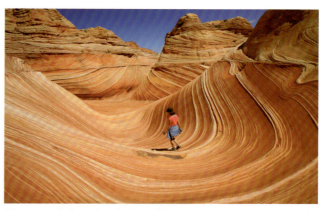

图 9-10　波浪谷（同色系和谐）　（f/18，21mm）　王平 摄

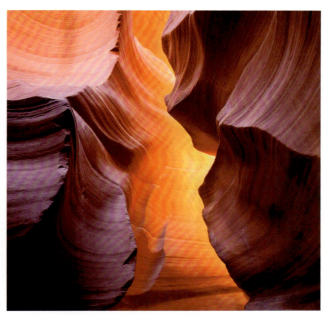

图 9-11　羚羊谷（近似色和谐）（f/11，16mm）　邓宽 摄

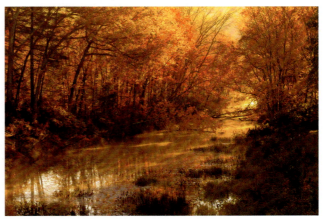

图 9-12　重彩构成　（f/8，95mm）　邓宽 摄

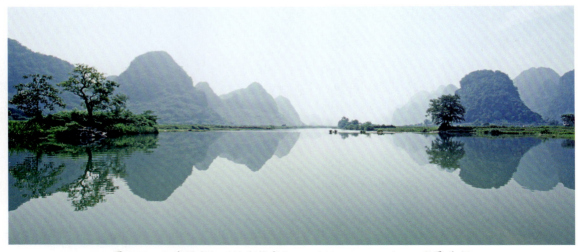

图 9-13　阳朔遇龙河（淡彩构成）　（f/11，16mm）　张晨曦摄

◆ **高调构成**

高调构成是指画面主要由明度很高的色彩和白色构成，例如浅蓝、白色等（图 9-14），给人以明快、素雅、悦目的感觉，类似于黑白摄影中的高调（P129 图 9-17）。

◆ **低调构成**

低调构成是指画面由深暗沉重、明度很低的色彩构成，如深蓝、深紫等（P81 图 7-46），或者是由大面积的黑色、深灰色占据画面，给人以神秘、庄重、浑厚的感觉。类似于黑白摄影中的低调（P130 图 9-18）。

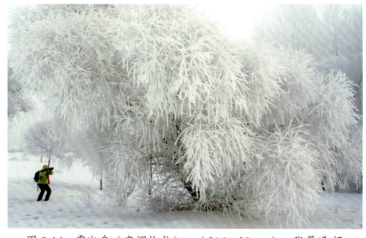

图 9-14　雾凇岛（高调构成）　（f/4，28mm）　张晨曦摄

9.1.7　色彩引起的联想

人们看到某种色彩往往会引起联想，从而产生象征性的感觉。例如：

红色：给人以热烈、喜庆、温暖、胜利、紧张等感觉。
黄色：给人以高贵、光明、富有、明朗、轻快等感觉。
绿色：给人以生命、青春、希望、生机、和平等感觉。
蓝色：给人以崇高、永恒、宁静、深沉、诚实等感觉。
紫色：给人以高贵、神秘、哀伤、尊严等感觉。
白色：给人以安静、纯洁、朴素、坦率等感觉。
黑色：给人以庄重、肃穆、神秘、恐怖、哀伤等感觉。

9.1.8 色温与色彩

◆ 色温

色温是表示光源颜色的一种指标，单位是 K（开尔文）。考虑某光源 S，其色温定义如下：对绝对黑体加热，使其逐渐升温，当其颜色（辐射光）与 S 的颜色相同时，这时黑体的温度就称为是光源 S 的色温。

这里是借用了黑体的温度来表示色温。在加热过程中，随着黑体温度的升高，黑体会呈现红 - 橙红 - 黄 - 黄白 - 白 - 蓝白 - 蓝的渐变过程。所以红色是低色温，蓝色是高色温。光线中红黄色成分越多，色温就越低；蓝色成分越多，色温就越高。

请注意，这里的色温高低与前面讲的颜色给人的冷暖感觉正好相反。色温是物理量，"冷暖的感觉"是人的视觉和心理上的感觉。

表 9-1　常见光源的色温

光源		色温近似值 /K
自然光	日出和日落时的阳光（无云）	2000
	日出后和日落前半小时的阳光（无云）	3000
	日出后和日落前 1 小时的阳光（无云）	3500
	中午前后两小时的阳光（无云）	5500
	晴天有云遮日时的阳光	6600
	阴天天空的散射光	7700
	蓝天天空光	10 000 ~ 20 000
人造光	蜡烛光、煤油灯灯光	1600
	100W 以下的钨丝灯泡	2600
	100W 及以上的钨丝灯泡	2800
	500W 摄影用钨丝灯	3200
	1300W 的碘钨灯	3200
	摄影用强光灯泡	3400
	电子闪光灯	5500

常见光源的色温如表 9-1 所示。

当以太阳作为光源时，要注意一天中阳光的色温是在变化的。太阳刚升起，阳光的色温最低，约为 2000K；随着太阳慢慢升高，色温也逐渐升高。中午时，达到最高值 5500K；下午，太阳渐渐落下，色温也随之下降，直到日落前的 2000K 左右。

◆ 白平衡的设定

在白光的照明下，物体会呈现出其固有色。但如果光源是色光呢？那物体的颜色就会发生偏离（会叠加上光源的颜色），拍出来的照片当然就会偏色。那么怎样才能还原出其本来面目呢？数码相机上的白平衡（White Balance，WB）设置就是用来解决这个问题的。

相机上有一个标为 WB 的按钮或菜单，可以用来直接告诉相机当前所用光源的色温。这样相机在处理影像时，就会根据这个色温对各个像素进行计算，得出其固有的颜色（值）。

之所以称为白平衡，是因为它是为整幅画面设定一个白色的参考点。如果被摄场景中的白在影像中呈现为真正的白，那其他所有颜色也就能得到"真容"了。

如果所设定的色温与现场光源的色温相同，就能得到色彩还原正常的影像；否则，影像就会偏色。如果设定的色温偏高（低），影像会偏黄（蓝）。

图 9-15（P128）是当把白平衡分别设置为 3000K、4000K、5500K、7000K、10 000K 时的影像。可以看出，5500K 时的影像比较正常，其他都偏色了。为了获得色彩还原正常的影像，一般要尽量设置准确的色温。但是，在摄影创作中，偶尔也可以通过故意设定"错误"的色温来获得特殊的色彩效果。例如，拍摄日落时分的景色，按理色温是 2000K 左右，但如果把相机的色温设置成 5500K，那么就可以加强夕阳光线的红黄色效果。

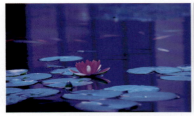
（a）色温设定为3000K

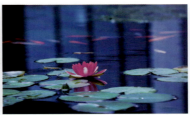
（b）色温设定为4000K

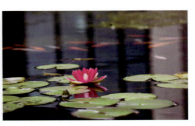
（c）色温设定为5500K

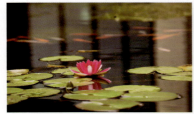
（d）色温设定为7000K

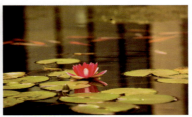
（e）色温设定为10 000K

图 9-15　不同色温情况下的影像　　张晨曦 摄

设置相机白平衡的方式有以下 4 种。

1. "自动"模式（AWB）

由相机自动根据现场的光线计算白平衡（在 3000～7000K 的范围内），能适用于各种情况，拍摄者很省心。绝大多数情况下采用这种模式就可以了。但是，它有时会计算错误，导致照片偏色。

2. 场景模式

由使用者根据现场情况从相机预设的一组场景中选择一种：

"日光"：适用于 5500K 左右的日光。
"阴天"：适用于 6000K 左右的阴天。
"阴影"：适用于 7000K 左右的晴天阴影。
"钨丝灯"：适用于 3200K 左右的钨丝灯。
"白色荧光灯"：适用于 4000K 左右的白色荧光。
"闪光灯"：适用于 5500K 左右的电子闪光灯。

3. 直接设置色温

用于在确切知道现场色温的情况下，由拍摄者手动设置色温的值。色温可以用色温表测得，不过，现在已经很少有人用色温表。

4. 拍摄白纸

现场满屏拍摄一张白纸（要充分反映现场光线的效果），提交给相机。相机根据这个影像就能准确地自动计算出白平衡。这是准确而又不太麻烦的方法，专业拍摄舞台和 T 台时常用。

用 JPEG 格式拍摄时，相机会根据设定的色温来处理影像，相当于把色温信息融进了影像数据中。如果白平衡设定不正确，影像就会偏色，后期矫正比较麻烦。

如果用 RAW 格式拍摄，情况就完全不同了，色温信息与影像信息是分开的，而且可以在后期处理中重新设定色温并按此色温对影像进行处理和转换，与拍摄者在拍摄时是否设定了正确的色温无关。单从这一点来看，就一定要用 RAW 格式进行拍摄。

9.2　影调

9.2.1　照片的调子

照片的调子包含两层的含义：

（1）照片的影调。
（2）照片的色调（P122）。

影调是指画面中明暗的分布和过渡情况。说得具体一点，在黑白摄影中，是指画面中黑、灰、白各占的比例及其过渡情况（层次）；在彩色摄影中，是指各种颜色的明暗及其分布和过渡情况。显然，黑白照片只有影调，没有色调。

照片的调子能够赋予观看者在影调和色彩方面的总体印象，能引起观者不同的视觉感受，使之产生一定的情感联想，进而影响他（她）的心情。所以，在创作一幅作品的时候，要根据拍摄主题和表现意图，确定好采用什么样的影调和色调，并在前期拍摄和后期处理中有效地表现该调子。这就是摄影作品的定调。

9.2.2　影调的分类

根据照片中黑白灰像素的分布情况，可以把影调分为5类：高调、低调、中间调、硬调、柔调。图9-16给出了几张照片的直方图。请观察各直方图中像素的分布特点。关于直方图，见P40。这些直方图的原照片会在下面逐一给出。不过，你现在能猜出它们的影调大概是什么样儿吗？

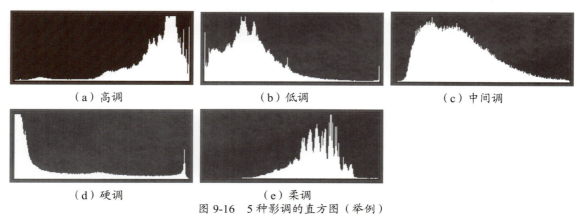

（a）高调　　　　　（b）低调　　　　　（c）中间调

（d）硬调　　　　　（e）柔调

图 9-16　5 种影调的直方图（举例）

◆ 高调

高调照片的影调主要由浅灰和纯白构成，照片总体上很浅淡。图9-17是一个例子。其直方图的图形是挤在右边，且在右端"爬墙"（即被裁切），如图9-16（a）所示。

高调照片给人以轻盈、优美、明快、清秀、宁静、淡雅和舒畅之类的感觉。适合于拍摄浅色的景物以及儿童、少女、婚纱等人像。

拍摄高调照片时，要用比较柔和的光线，景物上的光照要比较均匀，光比最好不超过2:1。若景物都是浅色的话就更好。在曝光的控制上，一般要加曝1～2挡。

高调照片一般要有少量的暗色调压阵，否则会显得轻飘。

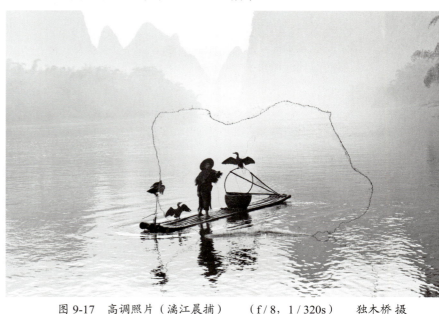

图 9-17　高调照片（漓江晨捕）　　（f/8，1/320s）　　独木桥 摄

◆ 低调

低调照片的影调主要由深灰和黑色构成，照片总体上很暗（图 9-18）。其直方图的图形是挤在左边，且在左端"爬墙"（P129 图 9-16（b））。

低调照片往往给人以神秘、忧郁、压抑、含蓄、深沉、粗犷、倔强之类的感觉。

拍摄低调照片时，要减少 1～2 挡的曝光，并要保证有小区域的浅影调，以形成总体反差。否则容易产生沉闷的感觉。

◆ 中间调

中间调照片是指中间调占优势的照片（P131 图 9-19），即大部分的像素都是灰色（各种亮度）。在直方图中，其图形是中间高，然后向两边逐渐下降，最后到 0（P129 图 9-16（c））。

高调和低调照片分别有大面积的白色和黑色，因而有助于强化和提高其艺术表现力和感染力，很有特色；但存在画面立体感较弱的不足，而且拍摄题材上也很受限制。中间调照片的自由度比较大，画面的立体感比较强，能表现的细节也比较多。

如果画面中黑 - 灰 - 白过渡层次多，称为影调丰富、影调细腻；反之，如果黑 - 灰 - 白过渡急剧，呈跳跃式变化，层次少，则称为影调简单、影调粗犷。丰富的影调有助于产生恬静、柔和、连续的感觉，粗犷的影调有助于产生激烈、刚毅、跳跃等的感觉。

◆ 硬调

硬调照片的影调主要由两极的暗影调和亮影调构成，中等明暗的调子少，黑 - 灰 - 白之间的过渡层次较少（例如 P131 图 9-20）。其直方图在明暗两端各有一个很陡的波峰（P129 图 9-16（d））。硬调照片反差很大，因而画面总体给人以生硬、有力、强烈的感觉。如果拍摄人物或事件，能够表达较为激烈的情绪，给观看者带来比较强烈的视觉和情感刺激。

拍摄硬调照片要用到大光比的光照条件，例如强烈的阳光下。如果拍摄场景光比不够，可以在后期处理中强拉对比度。

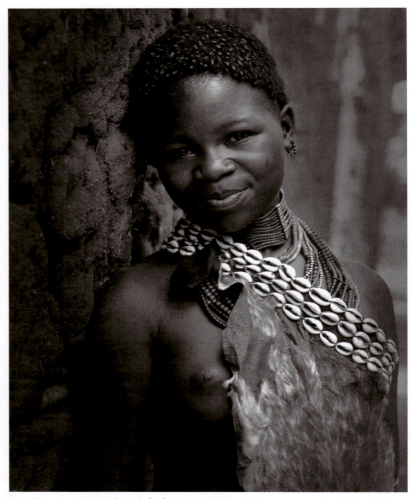

图 9-18 低调照片（埃塞俄比亚少女）　（f/3.2，50mm）　毛裕生 摄

◆ 柔调

柔调照片的影调主要由中间调子和亮调子构成，几乎没有暗调子。而且不同灰调之间过渡连贯、细腻（例如图9-21）。其直方图的特征是波形跨度比较小，且处于中间稍靠右的位置，两端都有一个区域没有像素（P129 图9-16（e））。柔调照片反差小，给人以轻柔、柔软、温和的感觉。适合于表现柔美的题材，例如儿童、女性、雾景等。

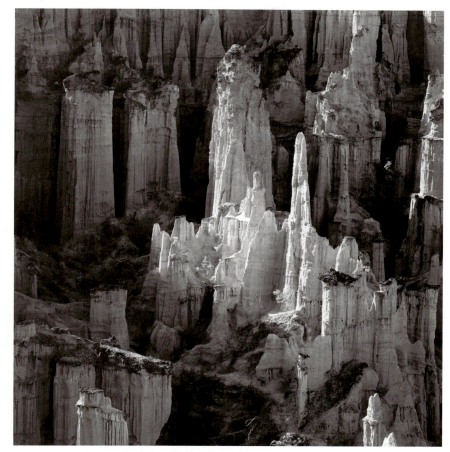

图 9-19　中间调照片（元谋土林）（f/11）　张晨曦 摄

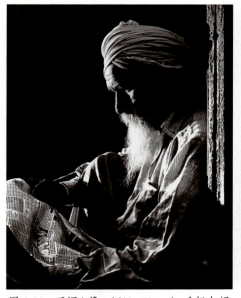

图 9-20　硬调人像（f/4，50mm）毛裕生 摄

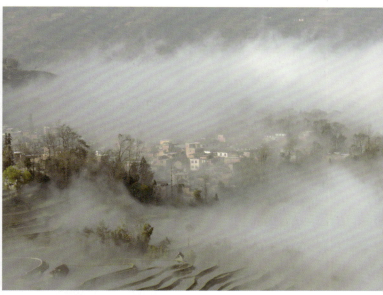

图 9-21　柔调　张晨曦 摄

柔调照片的曝光控制比较简单，只要对准中灰景物测光即可，不用曝光补偿。当然，所拍摄的场景必须是对比度小的，否则就又要靠后期了。

9.3 质感

◆ 什么是质感

质感是物体通过材料材质和表面呈现等传递给人的视觉和触觉的对这个物体的感官判断。

它包含两个方面的含义，一个是物体的质地，另一个是物体的表面结构。物体的质感就是我们人对这两方面的感官判断（通过眼看和手摸）。常见的质感有光滑、细腻、柔软、粗糙、镜面、尖锐、坚硬、松软、毛茸茸、透明、晶莹、半透明等。例如婴儿皮肤的光滑、细嫩，丝绸的柔滑，雪的细颗粒，沙漠表面的粗糙，钢铁的冰冷坚硬等，都是大家所熟悉的质感。

在摄影中，质感是指影像所表现的物体的真实感，也就是说是否把上述质感在影像中逼真地表现了出来。质感好的照片，让人一看就能在脑子里形成触摸其中物体的感觉，要能引起观看者关于质感的联想和心理感受，给他以栩栩如生的感觉，让他觉得身临其境，有强烈的代入感。

◆ 帮助表现空间感

由于质感一般要近距离观看才能看得清楚，所以在照片中，清晰的质感对空间的表现有很大的作用：

（1）拉近观看者与主体的距离。如果主体很近，而且质感表现得很好，就会有一种凑近主体放大看的感觉。

（2）加强画面的空间感。如果画面中近景、中景、远景都有，而且近景的质感非常好，那么就会使人感觉它就近在咫尺，伸手就能摸到，与远景形成对比，画面的纵深空间感会因此得到加强。

◆ 如何拍出质感

如何在影像中很好地表现出质感呢？关键是要把物体的质地和表面结构特征充分表现出来。可以从以下几个方面入手：

（1）影像清晰，细节清楚。
（2）用光恰当。
（3）拍摄角度合适。
（4）通过后期处理加强。

在拍摄角度上，为了表现好表面结构，相机的拍摄方向不能与表面垂直，而是应该与其形成比较小的夹角（例如45°以下），如图9-22所示。这样才能拍到表面结构的侧面。

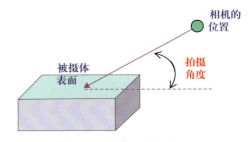

图 9-22　角度不要太大

可以把物体的表面结构归纳为4种：粗糙面、光滑面、镜面、透明面。在用光上，不同的光线方向和强弱对质感的体现有很大的影响。能最大限度地表现质感的用光方法如下：

（1）粗糙面：表面有高低不平的凹凸起伏，宜用直射侧光。

（2）光滑面：对光线会有柔和的反光，宜用前侧光，并加以辅光，以减小光比。

（3）镜面：对光线会产生耀眼的反光，宜用柔和的散射光或者逆光。

（4）透明面：宜衬托在暗背景上，用逆光或侧逆光，并辅助以均匀的正面光。

图9-23（P133）采用了高位逆光，很好地表现了鸟的羽毛的质感。图9-24（P133）采用侧光，很好地表现了雪的质感。图9-25（P133）采用柔和的逆光，很好地表现了岩石的质感。

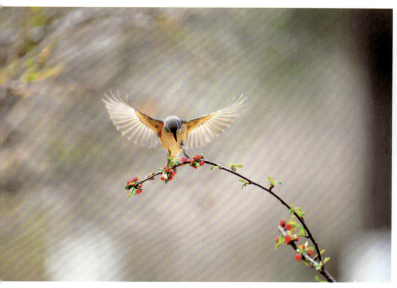
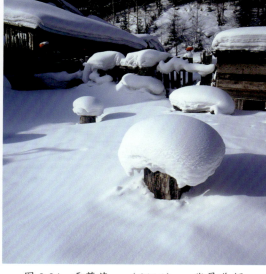

图 9-23　停歇　（f/4，1/1600s）　独木桥 摄　　　　图 9-24　雪蘑菇　（f/16）　张晨曦 摄

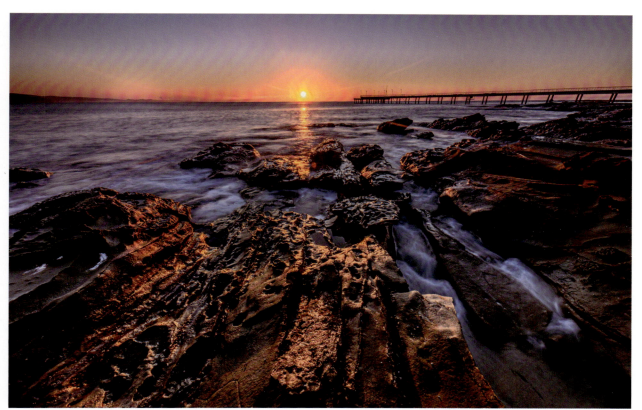

图 9-25　罗恩日出（澳大利亚）　（f/11，1.6s，反向 GND0.9）　詹姆斯 摄

但是，并不是所有的照片都要尽量表现出质感，例如给上年纪的女士拍人像时，可能要故意削弱面部皮肤的质感，以减少皱纹和斑点。这时，应采用顺光，并适当过曝。

第 10 章 手机摄影

近几年，随着智能手机的飞速发展和广泛普及，手机拍照的功能和画质都有了很大的突破，甚至可以用手机拍星空了。图 10-1 是笔者用华为 P10 Plus 拍的银河。在光线良好的情况下，手机拍照的画质已经可以跟相机相媲美了。

目前，手机几乎是人手一部。由于其超轻便性，越来越多的人选择了手机摄影。可以预见，这是个大趋势，以后会有越来越多的人加入到手机摄影行列中。因此，如何用手机拍出好照片？是本书的一个重点内容。

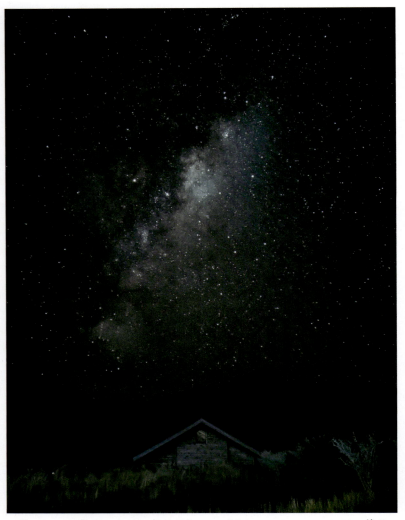

图 10-1　用华为 P10 Plus 拍的银河（f / 1.8，20s，ISO1600，等效焦距 27mm，色温 4500K）　张晨曦摄

10.1　手机摄影的优势和不足

与相机摄影相比，手机摄影有以下 7 个优势。

（1）手机几乎每个人都有，零成本就可以加入摄影的行列。

（2）手机操作简单，且是触摸屏菜单，没有大相机那么复杂的设置和操作。

（3）随时随地都可以拍摄。因为手机是随身带的，一旦发现值得拍摄的人或事物，顺手就可以拍摄。

（4）小巧、灵活，360°全方位拍摄都可以轻易做到。例如，可以把手机倒置，让镜头非常贴近水面或冰面，拍出完美倒影。

（5）体积小，不太引人注目，拍摄人文主题时不易引起反感或遭到抵触。

（6）后期处理APP软件多，操作比较简单，很容易上手。

（7）实时分享，传播快。拍完后可以立即发朋友圈或者其他网络平台，与众人分享。

当然，手机摄影也有一些不足，主要有以下3点。

（1）画质不如高档的数码相机，特别是在光线比较弱的时候。

（2）有的手机手动操控性比较差，无法控制光圈、快门速度、感光度、色温等。不过已经有越来越多的手机提供了专业模式，操控性良好。虽然不能控制光圈大小，但提供了人像拍摄模式或模拟大光圈特效模式。

（3）没有光学变焦功能（最多有两种焦距），而数码变焦则会损失画面的质量。

不过，可以相信，这些问题会逐步得到解决或改善。

10.2 如何拍出好照片

显然，不管是用手机还是用相机，好照片的标准是相同的，拍出好照片的总体思路也是差不多的，详见P7的第2章。请一定认真学习。

10.3 摄影基础知识

如果你已经系统地学过了前面的各章，请跳过本节。

不管是用手机还是用相机，除了具体的操作外，摄影的基础理论知识是相同的，这些知识对于提高摄影水平具有很重要的作用，它直接关系到能否拍出好照片。

此外，这些知识对于后期处理也具有很大的指导意义。因为在后期处理的过程中，对于每张作品，都是首先要根据这些知识来分析作品的成功与不足之处，并据此确定后期处理的思路和方案。

请重点学习以下内容：
- 第4章，曝光控制（P31）（重点学习曝光补偿）。
- 第5章，动感与快门速度（P48）。
- 第7章，摄影构图（P60）。
- 第8章，摄影用光（P97）。
- 第9章，色彩、影调、质感（P119）。

10.4 手机拍摄基本操作

如果你已经很熟悉自己手机的拍摄基本操作，请跳过本节。

各种品牌的手机操作可能各不相同，但常用的操作还是类似的。下面以华为手机P10 Plus和苹果手机iPhone 7 Plus为例进行说明。

10.4.1 手机拍摄界面及按钮

华为手机P10 Plus和苹果手机iPhone 7

Plus 的拍摄界面分别如图 10-2 和图 10-3 所示。其中的画面部分是对准白墙的取景效果，显得不那么白，是不是？这是自动曝光的计算结果，后面会进一步解释。

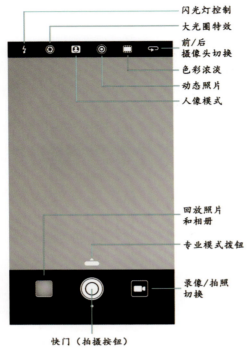

图 10-2　华为 P10 Plus 拍摄界面

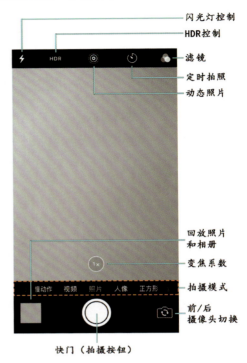

图 10-3　苹果 iPhone 7 Plus 拍摄界面

◆ 华为 P10 Plus

华为 P10 Plus 的拍摄功能比苹果 iPhone 7 Plus 多一些，因此其拍摄界面也复杂一些。它的顶部有 6 个按钮（从左到右）：闪光灯控制、大光圈特效、人像模式、动态照片、色彩浓淡、前/后摄像头切换，如图 10-4 所示。

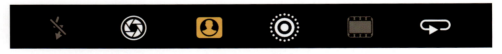

图 10-4　华为 P10 Plus 相机顶部的按钮

（1）闪光灯控制。用于控制闪光灯的工作模式，选项有"开""关""自动""常亮"（当手电筒用）。其中"自动"是指由手机根据拍摄现场的情况自动决定是否打开。下同。

（2）大光圈特效。大光圈拍摄。它实际上是采用软件的方法来模拟大光圈的特效。选用它后（变橘黄色），屏幕右下方会出现一个标有数值的图标：。点击它（用手指，下同），会出现如图 10-5 所示的滑条。

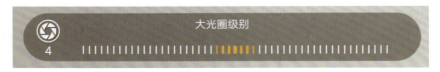

图 10-5　大光圈特效的级别选择

用指尖在上面划动，可以选择大光圈特效的级别，范围是 0.9～16。数值越小，表示光圈越大。

这种拍摄模式有一点很强大，就是在照片拍好后，依然可以对拍摄效果进行修改。在回放照片的时候，如果屏幕右上角有一个光圈图标 ⓞ，就表示该照片是用大光圈特效拍的。点击它，会进入大光圈特效编辑界面（图 10-6），这时会显示当前的对焦点位置。可以对它进行重新设置，只要在画面上新的位置上点击即可（图 10-7）。还可以对大光圈特效的级别进行重新选择，图 10-8 是数值为最大值 16 的结果，即最清晰的画面。

可以反复进行修改，直到满意为止。然后，若点击"√"（"×"），就是确认（放弃）修改；若点击右上角的存盘图标 💾，就是把修改的结果另存为一张新的照片。

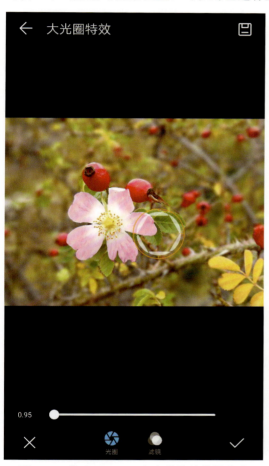

图 10-6　华为 P10 Plus 大光圈特效编辑界面

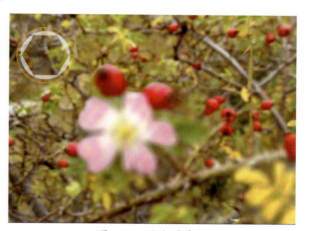

图 10-7　改变对焦点

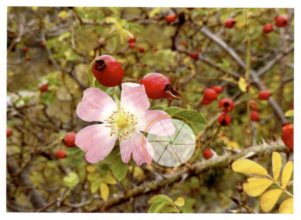

图 10-8　把级别改为 16

(3) 人像模式。用于拍摄人像，并具有美颜功能。点击它后（它会变橘黄色），进入人像拍摄模式，这时屏幕最上面的菜单栏会变成图 10-4（P136）所示。并且在屏幕右下方会新增两个图标：👤 ⭕。前者是美颜级别标记，点击它，可以在横滑条上选择美颜的级别 0～10，其中 0 表示最低，即不用美颜，10 表示最高。华为的美颜功能强大，效果好。后者是艺术虚化的图标，为橘黄色（白色）表示打开（关闭）艺术虚化。点击它就会切换状态。

(4) 动态照片。用于拍摄动态照片，即所谓的动图。

（5）色彩浓淡。用于从"柔和""标准""鲜艳"3种色彩模式中选一个。默认为"标准"。

（6）前/后摄像头切换。点击该按钮即可实现前/后摄像头切换。

华为P10 Plus拍摄界面的底部有3个按钮和一个拨钮：

（1）回放照片和相册。用于回放新拍的照片和查看相册。进入回放界面后，可用手指在屏幕上向左（右）划动来逐个回放。点击左上角的图标 ，会进入相册。

（2）快门按钮。点击它即进行拍摄，长按则可实现连拍。但有些模式不支持连拍，例如大光圈特效或专业模式，这时只能通过反复点击来拍摄多张。拍录像时，它既是开始键，又是停止键。另外，还可以用手机的音量键作为快门按钮，这样更便于操作。如果不想用手触碰手机，则可以采用带音量控制的耳机作为快门线。

（3）拍照/录像切换。点击该按钮即可实现切换。

（4）专业模式拨钮。专业拍摄模式是华为P10 Plus的一个强项。按住这个按钮往上拨，会进入专业拍摄模式。这时拨钮的下面会显示以下参数：测光方式（关于其基础知识参阅P42）、感光度ISO（P34）、快门速度S（P33）、曝光补偿值EV（P37）、对焦方式AF（P28）、白平衡AWB（P127），如图10-9所示。点击参数，即可对之进行选择和设置。在这种模式下，手机将按照你所设置的参数进行拍摄。

要退出专业模式时，把该按钮往下拨即可。

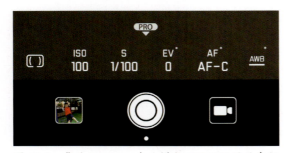

图10-9　华为P10 Plus专业模式下可以设置的参数

华为P10 Plus拍摄界面还有两个辅助页面，用于参数设置或选择模式。用手指在屏幕上往左（右）划过，就能调出来。供选择的模式和参数很多，包括HDR、全景、超级夜景、流光快门、延时摄影、滤镜、RAW格式、定时拍照、触摸拍照等，点击即可设置。更多介绍见"张老师教摄影"公众号（输入p10p）。

◆ 苹果iPhone 7 Plus

苹果iPhone 7 Plus拍摄界面的顶部有5个按钮（P136图10-3）：

（1）闪光灯控制。用于控制闪光灯的工作模式，选项有"打开""关闭""自动"。

（2）HDR控制。确定是否进入HDR拍摄模式，选项有"打开""关闭""自动"。HDR是高动态范围的缩写，用于应对光比（P104）很大的场景。手机会自动采用曝光合成（P45）技术，即用不同的曝光拍摄多张照片，然后合并成一张HDR照片。

（3）动态照片。用于拍摄动态照片，即所谓的动图。

（4）定时拍照。在按下快门按钮后，要延迟一段时间后才会启动快门。选项有关闭、3s、10s。这主要用于定时自拍或者在三脚架上拍摄时避免手按快门导致拍糊。

（5）滤镜。用于选取滤镜。点击该按钮，可以从9种预设的滤镜中选择。

苹果iPhone 7 Plus拍摄界面的下部有5个部分：

（1）回放照片和相册。用于回放新拍的照片和查看相册。

（2）快门按钮。点击它即进行拍摄，长按则可实现连拍。拍录像时，它既是开始键，又是停止键。

（3）拍摄模式。用于选择拍摄模式。用手指左右划动屏幕，就可以改变选择。一共有7种：照片、人像、正方形、全景、视频、慢动作、延时摄影。

● 照片。拍摄常规的长方形画幅的照片。

- 人像。采用软件技术模拟大光圈，拍出背景虚化的照片。有点像华为 P10 Plus 的人像模式，但不具备美颜功能。
- 正方形。拍摄正方形画幅的照片。
- 全景。用于拍摄全景宽幅照片。在这个模式下，取景并按下快门后，保持姿势不变，按箭头提示的方向缓缓移动手机，扫拍整个场景，就能拍出一张宽幅或长幅照片。
- 视频。拍摄常规视频。
- 慢动作。高速拍摄视频，然后按正常速度回放，从而达到把动作过程放慢的目的。
- 延时摄影。启动后，每隔一定时间拍摄一张。拍摄结束后，手机会自动将所有拍到的照片合并成一个短视频。该视频能将被摄场景中较长时间的变化过程压缩到很短的时间内播放展现出来，非常精彩。需要用三脚架拍摄。

（4）前/后摄像头切换。点击该按钮即可实现切换。

（5）变焦倍率。显示当前的变焦倍率。苹果 iPhone 7 Plus 有两个后置摄像头，其等效焦距（35mm 胶片焦距）分别是 28mm 和 56mm。点击这个按钮，可以在它们之间切换。显示 1x 时，是用 28mm 这个摄像头；显示 2x 时，则是用 56mm 这个。长按这个按钮，会显示出一个拨盘，可以在 1x 到 10x（10 倍变焦）之间进行选择。用手指拨动转盘选择即可。

10.4.2　自动对焦和测光

关于自动对焦和测光的概念，分别见 P28 对焦和 P42 测光。

打开手机上的"相机"后，会进入拍摄界面。这时，手机中的相机部件就会对被摄场景进行自动对焦和测光。但是，是对哪个区域对焦和测光呢？无法判定。为可靠起见，可以用手指在屏幕上要重点表现的被摄体上点击，这样相机部件就会自动对它进行对焦，使其影像最清晰，同时还会自动对该区域进行测光，并按测

光结果自动计算曝光量和设置曝光参数（原理与普通相机相同，见 P36）。这些操作一般在半秒之内就会完成（苹果手机非常快）。完成后，屏幕上会出现一个指甲盖大小的橘黄色的圆圈（华为手机）或者方块（苹果手机），并在其边上显示一个带滑动线的小太阳图标，用于调整曝光。这时就可以按快门拍摄了。

大多数情况下，相机部件自动测光及拍摄效果是令人满意的。它的自动曝光原理跟普通相机一样，也是猜测所拍场景的平均亮度是 18% 灰（P37），因此，它总是把照片拍成平均 18% 灰的样子（P136 图 10-2 和图 10-3 中的画面就是）。显然，大部分情况下它是猜对了，因为只要你随便把手机对准任何一个场景拍，它一般都是接近于 18% 灰的。这是对大量场景的影像进行统计得出的结果。但是，如果拍摄者要拍雪景或者深色的被摄体（例如煤堆），那自动曝光就"傻掉了"，它拍出来的还是 18% 灰。所以拍摄者必须学会如何对曝光进行调整。

10.4.3　调整曝光

对于相机部件自动计算出的曝光，如果觉得不满意，就可以让它增加曝光（使画面变亮）或者减少曝光（使画面变暗）。这就是曝光补偿。关于它的详细讲解，见 P37 的 4.10 节。

华为手机和苹果手机调整曝光量的方法差不多，都是通过拖动屏幕上对焦点区域旁边的小太阳图标来实现的，如图 10-10 所示（图中显示的是华为 P10 Plus）。用手指反复拖动这个小太阳向上（下）滑动，便可以增加（减少）曝光，效果实时显示。例如 P136 图 10-2 和图 10-3 是把手机对准白墙拍的曝光效果，拍出来是中灰的。如果要获得接近于白（黑）色的画面，就得把小太阳往上（下）拉 2～3 挡，分别如图 10-10 和图 10-11（P140）所示。这两种方法在拍雪景和夜景的时候非常有用。例如，拍图 10-12（P140）所示的夜景，如果不减少曝光，就会严重曝光过度。

上述设置曝光补偿的方法只能管一次拍摄，拍完后，又恢复到正常状态（即补偿为0）。华为 P10 Plus 在专业模式里提供了永久设置曝光补偿的功能，即通过修改 EV 项的值，就可以使以后拍摄的每一张照片都按这个值进行曝光补偿。例如，拍雪景（夜景）可以将 EV 值设置为 1.5（－1.5）。

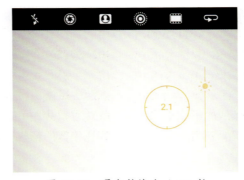

图 10-10　曝光补偿为 ＋2.1 挡

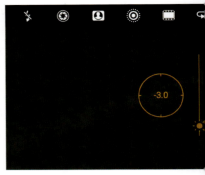

图 10-11　曝光补偿为 －3.0 挡

对于华为 P10 Plus，在拍摄界面里，如果用手指长按屏幕，会出现两个圆圈（大的橘黄色，小的白色），中间含有一个小太阳，即 。按住这个小圆圈并拖动它到别的位置，手机就会按新的位置重新测光并计算曝光量（图 10-13 是两个例子）；若把大圆圈拖动到别的位置，手机会按新的位置重新进行对焦。这实际上是把对焦和测光的区域完全分离开了。

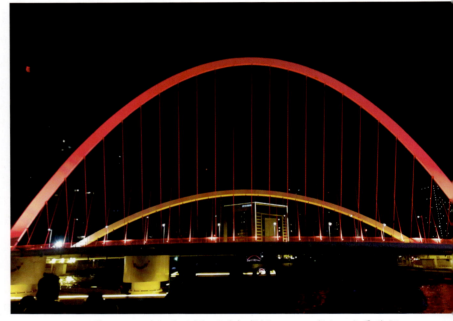

图 10-12　海河大沽桥（手机拍摄，－1.5 挡）　张晨曦 摄

10.4.4　关于变焦

变焦就是改变镜头的焦距（P154）。直观地说，就是改变取景屏幕（或取景器）上被摄景物的大小。当然，取景范围也会随之改变。在手机上，可以直接用两个手指头在取景屏幕上拨开或者收拢来进行变焦，这时屏幕上会出现一个可以拖动的滑条或者拨盘，供你拖动或拨动来选择，同时显示当前变焦倍数。

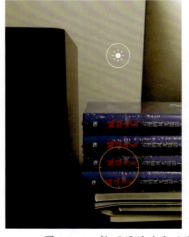
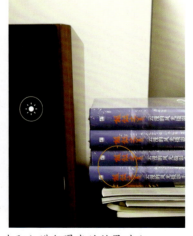

图 10-13　按不同的地方（小太阳）进行曝光的效果对比

然而，现在大多数的手机采用定焦摄像头，并不能进行光学变焦。所以，这些手机的变焦实际上是数码变焦。所谓数码变焦，就是把"全图"的中央裁出一个区域（其大小根据变焦的倍数来确定），然后将之放大到全图（图 10-14）。显然，这样得到的影像的画质会随着变焦倍数的增加而下降。因此，建议一定不要用大倍率数码变焦。

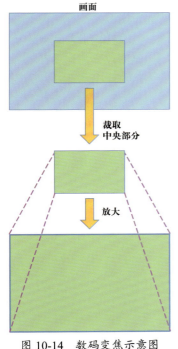

图 10-14　数码变焦示意图

在变焦方面，苹果 iPhone 7 Plus 比华为 P10 Plus 强不少，因为苹果 iPhone 7 Plus 采用了变焦双摄，而华为 P10 Plus 采用黑白双摄，焦距相同。不过，苹果 iPhone 7 Plus 并没有实现相机镜头上的那种连续变焦，而只是有两个焦距的摄像头供选用：拍广角用 28mm（35mm 胶片等效焦距）那个，拍远景用 56mm 那个。其他倍数的变焦也都要用到数码变焦，不过其数码变焦的画质损失应该比华为 P10 Plus 小很多。例如，假设同样是要用 5 倍焦距拍摄，华为 P10 Plus 必须全部用数码变焦实现，即 5 倍；而苹果 iPhone 7 Plus 则只要用 2.5 倍数码变焦就可以了，因为它会使用两倍焦距（即 56mm）的那个摄像头。

10.4.5　锁定对焦和曝光

华为 P10 Plus 没有这项功能，苹果 iPhone 7 Plus 有。

在要对焦的位置上用手指长按屏幕，相机模块在对该位置进行对焦和测光后，会锁定对焦距离和曝光参数。这时屏幕上方会显示"自动曝光 / 自动对焦锁定"。锁定后，即使重新取景构图和拍摄，手机会一直按锁定的参数进行拍摄，直到解锁。解锁方法是在画面上任意位置点击。

这种功能在重复拍摄的时候很有用，例如拍花卉等蜜蜂、拍风景等光线、陷阱对焦（P30）等。

10.5　充分利用手机摄影的特点

手机摄影有自己的特点，在很多方面与相机摄影有很大的不同。所以，要扬长避短，充分利用手机摄影的特点来拍摄出更好的照片。

◆ 多靠近被摄体

大部分手机的镜头是广角的，而且不具有光学变焦能力（个别具有两个不同焦距的摄像头）。如果按通常的距离拍摄（自拍除外），经常会显得前景比较空、主体偏小、不够突出（P142 图 10-15）。这会大大削弱照片的表现力，不可能成为好照片。这是用广角镜头拍摄容易产生的通病。

用相机拍摄能比较好地解决这个问题，因为只要旋转变焦环，把焦距变大，很容易改变取景范围。而手机摄影则要靠移动双脚来解决这个问题。因此，要经常记得往前走几步，多靠近被摄体一些（P142 图 10-16）。

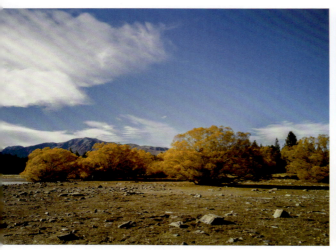

图 10-15　秋色　张晨曦摄

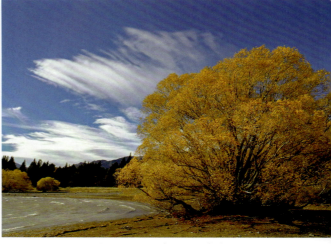

图 10-16　秋色　张晨曦摄

读者也许会说，手机不是有数码变焦吗？没错，但是建议大家尽量少用，因为数码变焦是以损失画质为代价的。若变焦倍率太大，画质会急剧下降。如果走几步能解决问题，还是用脚来解决问题吧。

◆ **多用竖画幅**

手机屏幕的显示方式默认是竖画幅的，大家也都是这么用。而用相机拍摄则大多数是采用横画幅的，很多拍摄场景第一眼看也是适合用横画幅拍。然而，如果用手机所拍的照片主要是用于发微信或者是做手机屏保，那么就不妨多试试竖画幅。这是因为横画幅的照片在手机屏幕上显示比较小，没有充分利用屏幕面积，效果较差。而很多人一般懒得把手机横过来看。

用竖画幅"看"世界，开始可能会觉得有些别扭，但拍多了，就会发现很多美的画面，能够拍出好照片。另外，有些场景就是用竖画幅拍摄更合适，例如图 10-17 和图 10-18。

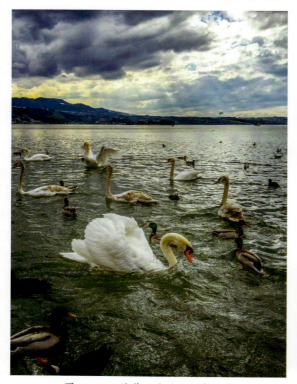

图 10-17　苏黎世湖　王鲁杰摄

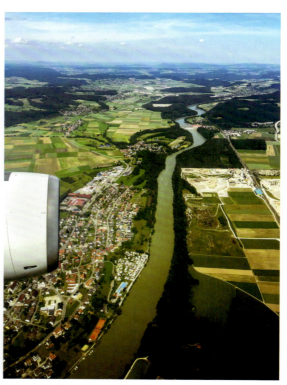

图 10-18　飞过莱茵河　王鲁杰摄

◆ 全方位拍摄

手机拍摄具有小巧、灵活的特点，可以很方便地从各种视点（P60）拍摄，基本可以实现360°无死角全方位拍摄。应尝试从多种角度以及各种高度拍摄，然后从中挑选最理想的。用手机拍倒影是最方便的了，可以把手机倒过来拿，让摄像头尽可能贴近水面或冰面，能拍出完美的倒影（图10-19）。

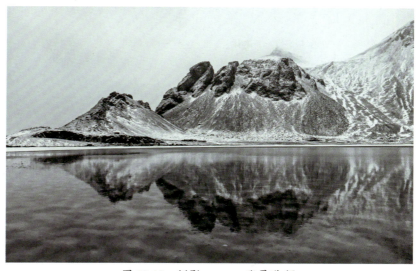

图 10-19　倒影　　张晨曦 摄

◆ 记录日常生活的点点滴滴

手机是随身带的，遇到有意义或者有趣的事件或场景时，随时随地都可以掏出来拍摄（图10-20 和图10-21）。用手机记录下日常生活中的点点滴滴是最方便不过了，这是手机摄影的优势，相机摄影望尘莫及。

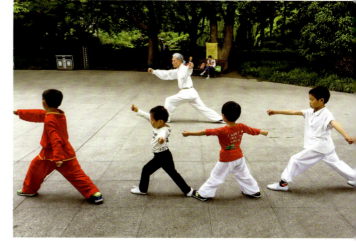

图 10-20　从娃娃抓起　　张晨曦 摄

◆ 拍摄微小物件

手机可以很近距离（例如几厘米）拍摄微小物体，获得较大的影像，这比普通相机强很多（当都没有使用微距镜头时）。而且，手机可以很灵活方便地贴近被摄体拍摄，对焦点和测光点可以通过点击屏幕来指定，非常方便。

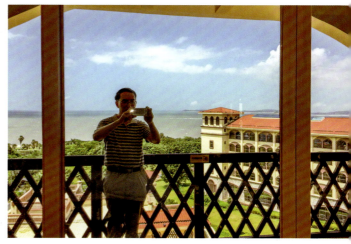

图 10-21　厦门度假自拍　　张晨曦 摄

◆ 选择单一的背景

由于手机摄影的景深比较大，软件虚化有时效果不好，而且也不是什么场合都能用，所以，为了突出主体，要注意选择单一的背景（图10-22），否则杂乱的背景会影响主体的表现（图10-23）。应该绕主体转一圈，看看不同拍摄角度的效果。

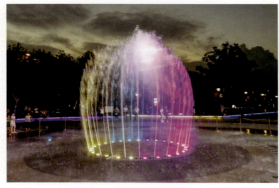
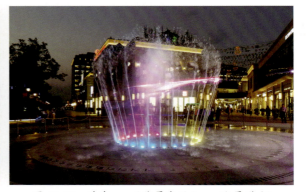

图10-22 喷泉 （背景单一） 张晨曦摄　　　图10-23 喷泉 （背景杂乱） 张晨曦摄

10.6 拍摄技巧

◆ 虚化背景与花卉摄影

有时需要虚化背景，特别是在拍人像和花卉的时候。但手机的图像传感器比较小，并且其摄像头往往是广角的，拍出来的往往都是实的。解决的办法有以下两个。

（1）用人像模式或者大光圈特效模式。这是用软件的办法模拟大光圈的效果，虽然有时虚化得不够自然，能看出破绽，但仍然是可以用的，而且还可以通过后期进一步改进。

（2）充分贴近被摄体。这只适合拍摄小物体，例如拍小花等（图10-24）。

更多花卉拍摄技巧见 P196 的第 14 章。

◆ 充分利用构图

要寻找形式感较强的拍摄场景或者被摄体，并充分利用构图来突出拍摄主题和主体（例如 P145 图 10-25 和图 10-26）。对于同一个被摄景物，不同的构图方法效果差别很大。例如图 10-27～图 10-30（P145）。可以看出，对角线构图更富有动感和表现力。关于构图的详细论述见 P60。

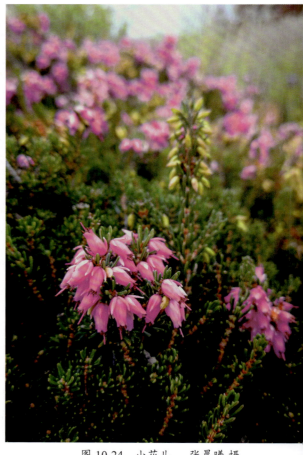

图10-24 小花儿 张晨曦摄

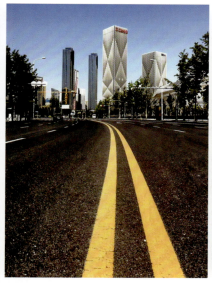 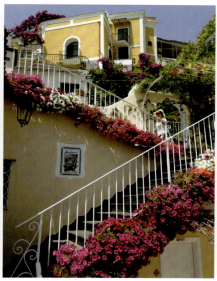 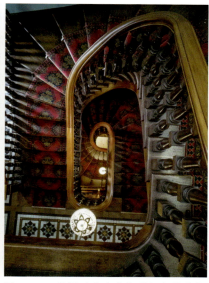

图 10-25　路线　SamSmith 摄　　图 10-26　山坡上的别墅　王鲁杰摄　　图 10-27　旋梯（垂直线构图）张晨曦摄

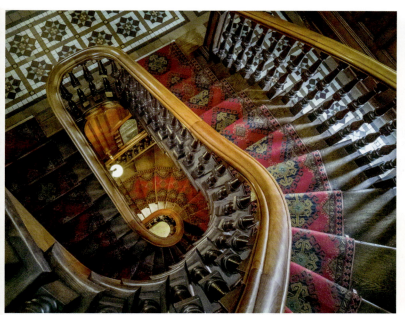

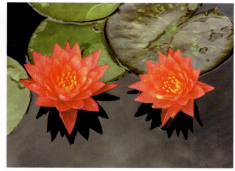

图 10-29　睡莲（水平线构图）　张晨曦摄

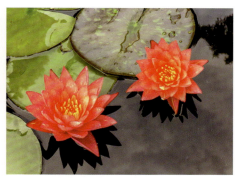

图 10-28　旋梯（对角线构图）　张晨曦摄

图 10-30　睡莲（对角线构图）　张晨曦摄

◆ 充分利用色彩

对于彩色照片，观者首先感受到的是照片的色彩面貌。作为一种视觉传达工具，色彩比线条和形状更能在视觉和知觉中引起反响。因此要充分利用色彩来渲染画面和表达情感（P119），例如图 10-31。

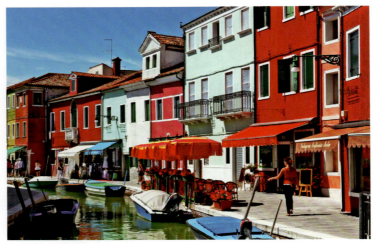

图 10-31　彩色岛　王鲁杰 摄

◆ **女孩自拍**

手机自拍是很多女孩（包括年纪大一点的女性）喜欢玩的。亚洲人脸部的立体感差一些，五官没像欧美人那样深邃。如果采用正面平角度拍摄（即手拿手机水平向前伸出进行拍摄），脸会显得比较平，偏大。那么，如何才能把自己的脸拍得显小、显瘦呢？可以尝试以下方法：

（1）采用俯角度拍摄。即把手机举高一些，从上往下拍摄。这样下巴就会明显显瘦（图 10-32）。

（2）采用两个 30°的最佳角度。一般来说，左前侧或者右前侧方位会比较好看。所以，可以左（右）手握住手机水平向前伸出，然后保持身体不动，把手臂向左（右）转 30°左右，然后再举高 30°左右，再向下俯角度拍摄（图 10-33）。

（3）用道具遮脸。可以用墨镜、帽子、长头发、剪刀手、花草等适当遮住脸的一部分。用手轻托或者轻捂下巴，作牙疼状，也是可以的。要点就是遮挡脸的一部分（图 10-34）。如果重点在于显瘦，就应该是遮挡脸的两侧。

（4）与男士合影时，稍微躲远点，拍出来脸会显小。这是利用广角镜头"近大远小"的拍摄效果。

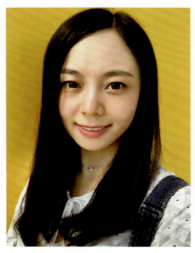

图 10-32　自拍　王梓力 摄

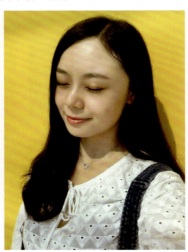

图 10-33　自拍　王梓力 摄

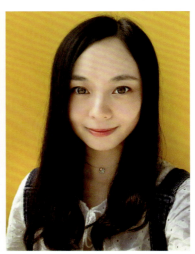

图 10-34　自拍　王梓力 摄

◆ 如何把女孩拍美、拍高

很多女孩拍人像时，总希望能把自己拍漂亮些，拍高一些。该怎么拍呢？这是拍摄者需要认真考虑的问题。

1. 拍美一些

可以从以下几个方面入手。

（1）着装好看，能充分体现女孩的美，并且与环境相匹配。不同的人适合穿不同风格的服装，关键是要找到最适合自己的。例如，纤细娇小的女孩，就不太合适穿粗犷、硬朗的服装。

（2）适当化妆。亚洲人脸部的立体感差一些，拍出来脸容易显大。化妆后往往会有较大的改进，使得五官更加立体，并且能遮掩一些瑕疵，可以减少后期的工作量。

（3）找到最佳拍摄方位。一般来说，左前侧或者右前侧方位比较好看，侧面也可以拍拍看。具体是向左还是向右，要根据女孩脸部的特征来确定，反正是把最漂亮的一面展现出来。如果女孩脸型偏胖，一定要注意避免正面方位拍摄。

（4）一般是平角度拍摄比较好。但如果脸形偏瘦（胖）的话，可以适当仰（俯）角度拍摄。

（5）摆拍表情会比较僵硬，如果能在动态中抓拍到女孩自然、真情流露的瞬间，就可能拍出很美的照片。所以，拍摄者要与女孩充分交流和沟通，使其自然放松，并调动情绪。有时，只拍一个人，情绪不容易调动起来；而如果女孩有好朋友（特别是好闺密）一起拍，就很容易兴奋起来。

（6）如果被摄女孩有比较明显的眼袋，就最好等眼袋基本消失后再拍。

2. 拍高一些

拍高的关键是要把腿拍长。腿长了，人就显得高。这个跟相机的高度、被摄者的穿着打扮以及腿怎么摆放有很大关系。可以从以下几个方面入手：

（1）被摄者在穿着方面，要或长或短。就是说，裤子（或裙子）或者要穿短一些，大腿多露一些，或者就穿连衣长裙，看起来显得修长一些。还有，就是上衣不能太长。总之，要穿得让人看起来显得修长，拍出来自然就会显得高。

（2）用竖画幅拍摄全身，头顶上多留点空间，脚底下则应该少留点。竖画幅是表现修长的最好选择。

（3）拍摄机位要低一些，略低于被摄者的腰部，并稍向上仰角度拍摄。这时，要提醒被摄者略颔首，以免拍出双下巴。这样拍可以利用小广角的变形特性把腿拍长一些。

（4）被摄者的腿往左下方或右下方伸出去，脚尖指向左下角或右下角。

（5）最好穿瘦尖、表面光滑的皮鞋或者光脚，并要绷紧脚背，脚尖向前伸。

（6）拍全身尽量避免俯角度拍摄，那样会把腿拍短。

（7）如果被摄者采用正面的坐姿，则可以让她把腿向前和向一侧伸出（到达画面左下角或右下角附近），并让身子适当往后靠。这样从稍低的角度拍过去，不仅能把腿拍长，而且还能把上身拍短一些，把脸拍小一些。

关于人像摄影，详见第 15 章 P208。

◆ 充分利用光影

摄影是"用光绘图"。只有恰当、巧妙地运用光线，才能获得理想的画面。要充分利用光影来提高照片的表现力、美感和趣味性，如图 10-35 和图 10-36（P148）所示。关于用光的更多知识和技巧见 P97。

◆ 风光摄影

影响风光摄影作品好坏的主要因素有 5 个：风景主体、拍摄角度、构图、天气、光线。所以，为了拍出好的风光摄影作品，要提高自己的审美能力和构图能力，找到好景色（机位），寻找与众不同的拍摄角度，并耐心等待最佳天气和光线的出现。关于风光摄影的更多讲解见 P170 第 13 章。

图 10-37（P148）～图 10-39（P149）是 3 张用手机拍的风光片。

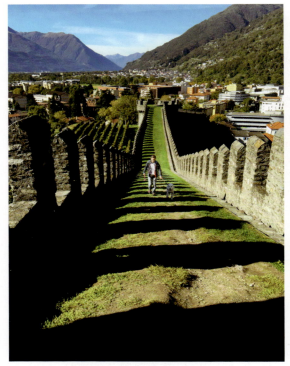

图 10-35 城墙　　王鲁杰 摄

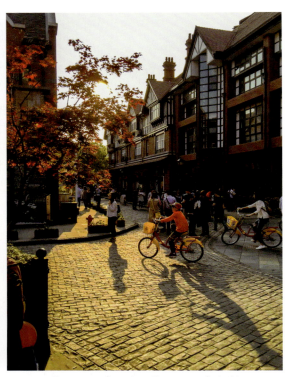

图 10-36 泰晤士小镇　　王鲁杰 摄

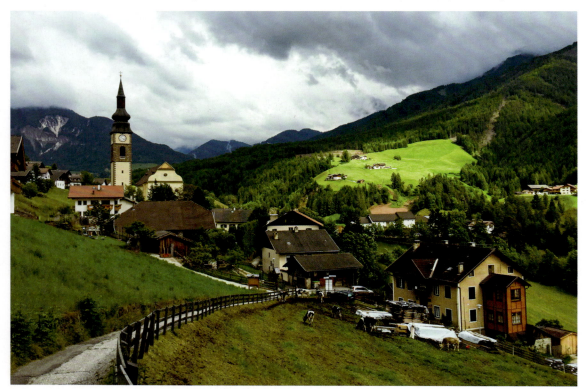

图 10-37 弗奈斯山谷　　王鲁杰 摄

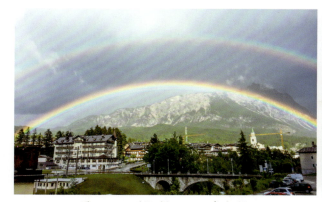

图 10-38　彩虹桥　　王鲁杰 摄

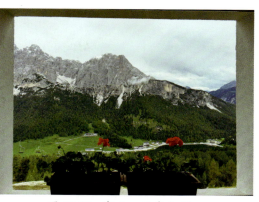

图 10-39　窗口　　王鲁杰 摄

◆ **拍摄夜景**

拍摄夜景常用的方式有两种，一种是手持拍摄，另一种是上三脚架拍摄。手持拍摄要用较高的 ISO 值，用自动拍摄模式就可以，手机会自动计算并设置各参数（图 10-40）。

如果上三脚架拍摄，就可以用低 ISO 值和长曝光，以减少噪点，拍出画质较高的照片（P150 图 10-41）。这需要用到手机的专业拍摄模式（例如华为 P10 Plus）或者借助于 APP 软件（例如 Slow Shutter）。

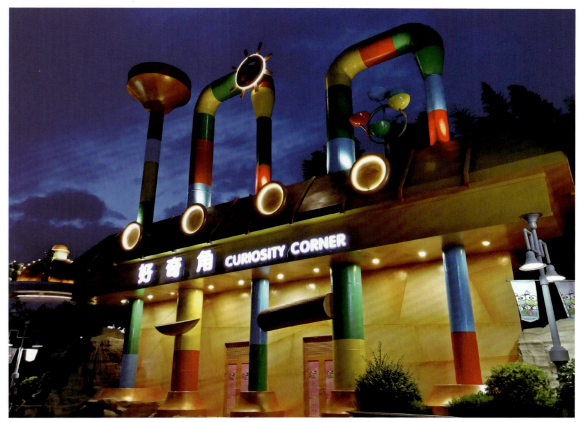

图 10-40　管道展馆　（1/33s，ISO 500）　　张晨曦 摄

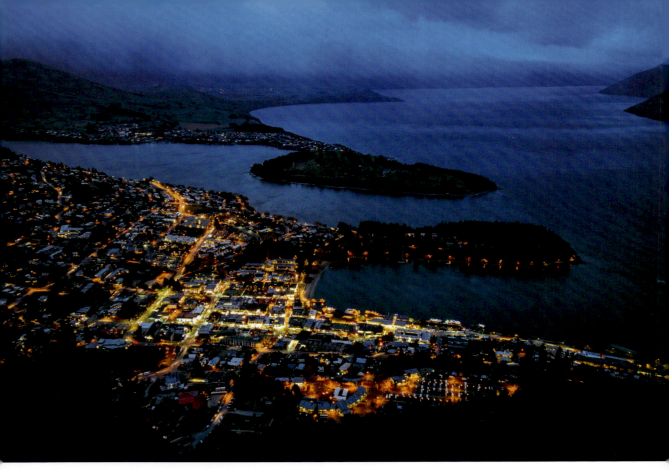

图 10-41　皇后镇夜景　　（1s，ISO 100）　　张晨曦 摄

利用华为 P10 Plus 的专业拍摄模式，可以拍出银河，如图 10-1（P134）所示。手动设置的参数是：ISO 1600，曝光时间 20s，色温 4500K。至于焦距和光圈，是固定不变的，不用设置。其等效焦距是 27mm，光圈是 f / 1.8。

10.7　辅助器材和 APP 软件

10.7.1　辅助器材

手机摄影的辅助器材主要有自拍杆、三脚架、手机夹（或云台）、附加镜头等。其中自拍杆是使用最多的，也是大家最熟悉的了，这里就不用介绍了。三脚架、手机夹（或云台）在长时间曝光或者进行延时摄影时是必需的，而附加镜头则往往是比较投入的手机摄影爱好者使用的了。

◆ 三脚架、手机夹（或云台）

有关三脚架的介绍见 P167。手机很轻，用轻便的三脚架就可以了。与相机摄影不同的是，手机一般是通过一个手机夹（或加上手机云台）固定到三脚架上。只用手机夹的话，使用会很不方便，所以建议至少购买"手机夹 + 小云台"的组合。若采用"手机夹 + 云台 + 万能夹"的组合（P151 图 10-42），那就最好用了。其中的万能夹可以很灵活地固定在各种物件上，例如板子、窗沿、大三脚架的"腿"或云台上等，使用非常方便。

10.7.2 APP 软件

用于手机摄影的 APP 软件包括两类：特殊拍摄效果类以及后期处理类。

◆ 特殊效果类 APP 软件

利用这类 APP 能拍出各种拍摄效果，如长时间曝光、多重曝光、局部彩色的黑白照片、倒影、光晕、素描等，能玩出很多花样。

（1）长曝光 —— Slow Shutter。华为 P10 Plus 自带的相机可以手动控制快门速度，能实现各种长度时间的曝光，最长是 30s。但其他的大部分手机（包括苹果 iPhone 7 Plus）自带的相机都不能手动控制快门速度。这就需要利用专门的长曝光 APP 来实现，例如 Slow Shutter、Long Exposure Photography 等。在这些 APP 中可以设置各种曝光时间，甚至用 B 门（P36）。

长曝光需要有稳定的三脚架和手机夹（以及小云台）。

（2）多重曝光 —— Poco 相机，Hipstamatic。多重曝光的定义见 P46。这些 APP 是利用软件的方法把多张照片的影像叠加到一起，形成一张多重曝光的照片，使用很方便。

（3）局部彩色的黑白照片 —— Camera 360、Snapseed。为了突出主体，有时我们会把主体以外的景物调成黑白的，弱化其对观看者的吸引力，从而使观看者把视线集中到主体上，例如 P216 的图 15-12。如果主体是单色的，则可以很容易地用 Camera 360 的"特效"菜单中的"魔法色彩"来实现，选择与主体一致的颜色，就能把其他的颜色过滤成黑白的。

但是，如果主体本身含多种颜色，或者其他景物中有与主体一样的颜色，那么上述方法就难以奏效了。这时，可以使用 Snapseed 来实现这一点，但处理步骤比较复杂，见"张老师教摄影"公众号（输入 jbcs）。

（4）水波倒影 —— Water Reflection。对于任何给定的照片，该 APP 都能制作出水波倒

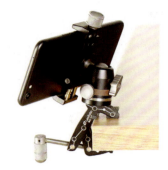

图 10-42　手机夹 + 云台 + 万能夹

◆ 附加镜头

手机附加镜头也称手机镜头，是用来附加到手机摄像头上的外置镜头，用于扩展手机的拍摄能力。手机附加镜头有广角、鱼眼、微距、人像、长焦等多种选择，其作用类似于普通相机的各种镜头（P158）。有很多产品可供选择，价位也不高，可以到京东或淘宝上搜一下。图 10-43 是用鱼眼镜头拍的自拍，挺好玩的吧。要注意的是，不同品牌、不同型号的手机有可能要选用不同固定方法的附加镜头，购买时一定要选适合自己手机的。不过，卡色最近推出的螺丝夹式固定方法的附加镜头可以各种手机通用。

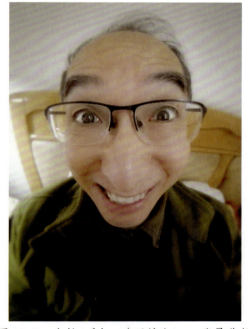

图 10-43　自拍（手机，鱼眼镜头）　　张晨曦摄

影的效果，水波密度和程度还可以调整。

（5）素描和手绘效果、移轴效果——Camera 360。

（6）光晕效果和艺术效果——PicsArt。PicsArt 具有很强的制作光晕效果以及各种艺术效果（例如油画、浮世绘、梵高等名画效果）的功能。

◆ **后期处理类 APP 软件**

手机照片后期处理 APP 有很多，有好几百种，可以分为修图、滤镜、特效、人像修饰、相框边框、艺术效果、创意拼图等多种类型。上面介绍的 APP 可以归到特效类里。

那么问题来了，如何选择呢？以照片修图（包括人像修饰）功能为重点，笔者在试用、比较以及参考前人使用经验的基础上，给出以下推荐（不过，这些仅是笔者个人的观点和喜好）。

1. 推荐组合 A

适用人群：普通大众。

即：Snapseed（3）＋美图秀秀（2）＋VSCO（2）＋Prisma（2）。

括号内的数字为主观难度系数，1 为最容易，5 为最难。

其中，Snapseed 是一个功能强、非常好用的比较专业的修图 APP，美图秀秀则是一个使用超简单的大众化修图 APP，具有很强的人像修饰功能，受到了喜欢自拍的人们的青睐。VSCO 和 Prisma 都是主打滤镜的 APP，前者重点在专业类型的滤镜，后者重点在艺术化的滤镜。

2. 推荐组合 B

适用人群：已经会用 Adobe Photoshop 和 Lightroom 的专业修图者。

即：Photoshop Touch（5）＋Lightroom Mobile（4）＋Photoshop Fix（3）＋Photoshop Mix（3）＋Photoshop Express（3）。

这些都是 Adobe 公司推出的 APP。其中 Photoshop Touch 和 Lightroom Mobile 分别是 Photoshop 和 Lightroom 的手机版，是很专业的修图 APP，功能强大，例如具有图层功能、局部调整功能等。缺点是操作比较复杂，对一般人来说难度较大。但是，对于已经熟练掌握台式机 Photoshop 和 Lightroom 的人来说，则是小事一桩。

特色：能处理 RAW 文件，对照片有很强的调整功能；具有渐变滤镜和局部调整的功能；可以降噪和提高清晰度；Photoshop Touch 有图层的功能。

Photoshop Fix、Photoshop Mix、Photoshop Express 分别是特定功能的 APP，其重点分别是照片润饰和瑕疵修除、抠图及合成处理、照片色彩处理。

3. 推荐组合 C

适用人群：不会用 Adobe Photoshop 和 Lightroom 的专业修图者。

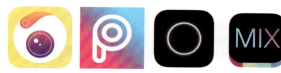

即：Snapseed（3）+ Camera 360（3）[+ PicsArt（4）][+ Polarr（4）][+ Mix（3）]

其中，Snapseed 是一个功能很强、非常好用的比较专业的修图 APP，Camera 360（相机 360）则是一个好用的大众化修图 APP，具有很强的人像修饰功能和很多的滤镜。如果 Snapseed + Camera 360 不够用，就可以到 PicsArt 或 Polarr（泼辣修图）中去处理，后两者是功能更强大的非常专业的修图 APP，它们提供了 HSL 和曲线等高级功能。专业修图很少使用滤镜，不过这里推荐一款主打滤镜的 APP——Mix。

在上述推荐中，VSCO、Prisma 和 Mix 都是主打滤镜的 APP，各有特色，可以根据自己的喜好选用。

还有很多其他的 APP，例如 Poco 相机、黄油相机、Enlight 等，也都是不错的，这里就不一一介绍了。

◆ Snapseed 使用教程

Snapseed 提供了以下三大块的功能。

1. 工具

Snapseed 提供的工具有 10 种：调整图片、剪裁、变形、局部、晕影、突出细节、旋转、画笔、修复、文字。其中调整图片里可以修改的项目有 7 个：亮度、对比度、饱和度、氛围、高光、阴影、暖色调。

2. 滤镜

Snapseed 提供的滤镜有 13 种：镜头模糊、色调对比度、加入戏剧效果、粗粒胶片、怀旧、黑白、双重曝光、美丽光晕、HDR 景观、斑驳、复古、黑白电影、相框。

3. 美颜

该菜单下提供了"修片"和"姿态"两个子菜单。其中"修片"下面提供了两种"面部提亮"、两种"嫩肤"、两种"亮眼"以及 3 种"组合"供选择。"姿态"下提供了小范围修改脸部姿态（朝向和俯仰）以及眼睛瞳孔大小、笑容程度、脸的胖瘦等功能。

Snapseed 提供了以下高级功能：

（1）美颜功能强，可以很方便地改变眼睛大小、笑容程度、脸的胖瘦等。

（2）可以局部调整。可以任意设置调整点，并对该调整点的覆盖范围、亮度、对比度、饱和度等进行调整，并且调整点可以精确定位。

（3）蒙版功能。

（4）能够处理 RAW 文件。

本书提供了一个 Snapseed 的使用教程，见"张老师教摄影"公众号（输入 snapd）。

第 11 章　相机与镜头

11.1　相机的基本原理

相机镜头的成像原理与凸透镜的成像原理相同。镜头就犹如一个组合凸透镜，在对焦后，会在焦平面上形成被摄体的影像。相机里的感光材料（图像传感器或者胶卷）的感光面就放置在这个焦平面上，因而能清晰地记录下影像。焦平面是指包含焦点且与透镜主轴垂直的平面。

用放大镜（凸透镜）把太阳光线汇聚到一张纸的一个点上，那么这一点上的纸就会烧焦。在光学上，把这一点称为焦点，而把焦点与透镜中心的距离称为焦距。镜头是由一组透镜组成的，可以将这组透镜合起来的效果看成是具有一个光学中心的（类似于透镜中心）的等效透镜，这个中心到焦点的距离就是焦距。

把数码相机简化成如图 4-2（P32）所示的基本结构，它由机身和镜头两部分构成，两者可以组成一个不可分割的整体（一体化相机），也可以是可拆分的。

11.2　相机的种类

11.2.1　按感光材料分类

根据所采用的感光材料不同，可以把相机分为以下两类：

（1）胶片相机。感光材料为胶片。
（2）数码相机（缩写 DC）。感光材料为图像传感器（CCD 或 CMOS）。

11.2.2　按体积大小分类

相机按体积大小可以分为 6 种，按从小到大的次序依次为卡片机、袖珍型相机、微单相机、135 单反相机、中画幅相机、大画幅相机。

◆ 卡片机

卡片机也称为口袋机，体积最小，跟香烟盒大小相近。

优点：小，便于携带，可放于衣服口袋中，而且价格适中。

缺点：画质较差，特别是在光线较弱时用高 ISO 值拍摄噪点很多，而且功能比较少。随着手机拍照质量的提高以及功能的增加，卡片机有被取代的趋势。

◆ 袖珍型相机

袖珍型数码相机体积比卡片机大，因此镜头口径以及感光材料的尺寸大一些，这使得它在功能和画质上都比口袋机强，而且仍保持体积较小、便于携带的优点。袖珍型相机还具有功能较强、使用方便、价格较低、性能价格比较高的优点。不过，与单反相机相比，它在功能和画质上仍有很大的差距。

这种相机是普通大众一般记录的较好选择，也可以作为摄影爱好者的低档入门机型。

在胶片时代，也有袖珍型胶片相机，不过现在已经几乎没有人使用了。

◆ 微单数码相机

微单是微型单反的简称。它是体积介于单

反相机和袖珍型相机之间的一种相机，既具有单反的特点——可以更换镜头，图像传感器尺寸较大，画质好，又具有袖珍型相机重量较轻、便于携带的优点。对于对轻便性和画质都有较高要求的拍摄者来说，是理想的机型。

也许有人会问，既然微单相机这么好，那为什么还要有单反相机呢？所以，必须指出一点，就是跟配有高级专业镜头的全画幅单反相比，普通微单的画质还是有一些差距的。因此，很多摄影爱好者还是会选高级单反相机。那么，如果全画幅微单也配上比较沉的高级专业镜头呢？这样，画质倒是差不多了，但其便携性的优势就不大了吧。

◆ 135 单反相机

单反相机是单镜头反光式相机（SLR）的简称，图 11-1 是其光学原理示意图。它装有一个反光镜和一个五棱镜，"反光式"体现在这块反光镜上，它使得取景和拍摄成像的光线都来自同一镜头。取景时，光线经过反光镜到五棱镜再到取景器；拍摄时，反光镜快速拉起，让光线照射到感光材料上，使其曝光。

虽然有的中画幅相机也采用单镜头反光式，但现在一般所说的"单反相机"都是指 135 单反相机。之所以称为"135"，是因为传统的 135 胶片相机用的是 35mm 宽的胶卷，这种叫法一直沿用至今。

单反相机的镜头和机身是可拆分的，因而可以更换镜头。这提供了极大的灵活性，通过更换镜头，可以获得不同的焦段以及不同的拍摄效果。单反相机的体积较大，一般要用摄影包携带，不太方便。但它具有功能强、画质很好的优点，特别是全画幅 135 单反，是高级摄影爱好者和专业人士的首选。

◆ 中画幅和大画幅相机

具体介绍见 P157。

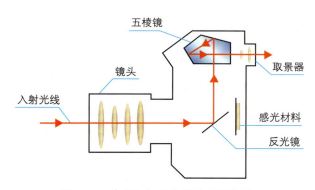

图 11-1　单反相机的光学原理示意图

11.2.3　按画幅分类

画幅是指相机中感光材料幅面的大小。对于胶片相机来说，是指底片影像区域的尺寸；对于数码相机来说，就是图像传感器（有效感光面积）的尺寸。按画幅从小到大，可以把相机分为 4 类：小型数码相机、单反相机、中画幅相机、大画幅相机。图 11-2（P156）对各种画幅的尺寸进行了对比。

◆ 小型数码相机

小型数码相机包括卡片机和袖珍型数码相机，其图像传感器的尺寸一般为 1/2.5、1/2、1/1.8 等，其对应的"长×宽"尺寸分别为：

- 1/2.5：5.4mm×4.2mm。
- 1/1.8：7.2mm×5.4mm。

从图 11-2 可以看出，这个尺寸是很小的，其面积大概只有 135 全画幅面积的 1/20。

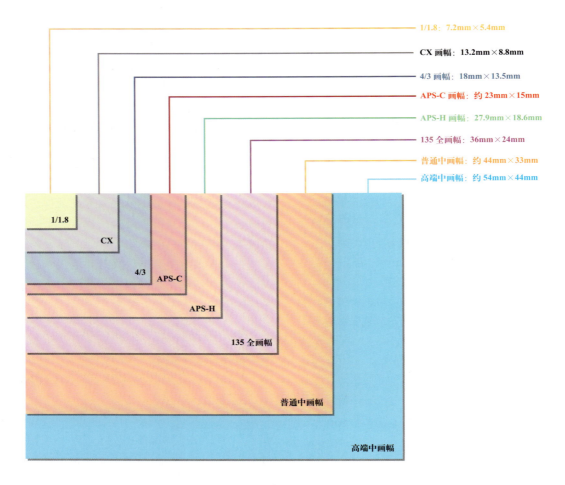

图 11-2　各种画幅的尺寸

◆ 135 画幅相机

1. 135 数码单反相机的画幅

135 胶片单反相机所使用胶卷的画幅为 36mm×24mm。

数码单反相机的画幅有以下几种（按从小到大排列）：

（1）CX 画幅：13.2mm×8.8mm。

Nikon 公司的 Nikon1 系列微单相机采用这种画幅。

（2）4/3 画幅：18mm×13.5mm。

4/3 画幅是由奥林巴斯、柯达和富士胶片公司联合制定的画幅标准，其中的 4/3 仅表示其长宽比为 4:3，而不是实际尺寸。

（3）APS-C 画幅。

APS 是 Advanced Photo System 的缩写，即先进摄影系统。它是 1996 年推出的，其胶卷的画幅有 3 种，其中 H 型的为满画幅，尺寸为 30.2mm×16.7mm（长宽比为 16:9），称为 APS-H 画幅；C 型为紧凑型，画幅为 24.9mm×16.7mm（长宽比为 3:2），称为 APS-C 画幅。APS 系统虽然是数码相机普及前的过渡产品，存在时间很短，但其画幅的名称却沿用至今，因为后来很多厂家的数码单反相机采用了近似的 APS-C 画幅，例如佳能的 22.3mm×14.9mm，尼康的 23.7mm×15.7mm 等，这些都称为 APS-C 画幅。

APS 的定位是业余消费市场。

（4）APS-H 画幅：27.9mm×18.6mm。

这是佳能 EOS 1D Mark Ⅳ 采用的画幅，接近 APS-H 胶卷的画幅。

（5）全画幅：36mm×24mm。

之所以称为全画幅，是因为它已经与 135 胶卷的画幅完全相同了。采用了这种画幅的相机被称为全画幅相机，而采用上面（1）到（4）的画幅的相机则被称为非全画幅（或截幅，残幅）相机。全画幅相机是很多专业人士的首选，也是业余摄影爱好者热望的。

APS-C 画幅的面积大约是全画幅面积的一半，所以 APS-C 画幅的相机也被称为"半画幅相机"或者"半格 135 相机"。由于大尺寸图像传感器的制造成本较高，因此与全画幅相比，半画幅相机的制造成本低很多。所以这类相机具有价格上的优势，很受普通摄影爱好者的欢迎。

2. 135 镜头的等效焦距

11.3 节 P158 中介绍的 135 镜头的焦距及其对应的视角大小是指在全画幅相机上的拍摄效果。如果把它们用到非全画幅相机上，其画面的视角范围就会变小，这是因为截幅（非全画幅）的画面相当于从全画幅的画面中截取了中间的一部分。因此，实际拍摄的画面相当于（全画幅）使用了更长焦距的镜头。这个更长的焦距被称为等效焦距，可用下式计算：

等效焦距＝换算系数 × 镜头的标称焦距

这里，标称焦距就是镜头上标的焦距。对于非全画幅相机来说，换算系数大于 1。不同的数码相机，如果其画幅的尺寸不完全相同，则其换算系数也是不同的。例如，同样是 APS-C 相机，佳能的换算系数是 1.6，而尼康的则是 1.5。

可以看出，对于非全画幅相机，变焦镜头的长焦端是被加强了（等效焦距更长），而广角端则是被削弱了（没么广了）。

◆ **中画幅相机**

中画幅相机的画幅介于 135 单反相机和大画幅相机之间。中画幅胶片相机也称为 120 相机，所使用的是 120 胶卷或 220 胶卷，其画幅主要有以下几种：

（1）56mm×56mm（近似地称为 6×6（单位为 cm，下同））：66 相机。

（2）56mm×42mm（近似地称为 6×4.5）：645 相机。

（3）56mm×67mm（近似地称为 6×7）：67 相机。

（4）56mm×84mm（近似地称为 6×9）：69 相机。

（5）56mm×112mm（近似地称为 6×12）：612 相机。

（6）56mm×168mm（近似地称为 6×17）：617 相机。

目前中画幅数码相机的画幅主要有以下两种：

（1）约 44mm×33mm。

这种画幅的定位是中低端中画幅数码相机。哈苏相机 X1D、H6D-50C、哈苏后背 CFV-50C 以及富士 GFX50s 相机的画幅为 43.8 mm×32.9mm，宾得 645Z 的为 43.8 mm×32.8mm。H5D-50 为 49.1 mm×36.7mm，H5D-50C 为 43.8 mm×32.9mm，莱卡 S2 的画幅为 45 mm×30mm。

（2）约 54mm×40mm。

这种画幅的定位是高端中画幅数码相机。已经采用这种尺寸的有：飞思后背的画幅为 53.7mm×40.4mm，哈苏 H6D-100C 相机的画幅为 53.4 mm×40.0mm，哈苏 H5D-60 相机的画幅为 53.7 mm×40.2mm。

一般来说，相机的画幅越大，画质就越好。对于数码相机来说，更大尺寸的图像传感器往往能获得更高的灵敏度、更高的动态范围以及更高的信噪比，从而使图像具有更好的层次、细节表现、画面纯净度以及曝光宽容度等。

与 135 相机相比，上述两种画幅的面积分别是 135 全画幅面积的 1.68 倍和 2.5 倍，而 66 相机的画幅更是达到 135 画幅的 3.63 倍。由于中画幅相机的画幅比 135 相机的大很多，所以拍出的照片画质非常好，可用于制作影像清晰的大幅、巨幅画面。但这种相机的价格往往很高，特别是高端中画幅数码相机，完整的一套下来（例如一机三头），价格高达四、五十万元。另外，其体积较大，也比较重，便携性比 135 相机差。中画幅相机主要由专业摄影师或者高级发烧友使用，适用于拍摄广告、大型风光画册等。

◆ 大画幅相机

大画幅相机也称为大型相机或散页片相机。它所使用的胶片是以张为单位的散页片。画幅有 4cm×5cm、8cm×10cm 等。由于这些画幅比中画幅大很多，因而所拍出的照片清晰度超高，画质极好，可用于制作超大画幅的广告、展画等。不过，这种相机体积大，操作繁杂，即使是专业摄影者也很少使用，一般是大画幅玩家使用。

11.2.4　按特殊用途分类

可以把下面几类相机称为专用相机。

◆ 全景相机

全景相机是指能拍摄很大画幅、表现整个大场景的相机。主要有以下几种。

（1）摇头机。摇头机工作时，能一边拍照一边向左（或向右）旋转，拍出一张宽幅的全景照。最多可旋转 360°。拍摄集体照时，可让人围成一圈，相机放在圆心处。

（2）具有全景拍摄模式的相机。现在很多相机具有全景拍摄模式。用这种相机拍摄时，在按下快门后（有的要求按住快门不放），让相机匀速地做水平方向的旋转运动（类似于摇头机），则相机会连续拍出很多张照片，然后在相机内自动拼接成一张宽幅照片。大部分智能手机也具有这一功能。

◆ 水下相机

水下相机是指用于水下拍摄的相机。它采用专门设计的防水机身和防水镜头，具有很高的密闭性和耐压性。水下拍摄还可以用普通的相机，装到特制的防水罩里就可以使用了。不过不太方便。

◆ 立体相机

立体相机装有两个镜头，拍摄同一景物（取景相同），得到两个视点的画面，就像人的两只眼睛看该景物一样。所拍的照片可以用专门的工具（例如立体眼镜）观看而得到立体效果。为了达到更好的效果，有的立体相机装有 3 个或更多个摄像头。

11.3　镜头

11.3.1　镜头的类型与特性

镜头是相机的一个重要部件。各式各样的镜头有什么作用？在不同的情况下应如何选用镜头？下面我们就来回答这些问题。

◆ 焦距与视角

不同焦距的镜头有不同的视野，135 相机（全画幅）镜头焦距与视角大小的关系如图 11-3（P159）所示。按焦距大小可把镜头划分为标准镜头、广角镜头、鱼眼镜头、中焦镜头、长焦镜头。

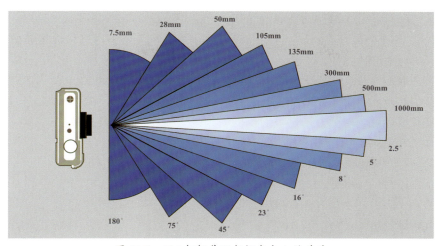

图 11-3　135 相机焦距与视角大小的关系

在上海外滩,用不同焦距拍摄陆家嘴的效果如图 11-4 所示。

对于给定的焦距,可以用以下公式来估算其大概的视角:

焦距 × 视角 ≈ 2300（当 50 ≤ 焦距 ≤ 200 时）
焦距 × 视角 ≈ 2100（当 24 ≤ 焦距 < 50 时）

其中,焦距按毫米取值,视角按度取值。

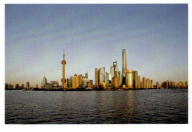
16mm

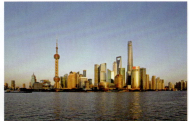
20mm

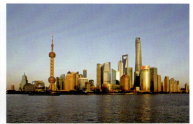
24mm

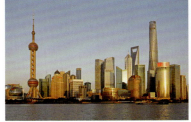
35mm

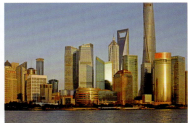
50mm

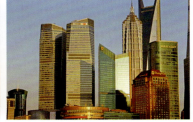
100mm

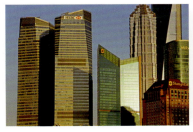
135mm

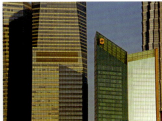
200mm

图 11-4　不同焦距镜头拍摄的画面　（机位和角度不变）　张晨曦 摄

◆ 不同焦距镜头的成像特点

1. 标准镜头

标准镜头是指视角与人眼视角（约 46°）大致相同的镜头。它的特点是焦距长度与相机画幅的对角线长度相近。对于不同画幅的相机来说，标准镜头的焦距是不同的。

（1）全画幅 135 相机：画幅为 24mm×36mm，标准镜头的焦距是 50mm。

（2）120 相机：画幅为 56mm×56mm，标准镜头的焦距是 80mm。

标准镜头的成像特点如下：

（1）与人眼看到的一致，真实、自然。

（2）所拍的人物和景物不会变形，很适合拍人像。

（3）平淡无奇，拍风光等用得较少。

P208 的图 15-1 是用标准镜头拍的。

2. 广角镜头

广角镜头是指视角比人眼视角大很多的镜头。在 135 相机中，焦距为 24～35mm 的镜头称为普通广角镜头，其视角为 60°～90°。焦距为 16～20mm 的镜头，称为超广角镜头，其视角在 100°以上（图 11-5）。

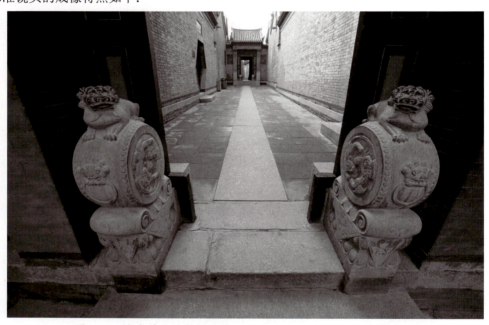

图 11-5　广角镜头的拍摄效果　（f/8，16mm）　　张晨曦 摄

广角镜头的成像特点如下：

（1）视角大，有利于表现大场景，加强宽广无限的感觉，能拍出人眼平时看不到的宽阔宏伟的画面，并且有利于近距离拍摄高大宽广的景观，拍风光时常用。但广角镜头特别是超广角镜头不易驾驭，由于取景很广，容易拍出包罗万象、画面比较杂乱的照片。

（2）景深大，能把从近到远的所有景物都清晰地表现在画面上。

（3）夸张地改变透视关系，使得景物的近大远小的对比更加强烈。

（4）会出现画面中景物变形失真的情况，特别是在画面的边缘以及仰拍和俯拍的时候。

3. 长焦镜头

长焦镜头也称远摄镜头。它是指焦距比较长、视角较小的镜头，视角在 5°～25°之间。在 135 相机中，一般是指焦距在 135mm 以上的镜头。而焦距为 70～100mm 的镜头称为中焦镜头。图 11-6（P161）是长焦镜头的拍摄效果。

长焦镜头的成像特点如下：

（1）视角小，能把远处的景物"拉近"，获得较大的影像而又不干扰被摄对象。

（2）景深小，有利于虚化背景，加强虚实对比。

（3）能压缩画面的纵深透视感。

（4）影像变形小。

4. 鱼眼镜头

鱼眼镜头是一种极端的超广角镜头，其视角在 180°左右。它的最前端透镜呈圆球形向外凸出，有些像鱼的眼睛，故称鱼眼镜头。鱼眼镜头利用镜头的畸变来获得极大的视角，拍出来的照片是圆形的，能使景物的透视感得到极大的夸张。这种镜头有时能拍出很好的特殊效果（图 11-7 和图 11-8）。

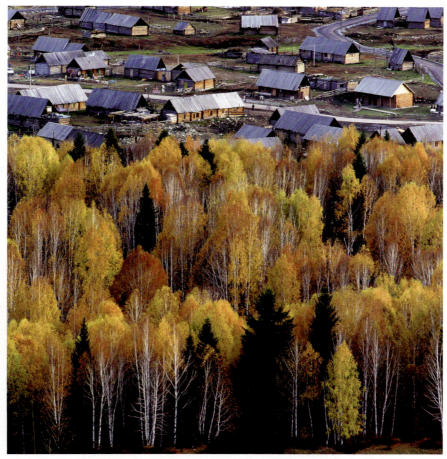

图 11-6　长焦镜头的拍摄效果　（f/22，中画幅 360mm）　张晨曦 摄

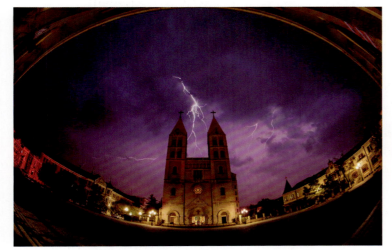

图 11-7　鱼眼镜头的拍摄效果　（30s，14mm）师造化 摄

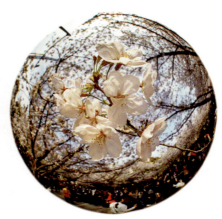

图 11-8　鱼眼镜头拍的樱花（8mm）张晨曦 摄

5. 微距镜头

微距镜头是指微距专用镜头或者是带有微距功能的镜头（标有 Macro 或者一朵小花）。它们可用以很近的距离（例如十几厘米，所以称为微距）拍摄微小的东西，例如邮票、硬币、花蕊、昆虫等，在画面中获得很大的影像（例如与实物 1:1 的大小）。图 11-9 是微距镜头的拍摄效果。

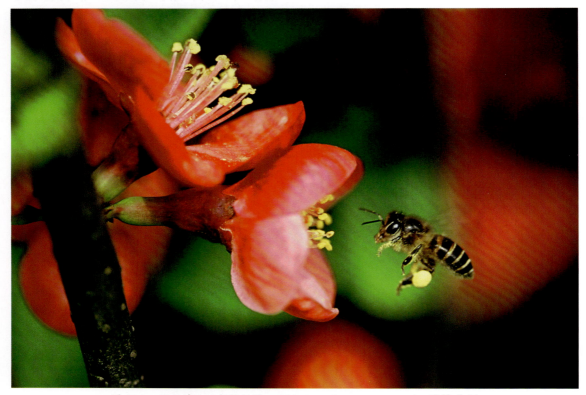

图 11-9　微距镜头的拍摄效果　（f/2.8，1/1000s，100mm）　张晨曦 摄

6. 移轴镜头

移轴镜头也称透视调整镜头，是用于调整影像透视效果或景深效果的特殊镜头。常用于建筑摄影和广告摄影。不同的厂家分别用 PC、TS 或 Shift 来表示这类镜头。这种镜头的光轴可以进行平移、倾斜或旋转的调节（所以称为移轴）。调节时机身和焦平面位置保持不变。

用这种镜头近距离拍摄高大建筑时，能拍出垂直线相互平行、不向上汇聚的效果。是建筑摄影和城市风光摄影的主力镜头。该镜头还可以用于在大光圈时获得较大的景深。

7. 折返镜头

折返镜头又称反射式镜头，是一种结构特殊的超远摄镜头，焦距一般在 500mm 及以上。与焦距相同的常规结构的长焦镜头相比，其优点是镜头短一半左右，重量也轻很多，所以能方便地手持拍摄，而且价格上也低很多。另外，用它拍摄时，景深外的高光点往往会产生"甜甜圈"的光斑，效果独特，有时会很漂亮。所以，有些人爱用它来拍荷花。

其主要缺点有两个：一个是虽然现在的折返镜头成像质量已经很不错了，但还是不如同等的常规结构镜头；另一个是其光圈是固定的，不能调整光圈大小，因此无法对景深进行控制，也不能用速度优先拍摄模式。

之所以称为折返镜头，是因为它利用了光线的折返原理。光线进入镜头后，不是直达感光材料，而是在镜头桶里经过两次反射（折回）后才到达感光材料。

11.3.2 定焦与变焦镜头

焦距固定不变的镜头称为定焦镜头，而焦距可以在一个范围内调节变化的镜头则称为变焦镜头。

定焦镜头的优点是成像质量一般比变焦镜头好（同档次的前提下），或者价格比较便宜（同等成像质量的前提下），但使用非常麻烦（换镜头），而且往往需要配置多支镜头。变焦镜头则使用非常灵活方便，而且一只镜头就能满足很多情况的拍摄需求。随着变焦镜头成像质量的提高，现在大部分拍摄者采用变焦镜头。变焦镜头常用的焦段有 11～24mm、16～35mm、24～70mm、24～105mm、70～200mm、100～400mm 等。

11.3.3 镜头的口径

镜头的口径又称有效孔径，是指镜头的最大进光孔的直径，也就是镜头的最大光圈的直径。它是用最大光孔直径与焦距的比值来表示的。例如，对于焦距为 50mm 的镜头来说，如果其最大光孔直径为 35mm，因为 35:50=1:1.4，所以用 1:1.4 来表示该镜头的口径。显然，这个比值越大，表示镜头的口径越大。

11.3.4 镜头的最佳光圈

镜头的最佳光圈是指当采用该光圈时，镜头的成像质量最好。各种镜头的最佳光圈 F 值各不相同，一般在 f/5.6 到 f/11 之间。所以，从画质来看，应尽量采用这个区间的光圈。

由于光通过小孔会有衍射效应，所以当采用小光圈时，相机的成像画质会有所下降。而且光圈越小，图像分辨率就越低，画质就越软。图 11-10 是佳能 EF70-200 f/4L 镜头在不同光圈下用 200mm 端拍摄树叶的效果（放大到 100%）。可以看出，当光圈从 f/8 缩小到 f/32 时，分辨率下降得非常厉害。你以后还敢用最小光圈吗？（笔者十多年前经常用，无知无畏。）

然而，我们知道，光圈大小还决定着照片的景深。有时，必须要大景深，那怎么办呢？P57 中介绍的超焦距和景深合成可以用来解决问题。当然，如果嫌景深合成太麻烦，对画质也不是要求特高，采用小光圈和超焦距后景深能满足要求的话，不用景深合成也可以对付，就看你自己如何权衡了。

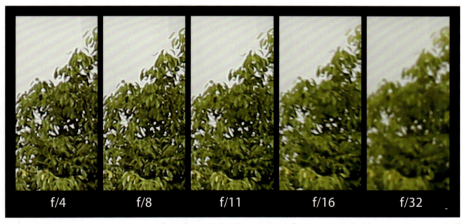

图 11-10　佳能 EF70-200mm f/4L 镜头在不同光圈下的分辨率　　（放大到 100%）　　张晨曦 摄

第 12 章　摄影辅助器材

除了机身、镜头外，摄影还会用到一些辅助器材，简称附件。附件种类繁多，主要的有相机包、UV 镜或保护镜、镜头笔和麂皮、快门线和遥控器、滤光镜、三脚架、闪光灯等。本章对它们作简单介绍。

常用的配件是一定要买的，它们对于保护相机和提高影像质量有重要作用。

12.1　必备附件

◆ 相机包

相机包要能装得下常用的相机、镜头和配件，并且稍微留些余量，以便以后增加器材。建议购买品牌好的相机包，它们往往能用好几年，甚至一二十年。建议购置双肩包，因为长时间背单肩包会很累，而且容易滑下来，很不方便。

◆ UV 镜或保护镜

UV 镜或保护镜在保护镜头方面是极其重要的，可以永久性地装在镜头前端，不要摘下。因此笔者认为一定要购买，而且建议买了相机后马上就要买。当然，不建议在买相机的时候现场就在店里买。经不起商家的推销，容易买贵了。在网上买更便宜。要买好品牌、多层镀膜的，千万不要购买低档的，否则会降低照片的画质。B+W、卡色、肯高等很多品牌都不错。

由于在透光率上保护镜一般比 UV 镜要高一些，而且图像传感器对于紫外线也不太敏感，所以对于数码相机来说，配一个保护镜更好。另外，保护镜的镀膜也往往比较耐磨，更经得住清理。

要购买与自己镜头相同口径的 UV 镜或保护镜，其他圆形滤镜也是如此。

◆ 吹气球、镜头笔和麂皮

吹气球、镜头笔和麂皮很好用，建议要买。而且一定要买好的（麂皮就几块、十几块钱）。不建议使用镜头清洁水，因为容易把镜头或滤镜涂得一团糟。另外，初学者一定要注意，不要自己去擦拭镜头，镜头上有点灰尘没关系，一般用吹气球吹吹即可。即使要擦，也要找有经验的人或维修点的师傅帮擦。擦好后用保护镜保护好。有的初学者因没经验，越擦越糟糕，结果把镜头擦"花"了（镀膜坏了）。如果非要自己擦拭镜头，那么一定要用高级的镜头笔。

笔者的镜头用了 10 多年都不擦的，UV 镜倒是经常擦。擦拭圆形 UV 镜、偏振镜等各种滤镜的方法如下：

（1）先用镜头笔的毛刷和吹气球除去滤镜表面的灰尘等，以免后面擦拭造成划痕。

（2）往镜面上哈口气，然后把麂皮揪起一个角，沿图 12-1（P165）所示的螺旋线轨迹擦拭镜片，直到镜片周边为止。反复进行这种操作，直到镜片干净透亮。

用镜头笔、镜头纸擦拭滤镜的方法同上。有时，手头上没有上述东西，甚至可以用干净的餐巾纸或者手绢来擦拭滤镜（镜头不行）。方法同上。

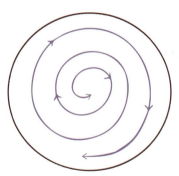

图 12-1　擦拭圆镜片的轨迹

◆ **快门线或遥控器**

快门线是一种用于控制快门的控制线。拍摄中，当用手指按下快门时，多少总会使相机产生抖动，容易造成影像模糊。快门线就是用来避免这种抖动的，通过在快门线的控制端按按钮就可以控制快门。它一般与三脚架配套使用。

快门线具有"锁定快门"的功能，即相当于一直按住快门。当相机设置为 B 门曝光模式时，按下快门线按钮并锁定，相机就一直处于曝光状态，直到你解锁按钮（结束曝光）。这可用于实现长时间曝光。在相机设置为连拍模式（且不是 B 门）的情况下，该功能还可用于实现自动连拍。

现在的快门线一般都提供了很强的控制功能，包括可以设置起始延迟时间、曝光时间、间隔时间、拍摄张数等。启动后，快门线将自动控制相机按设定进行操作。

关于快门线的使用方法，见"张老师教摄影"公众号（输入 kmx）。

快门无线遥控器的作用与快门线类似，只是它不用连线，是靠无线电来传输控制信号的，而且可以实现较远距离的控制（例如 100m 以上）。

如果没有快门线或者遥控器，可用自拍的方法避免手按快门造成的抖动，因为自拍是在按下快门按钮后若干秒才启动快门。当然，如果要进行抓拍，这种方法就不灵了。

◆ **偏振镜**

偏振镜又称偏光镜。现在常用的都是圆形偏振镜，简称 CPL 镜。偏振镜的作用如下：

（1）消除或减弱非金属表面（例如水面、植物、玻璃、瓷器等表面）的反光。这一点非常有用。其使用效果对比见图 12-2。有人说不需要使用偏振镜，后期处理就可以解决问题，这完全是误导。就拿图 12-2 来说，根本无法由图 12-2（a）完美地修出图 12-2（b）。

（2）压暗、加深蓝天，使蓝天白云的效果更加突出。

（3）增强树林、山脉、远景的通透度和色彩饱和度。

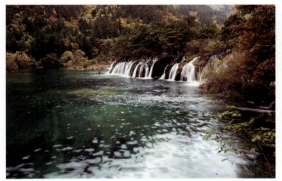

（a）未用偏振镜

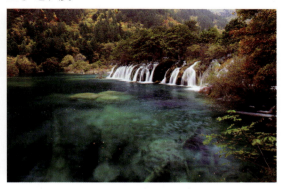

（b）用了偏振镜

图 12-2　用偏振镜消除水面反光　（f/8）　张晨曦 摄

偏振镜是安装在镜头前端使用的，它由内外两个镜片组装而成，旋转外圈镜片，可改变其作用效果。可以边旋转边在取景器中观察效果，直到满意为止。注意要按与安装偏振镜相同的方向旋转外圈镜片，否则偏振镜有掉落的危险。

12.2 滤光镜

滤光镜是安装在镜头前端的一种镜片，对进入镜头的光线起某种过滤的作用。除了上面介绍的偏振镜，还有很多种滤光镜，下面只介绍几种常用的。

◆ 中灰密度镜

中灰密度镜又称减光镜、灰色滤镜、中灰滤镜、ND（Neutral Density）滤镜，是一块密度均匀的镜片，其作用是减少进入镜头的光，并且不改变光的颜色（因为它是灰色的）。不同的密度由 ND 后面的数字来表示，例如，NDn 表示可以把光减少到原来的 $1/n$，即减光 $\log_2 n$ 挡。例如，ND8、ND64、ND1000 分别表示减光 3 挡、6 挡、10 挡。

减光镜主要用在以下情况。

（1）想要采用慢速快门或长时间曝光。例如要把瀑布拍成丝滑牛奶状，把海边的海水拍成雾化效果，或者在大白天拍街景，同时又希望不留下行人影像等。可以用高密度的减光镜来大幅度地增加曝光时间，例如增加到 30s 或更长。要根据希望达到的曝光时间来选择不同挡的减光镜。

（2）在光线较好的情况下，想要采用大光圈。

【提示】

使用挡数较高（如 8 挡、10 挡及以上）的减光镜时，自动对焦和自动曝光可能会失效。这时，应该把拍摄模式改为 M 挡，手动设置曝光参数，详见 P51。

◆ 中灰渐变镜

中灰渐变镜简称渐变镜或 GND（Gradual Neutral Density）滤镜。它一半透明，另一半为灰色密度渐变，中间有个渐变过渡区域，如图 12-3 左图所示。其作用是通过渐变来部分减少进入镜头的光，来均衡画面中不同区域的亮度，减少它们之间的反差。

中灰渐变镜在风光摄影中用处很大。当拍摄的画面中有天空时，天空的亮度经常会比地面的亮度高好几挡（特别是在拍日出、日落时），这时拍出的照片，不是天空严重过曝（若按地面曝光），就是地面严重欠曝（若按天空曝光）。在镜头前加了合适的中灰渐变镜后，就能使得画面中天空和地面的亮度比较均衡，从而都能得到很好的表现。例如，拍图 2-21（P18）用了 3 挡的中灰渐变镜。

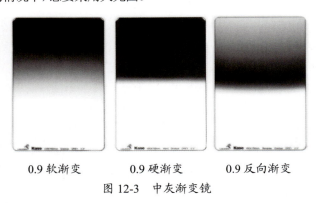

0.9 软渐变　　0.9 硬渐变　　0.9 反向渐变

图 12-3　中灰渐变镜

在渐变形式上，中灰渐变镜分为软渐变和硬渐变。软渐变的中间过渡区域比较大，而硬渐变则很小。另外，还有一种中灰渐变镜，叫反向渐变镜，其上的密度渐变方向与上述渐变镜正好相反。在形状上，中灰渐变镜有两种：矩形和圆形。矩形的好处是镜片装在支架上可以上下移动，因而可以灵活地调整渐变分界线的位置，而且可以多只镜头共用一块滤镜。缺点是要采用组合支架，使用比较麻烦。

中灰渐变镜也有不同的密度，也是按减光的挡数（按最大密度区域计算）来标称的。有时也用数字来表示，例如用 0.3、0.6、0.9 和 1.2 分别表示 1 挡、2 挡、3 挡和 4 挡。图 12-3（P166）是卡色的 3 种 0.9 渐变镜。在曝光控制方面，对于单反相机，采用机内自动测光即可。如果是用独立测光表进行测光，则应根据对透明区域测光的结果来设置参数。

此外，还有其他颜色的渐变镜，如渐变蓝、渐变红等。它与中灰渐变镜类似，只是颜色不同，用得比较少。

◆ **柔光镜**

柔光镜的作用是使被摄体的轮廓柔化，反差降低，产生光润的"柔光"效果，带来一种朦胧的美。它在风光摄影、人像摄影和花卉摄影中运用较多。

焦距越长，光圈越大，柔化效果就越好。在强光下拍摄，柔化效果更好。

◆ **近摄镜**

近摄镜无色透明，是一种凸透镜。其作用是缩短最小拍摄距离，即使得镜头可以更靠近被摄体，从而获得更大的影像。它主要用于拍摄花卉、昆虫、静物等，是实现微距摄影的手段之一，且成本很低。

12.3 三脚架

三脚架也是一种常用的辅助器材，其作用是构成一个稳定的架子，牢牢地固定照相机，以满足一些特殊的拍摄需要，例如长时间曝光（拍夜景、星空等），延时摄影，或者对影像清晰度有很高要求等。有人认为，专业拍摄风光片，即使光线良好，为保证清晰度，也应该使用三脚架。

三脚架种类很多，其主要区别有展开后的最大高度、收起后的最低高度、稳定性、最大承重量、自重、制作材料等。在制作材料上，有高强塑料、合金材料、碳素纤维等。以碳素纤维最为轻便。

选购三脚架，要根据照相机的大小、需要的高度、三脚架的稳定性、最大承重量、自重、准备投入多少资金来选择。一般来说，同一系列产品，三脚架越大，脚管越粗，就越稳定，其最大承重量也越大。在相同稳定性和承重量的前提下，碳素纤维三脚架的自重要轻很多。所以有人说："多花钱省力气，多花力气省钱"，意思是说，想多花钱就买轻便的碳素纤维三脚架，想少花钱就买比较沉的合金的，都可以解决问题，只是后者扛起来比较费力气。

选购三脚架其实还有一点要重点考虑，就是三脚架是否有中轴。中轴的好处是可以升起，以获得更高的高度。但是，它却会让你的相机低不下去，被中轴的高度限制死了（最低低不过中轴的高度）。如果你经常要用到低机位，那么就最好买没有中轴或者中轴可以现场拆卸的。

好的三脚架往往经久耐用，用上十年还依旧结实稳定。而差的三脚架虽然便宜，但用不了多久就不稳了。因此建议不要买便宜的，至少也要买个中档的。较好的品牌有捷信、RRS、金钟、曼富图、百诺等。

三脚架的使用离不开云台。云台是用来连接相机和三脚架的装置，并且提供全方位变换相机拍摄角度的功能。常用的云台有三维云台和球形云台两种，后者使用最灵活方便，而且体积也比较小，所以一般建议采用球形云台。

此外，还有一种单腿的脚架，叫单脚架。虽然携带和使用更方便，但功能还是远不如三脚架。

12.4 闪光灯

现在的闪光灯全称为"电子闪光灯"。电子闪光灯的发光具有四大特征：发光强度很大，发光持续时间极短，发光色温与日光相同（约为 5500K），发光性质属于冷光型。这使得它成为一种使用非常方便的摄影照明光源，得到了广泛的应用。

闪光灯的主要参数有发光强度（即功率的大小）、照射角度、发光时间、发光色温。

闪光灯有内装式和独立式两大类。内装式内置于相机，独立式可以插接到相机的热靴上或者外接使用。下面只介绍独立式闪光灯。

◆ 闪光指数

闪光指数缩写为 GN。它用于标定闪光灯的发光强度。GN 的计算公式为

GN= 光圈 F 值 × 有效闪光距离（ISO 值为 100）

例如，如果闪光灯的 GN 为 36，用 f/4 光圈，ISO 值为 100，则有效闪光距离为：36/4 = 9m。

◆ 光向和光角

对于中功率及以上的独立式闪光灯来说，闪光方向（简称光向）是否可调节是购买时要考虑的重要指标之一。闪光方向可调的目的是为了能方便地进行反射闪光拍摄，即通过把闪光打向天花板和后面或侧面的墙壁，利用其反射光为被摄主体照明。这样做的好处是可以获得比较柔和的光照效果，并避免在主体后面产生难看的阴影。最好是闪光灯的灯头不仅能上下转动，而且还能左右转动。

在利用闪光灯进行反射闪光拍摄时，要确保反光能覆盖被摄场景。这可以通过预估和试拍来完成，即先通过预估进行设置，然后试拍，并通过观看实拍效果再进行调整。

◆ 发光时间与同步

现在的电子闪光灯的发光时间大多为 1/5000 ～ 1/1000s。拍摄时，所使用的快门速度要与此相配合，才能保证整个画面能正常曝光。

闪光同步简单来说就是快门打开的时间要覆盖闪光灯发光的持续时间。否则就会出现画面所感受到的闪光量不足，或者只有部分画面受到闪光的问题。这称为闪光不同步。有的照相机有快门速度转盘，其上一般都标有闪光同步的速度。只有用这个速度或更慢的快门速度，才能保证在用闪光灯时能拍出正常的画面。

有的闪光灯有高速同步开关，打开它，就能用较高速的快门速度进行闪光拍摄。

◆ 前帘同步与后帘同步

前帘同步即普通的慢速同步，在按下快门的瞬间就立即闪光。闪光是随着第一片快门幕帘运动至画面全露出的瞬间发出。

后帘同步又称第二帘同步，它是在按下快门时不闪光，而是要等到第二幕帘即将启动的瞬间发出闪光。

采用前帘同步，使用慢门速度拍摄动体时，结果是虚像在前，实像在后（运动方向上的前后）。而若采用后帘同步，则是实像在前，虚像在后。显然，后帘同步的效果更接近现实中人们的感受。

◆ TTL 自动闪光

现在很多的闪光灯都具有 TTL-OTF 自动闪光功能，能根据拍摄现场的情况自动控制闪光强度，而不需要人工调整。TTL-OTF 是英文 Through The Lens-Off The Film 的缩写，即通过测量"通过镜头到达胶片平面并由胶片平面反射的光"的多少来控制闪光量。在这种模式下，在闪光的瞬间，被摄体的光线（反映被照明的情况）穿过镜头到达胶片平面。照相机内的测光元件测量从胶片上反射的光线，一旦发现已经满足了曝光的需要，就立即中止闪光输出。

这些全都是自动实现的。

TTL 自动闪光灯使用灵活方便，曝光准确，深受拍摄者的喜欢。不过其价格比较高。

12.5 其他附件

◆ 反光板

反光板对于拍人像、花卉、静物等有很大用处，用于补光。建议买那种可折叠的圆形或椭圆形多色（金、银、黑、白）套装，既便于携带，又有各种颜色，价格也不高。可以根据实际需要购买不同大小的（例如直径 50～100cm）。

◆ 防雨罩

相机及相机包的防雨罩在雨天拍摄及拍摄瀑布时都非常重要，建议购买。

◆ 近摄皮腔和近摄接圈

近摄皮腔和近摄接圈都是近摄设备，而且都放在镜头和机身之间，用于增加像距，从而达到近摄的目的。

近摄皮腔中一般无镜片，可灵活伸缩，因而使用很方便，操控性很好，但价格较贵，体积也较大，携带不便。

近摄接圈不能伸缩，长度固定。因此往往需要一套不同长度（用编号区分）的接圈。例如 7mm（1 号）、14mm（2 号）和 25mm（3 号）。它们可以独立使用，也可以串接使用。其各种组合可以拼接出固定的 7 种长度。近摄接圈的优点是价格适中，体积小，重量轻，便于携带。

◆ 独立测光表

独立测光表一般是手持的，其作用是对被摄体某个部位的光线强弱进行测量，同时给出曝光的快门速度-光圈参数组合（需先设定 ISO 值）。现在的测光表一般都是既可以测入射光，又可以测反射光。当要测量被摄体某个部位所接收到的光线强度时，应采用测入射光模式。只要把测光表的半透明球状受光器放到该部位，就可以读出测量结果。而当要测量被摄体上某处的反射光强度时，就应该采用测反射光模式，这时应该用测光表上的瞄准器瞄准该处（可以在几米、几十米甚至几百米之外）进行测量。

测光表具有比照相机的内测光系统精确得多的测光能力。它可以测量到 1/10 挡光圈的光线变化，测量角度可以小到 1°。所以，如果想非常精确地进行测光，或者相机没有内测光系统（例如有些中画幅或大画幅相机），那么就需要一个独立测光表。

第 13 章　风 光 摄 影

　　风光摄影又叫风景摄影，是以大自然风光为主题的摄影。风光摄影的题材很多，包括太阳、山峦、云雾、田园、草原、沙漠、森林、江河湖海、瀑布、冰雪、星野以及人造景观等（例如图 13-1 和图 13-2）。随着摄影的普及以及旅游业的发展，除了摄影师的风光摄影以外，越来越多的摄影爱好者加入到了风光摄影的队伍中。

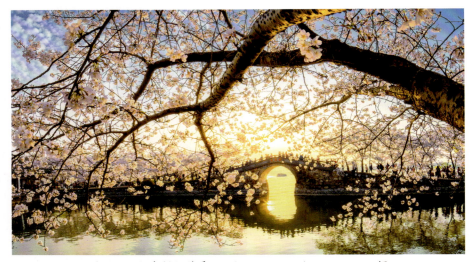

图 13-1　长春桥樱花季　（f/11，8mm）　　Himmly 摄

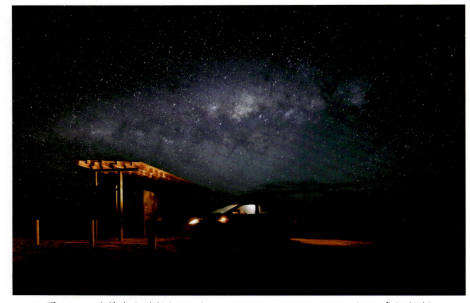

图 13-2　哈特湖上的银河　（f/4，30s，ISO 3200，17mm）　詹姆斯 摄

13.1 拍出不一样的作品

为了拍出更好的风光摄影作品，我们需要找到 不一样的风景 或 全新的视角，或者 采用全新的表现手法。

13.1.1 不一样的风景

由于拍摄的出发点或者目的不同，不同的拍摄者所看到的风景往往是不一样的，因而拍出来的照片大相径庭。

◆ **旅游者眼中的风景**

旅游者受时间的限制，最多也就是到经典的景点，站在经典的位置，从普通（大众化）的视角看看，拍几张就走。他们所拍到的风景往往不是最美的，因为最美的风景一般是出现在日出和日落的前后，甚至是在特殊天气前后，而这个时候旅游者往往还没有出发或者已经返回驻地，也没有时间来等好天气和好光线。旅游照片视角差不多也是相同的，因而产生了大量同质化的风景标准照。这样拍风景不能算是风光摄影。

◆ **摄影爱好者眼中的风景**

摄影爱好者就不同了，他们往往会耐心等好天气和好光线，也会尽最大努力去拍摄好照片，例如会试图寻找新的视角，会利用三脚架。虽然国内很多景点已经被"拍滥"了，网上可以搜出大把大把雷同的片子，但对于每一个爱好者个体来说，拍一张漂亮的、明信片式的照片也是很有意义的。首先，这是拍摄者自己的作品，他对这个景点也许还是首次拍摄，是全新的创作；其次，拍出来的照片可以与朋友分享，可以挂在厅堂中，还可以出自己的旅游摄影画册等。如果运气够好，能遇上好的气象，就有可能拍出与别人不一样的风光片了。

很多人说，风光摄影是"靠天吃饭"或者是"拼人品"，这虽然是句玩笑话，但至少说明了天气在风光摄影中是极其重要的。因此要拍出好的风光片，除了要找到好景色，还要有足够的时间和耐心去等待最美的天气和光线的出现。有人说"风光摄影是等待的艺术"，也是有一定道理的。在给定场景和机位的前提下，有变化的就是天气和光线了。也许你要问，为什么是给定的场景和机位？这是因为在很多经典景点，机位就那么几个，别无选择。如果换别的位置，取景就没那么好了。

在拍摄时间上，早上和傍晚往往是最佳的拍摄时间，拍摄者经常要早出晚归（例如 P172 图 13-3）。所以 风光摄影还是蛮拼体力的呢。

◆ **摄影师心中的风景**

摄影师和有较高追求的爱好者则更进一步，往往要求自己拍出来的作品要与众不同。认为 风光摄影不仅仅是客观地表现被摄景物，更重要的是表达自己对这个场景的主观感受。对于相同的场景，不同的摄影师往往有不同的视角。优秀的摄影师一定会积极主动地寻找那些最能打动他（她）的、前人没有拍摄过的视角。如果坚持从每一个摄影师自己独特的视角拍摄，那么哪怕几个人在同一地点肩并肩拍摄，大多数情况下也能避免雷同的画面[1]。

---

1 引自著名美国华裔风光摄影师云漫的《极致之美——云漫的风光摄影手记》，电子工业出版社，2017 年。

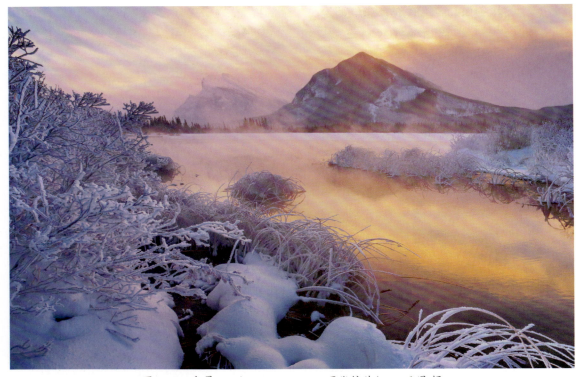

图 13-3　冬晨　（f/16，1/15s，两张接片）　云漫 摄

13.1.2　如何拍出有新意的风光作品

为了拍出与众不同的风光作品，可以从以下几个方面入手。

◆ 寻找没人拍过的风景

如果能找到没人拍过的风景，那么拍出来的照片肯定是独一无二的。但是，随着国内美丽风光景区和景点的开发，发现全新的美景已经越来越困难了。如果说十多年前，像福建霞浦、东北雪乡、新疆白哈巴和禾木这些地方的风光片还有点新鲜感的话，现在已经是被彻底"拍滥"了。这些景区的照片已经达到了"图满为患"的程度。到了最佳拍摄季节，这些景区到处熙熙攘攘。当然，这些地方的风景确实很美，没去过的话，去游摄一趟，仍然是很多摄影爱好者的愿望。

也许，可以做的，是在普通的场景中发现美，拍出好作品。但这实际上难度更大，要求拍摄者具有极高的艺术修养和独特的观察和提炼能力。

◆ 寻找全新的视角

找到全新的视角，也许就是成功的一半了。只要在构图、表现技法以及拍摄技术上没有失误，就能拍出与众不同的作品。

当然，要找到全新的视角也是非常困难的，尤其是对于那些最佳拍摄机位就那么几个的旅游景点（所以也是最难拍的）。因此，想当优秀的摄影师并不是一件容易的事情。

尽管如此，为了拍出好的风光摄影作品，或者为了提高自己的风光摄影水平，每个拍摄者，不管是爱好者还是摄影师，都应该牢记一点，就是要竭尽全力去寻找全新的视角，哪怕是成千上万人拍过的风景。

下面举 4 个例子。

1.《黄果树瀑布》（摄影：张晨曦）

笔者在十多年前拍的黄果树瀑布（P7 图 2-1），在视角上还是与众不同的。由于是用 120 哈苏相机拍的，所以画幅是正方形，画面取景比大众化的横幅长方形拍法要大，多出了下面的部分，即前景的岩石及其旁边的动感水流（形成动与静的对比）。这是这幅作品的独到之处。动感水流不仅弥补了中等距离拍摄的不足（不够壮观），而且更好地表现了瀑布的优美形态，并会把视线引向中景以及后面的主体瀑布，增加了画面的纵深空间感，提高了画面的表现力。

2.《泰姬陵》（摄影：水冬青）

印度泰姬陵的照片，大家可能已经见过很多那种经典的标准照：上下左右都对称的带倒影的正面照（不过确实百看不厌）。如何拍出新意呢？风光摄影师水冬青进行了很好的尝试，从多个角度拍摄了一组很美的照片，如图 13-4 所示。

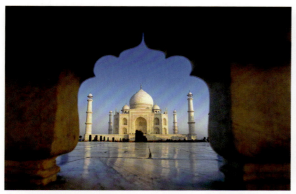
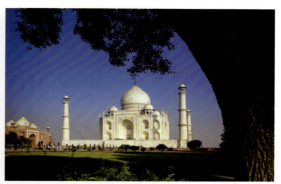
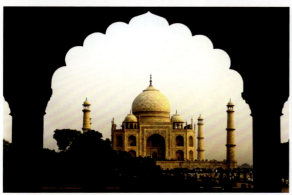
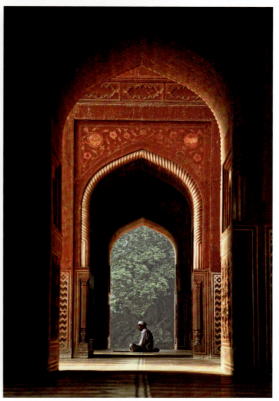
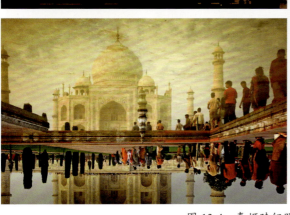

图 13-4　泰姬陵组照　　水冬青 摄

3.《晨曦中的布达拉宫》（摄影：张晨曦）

还是十多年前，某个冬天，笔者独自去了拉萨。虔诚地绕布达拉宫转经一圈后，笔者琢磨着如何拍一张视角与众不同的布达拉宫，于是站在宫殿前构思了一个画面。第二天凌晨，打的到拉萨河对岸，摸黑爬到了布达拉宫对面的一个山头上，等了两个小时。当早晨金色的阳光照亮整座宫殿时，顿时觉得精神得到了升华，感觉仿佛升到了天宫里，在心里做了百千次的敬拜。笔者吸了口干冷的空气，镇住自己，赶紧按下快门（P8 图 2-2）。

4.《相伴》（摄影：张晨曦）

这幅作品（图 13-5）摄于吉林市雾凇岛。本来是去拍雾凇的，但那天没有。看到东面的粉紫色天空很迷人，笔者赶紧跑到早已关注的两棵树前。在孤寂的天空下，它们日夜相伴，一起见证了一个又一个日出，在这粉色的幕帘前面，愈发显得浪漫。

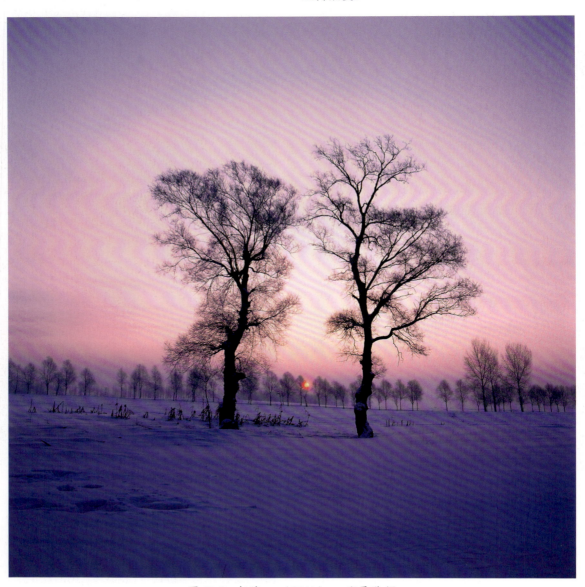

图 13-5 相伴 （f/11） 张晨曦摄

◆ 采用全新的表现手法

如果就是要拍众人熟知的景点风光，又找不到全新的视角，但又想拍出有新意的佳作，就得在表现手法上有创新。下面举 3 个例子。

1.《午夜邂逅》（摄影：云漫）

美国黄石公园的间歇泉很有名气，照片也多如牛毛。但绝大多数都是实景记录，称不上摄影作品。云漫老师决定另辟蹊径，拍摄璀璨星空下的喷泉，来表达一种神秘的气氛。经过大量的调研、认真的计划以及拍摄位置的选择与踩点，在午夜时分，在喷泉喷发的时候，他用娴熟的技术成功地拍下了这幅作品（图 13-6）。

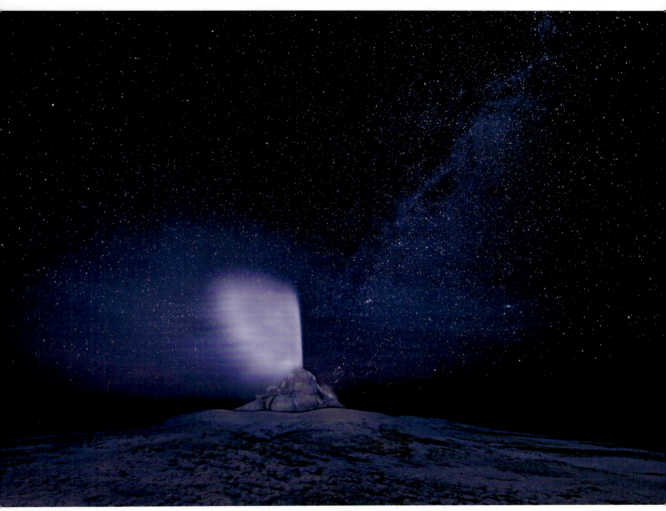

图 13-6　午夜邂逅　（14～24mm，3 张曝光合成，手电筒扫描地面补光）　云漫 摄

2.《奥林匹克的光辉》（摄影：云漫）

这幅作品（P176 图 13-7）的创意笔者特别喜欢，太妙了！被摄场景是一片很普通的树林，阳光穿过树林投射下来，除了能拍星芒之外，没任何特别的。但是，当他在镜头的左上角哈了一口气之后，奇迹出现了，阳光照射在雾气上，形成了一道佛光般的圆形彩虹。他采用了 f/22 的小光圈，以得到更细更长的星芒。

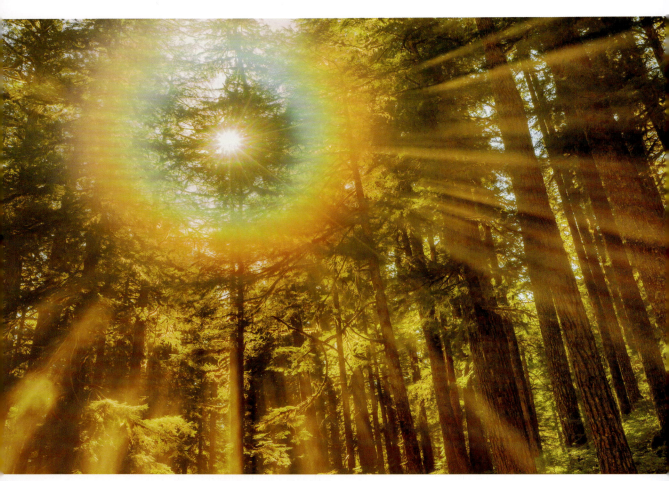

图 13-7　奥林匹克的光辉　（f/22，1/4s）　云漫 摄

3.《梦幻漓江》（摄影：张晨曦）

漓江的黄布滩，百度百科上说它是"漓江精华中的精华"，新版 20 元人民币的背面图案就是这里。笔者在 15 年前去拍摄时，遇到的天气不佳，是阴天，还有淡淡的雾气，与本来期待的红霞满天的美景大相径庭。失望之余忽然想起凌晨的色温很高，可以拍出蓝调。于是用哈苏 905swc 和富士 RVP 胶卷拍出了与众不同的黄布滩（P70 图 7-24）。这里的视角是大众化的，但表现手法比较特别。也许，很多人在这样的天气里就放弃拍摄了。

◆ 用心灵创作

我们可以从上述 3 个方面的任何一个或者多个方面入手，拍出有新意的照片。然而，如果想拍出有感染力的优秀风光作品，光有这些还不够，还有很关键的一点，就是要用心灵创作。即在以摄影师的眼光去观察、去发现的基础上，要在心里引起共鸣，获得灵感，然后把心里的感受和情绪通过娴熟的技艺在画面上表达出来。拍摄者只有先打动自己，作品才能打动观众。

英国著名摄影师戴维·诺顿（David Norton）说过："真正独特、引人入胜、令人惊叹、细致入微和惟妙惟肖的照片是'造'出来的，而不是'照'出来的。它们是思想的产物，是通过坚持不懈的努力和熟练的技术将想象变为现实。"

著名风光摄影大师安塞·亚当斯说过:"你的作品是造出来的,而不是照出来的。"

著名美国华裔风光摄影师云漫指出:这里的"造",不是弄虚作假,移花接木,而是说一个优秀的摄影师会利用自己的全部本领——他的感情、热忱、努力、审美、想象、知识和技术,在自然界中发现甚至创造出独特的、不为普通大众所知的美丽,并赋予作品深刻的思想和情绪[1]。

当然,能达到这样境界的,非一般人也。但不管如何,要朝这个方向努力!

13.1.3　观察和预想

摄影是一门观察的艺术。要拍出好片,必须具有较强甚至独特的观察力。不仅能发现和观察到被摄景物和场景的各个方面,而且能预想到拍摄的结果(影像)。

在风光摄影中,由于面对的往往都是美丽的景色,拍摄者,特别是旅游者和摄影爱好者,经常会被景色迷住,觉得哪儿都美。于是,不假观察和思索,东按一张西拍一张,拍了很多,但也许没有一张能打动人。

观察主要从以下两方面进行。

1. 观察外形

景物(特别是主体)的外形是首先要仔细观察的,它给人以轮廓和形状的印象,在构图中有极其重要的作用。随着光线的变化以及视点(距离、角度、高低)的改变,景物的外形特征会随之有很大的变化。要通过观察来决定怎么拍摄,即确定用什么画幅(横幅、竖幅或方画幅)、用什么相机,用什么镜头,在什么位置以及在什么时间拍摄等。

2. 观察光线

光线对于摄影来说是至关重要的,在风光摄影中尤其如此。若没有好光线,往往是拍了也白搭。我们经常会看到风光摄影者架着机子在等,等什么?等好光线。有的等几个小时,有的则等几天,甚至十几天。笔者最多曾经等过6天,才拍到了P45 图 4-12(c)。

等光线,一定要会观察光线,而且对光线要很敏感,对现场光线的光位、光度、光质、光色、光比和光型等了如指掌,并对其细微变化以及它们对最终影像的影响都能感觉到。有的摄影爱好者对光线不够敏感,看不到一些细节,需要加强这方面的训练。

许多美妙光线转瞬即逝,如果没有敏锐的观察光线的能力以及敏捷的反应,就很难捕捉到那美妙的瞬间。

13.1.4　大风光与小景风光

大风光是指用广角拍摄、画面包含宏大场景的风光摄影风格(P9 图 2-4),小景风光则是指用中长焦拍摄、画面以小景为主的风光摄影风格。它们各有侧重点,也各有特色。如果把大风光作品比喻为一部交响曲,那么小景风光作品就更像是一部协奏曲或者一首独奏曲。前者雄浑、壮阔,后者则更有韵味儿。相比之下,笔者更喜欢用超广角拍摄的大风光。

云漫老师在他的《极致之美》[1]一书中提出了"小景物,大风光"的拍法,就是把大风光和小景风光的风格和特色结合起来,形成一个相对较新的表现手法(P178 图 13-8)。即在拍摄大风光的时候,充分重视、挖掘和靠近有象征意义或者美学意义的前景,将其放大,并很好地表现其关键细节,使观者产生亲临其境的感觉,既被其壮阔和气势所震撼,同时又被其前景的精美和细节所打动,触及心灵最柔软之处。

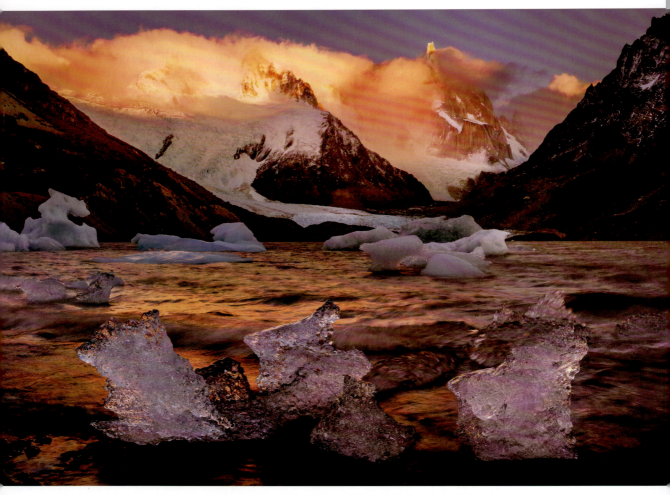

图 13-8 燃烧的冰湖（阿根廷） （3 张景深 + 曝光合成） 云漫 摄

13.2 器材

◆ 相机画幅的选择

一般来说，风光摄影对相机的要求较高，目的是为了获得高品质的画质。因为风光摄影作品被打印成大幅面照片的几率是比较高的。根据不同的拍摄者以及对最后作品的实际应用需求，可以分别选用不同画幅的相机。

（1）相册照片及家庭挂画等（普通摄影爱好者）：APS-C 画幅或全画幅 135 数码相机。

（2）大型画册以及大幅面照片（如 1m 以上尺寸）（摄影师）：全画幅 135 数码相机或中画幅相机。

（3）巨幅商用照片（职业风光摄影师）：中画幅及大画幅相机。

【提示】

关于画幅的详细介绍，见 P156。

画幅越大，画质就越好。虽然全画幅 135 相机已经能够满足绝大多数的应用需求，但随着越来越多的厂家推出单反 / 无反中画幅数码相机，价格越来越低，便携性和使用方便性越来越好，将来肯定会有越来越多的摄影师和发烧友采用中画幅数码相机。目前，富士 GFX50s 无反中画幅数码相机一机三头的价格接近 10 万元人民币。

对于摄影发烧友来说，对画质的追求可能是脱离实际需要的，所以，只要买得起，舍得买，而且背得动，就尽可配置"高大上"的相机。例如，目前的高端配置可以是 ALPA（阿尔帕）一机四头（32，50，90，180）+ 飞思 100MP（一亿像素），约 50 万元！

◆ 镜头的选择

风光摄影会用到各种焦段的镜头，具体跟拍摄场景的特点以及拍摄者的偏好有关。但相对来说，广角和长焦这两头会用得比较多。中焦由于中规中矩，会用得比较少。为了便于拍摄和携带，现在一般都采用变焦镜头。

（1）拍摄大场景风光。采用广角或超广变焦镜头，例如 16～35mm 焦段、11～24mm 焦段或者 14～24mm 焦段等。

（2）拍摄中景风光。采用广角到中焦变焦镜头，例如 24～70mm 焦段、24～105mm 焦段或者 24～120mm 焦段等。

（3）拍摄小景风光。采用长焦镜头，例如 70～200mm 焦段或 70～300mm 焦段等。后者在霞浦、坝上、元阳、东川红土地等地拍摄时会大有用处。

（4）拍摄建筑。采用移轴镜头，例如佳能的 TS-E 17mm f/4L 等。

（5）拍摄星空和极光。采用大光圈超广角镜头，例如 14mm f/2.8，14mm f/1.8，14～24mm f/2.8，16～35mm f/2.8 等。

不同镜头的表现特点见 P160。

笔者的相机配置如下：

- 135 数码相机：佳能 5D3 机身，EF 16～35mm f/2.8L，EF 70～200mm f/4L（比 70～200mm f/2.8L 轻很多，也便宜不少），EF 8～15mm f/4L，50mm f/1.4。另外还有一个 85mm f/1.2 人像镜头、一个 100mm f/2.8 微距镜头以及一个 500mm 的折返镜头。它们一般是放家里用，出去拍风光是不带的。
- 120 胶片相机：哈苏 905swc（38mm），哈苏 503CW，50mm，80mm，180mm，2XE。

笔者以前拍的片子中，好片子几乎都是用哈苏 905swc 拍的。不过，120 胶片相机现在已经很少用了，因为还是数码相机方便，且不用再花钱购买胶卷和冲胶卷。另外，都带上的话，也背不动。

13.3 拍摄技巧

◆ 天空与大地空间的划分

风光摄影中，要力求做到完美构图，就是要把大自然的景物以最合理、最完美的形式安排在画面中。首先要考虑的是大地与天空的空间分配。风光摄影经常表现的是大地上的自然景观，天空则是作为陪衬。因此当天空很平淡时，在画面顶部应只给它留出少许空间，例如画幅高度的 1/5～1/6，或者干脆全不要。切忌留下大面积空白天空，这是初学者最容易犯的错误。

留一小条空间，会使人觉得画面看起来比较舒服，比较"透气"。而天空全裁掉则会有些压抑感，不过却会增加作品的视觉冲击力。大地景物扑面而来，观看者会把全部注意力集中在大地景物及其关系上。

◆ 景深控制

大多数风光摄影要求画面的每一部分都清晰，因此景深越大越好。这可以通过采用小光圈和广角镜头来实现。但要注意的是不能采用太小的光圈，因为那样画质会急剧下降（P163）。

如果小光圈还达不到景深要求，就需要采用超焦距（P57）。

对于某些极端情况，采用超焦距也可能达不到想要的景深，例如要求近距离的小花到很远的雪山全部都清晰，或者是拍摄银河或极光需要采用大光圈，这时，就必须采用景深合成技术。见 P58。

◆ 点、线、面的组织

在风光摄影中，一般画面中会有较多的景物，有的显示为点，有的则显示为线条或区域。如果安排得不好，画面就会显得凌乱。所以要对它们进行仔细的选择和取舍。其中很重要的一点是发现线条，其实是线条把大地分割成了区域（面）。要找出主要的线条，并能使之构成线条之美，或蜿蜒曲折，或排列有序，形成节奏。图 13-9 是一个例子。

◆ 云的利用

美丽的地面风景配上蓝蓝的天空往往能构成一幅美丽的图画。但是，如果天空中没有云朵，就会显得很单调。所以应该等到出现漂亮的白云时再进行拍摄，把云朵也作为构图要素纳入画面（图 13-10）。有时甚至云朵本身都可以成为被摄主体（P195）。

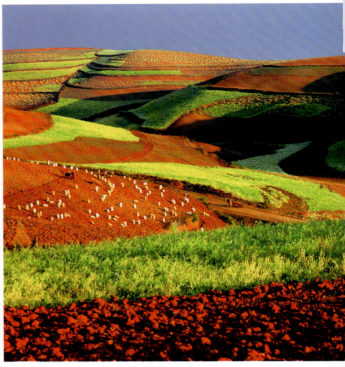

图 13-9 东川红土地 （f/16） 张晨曦 摄

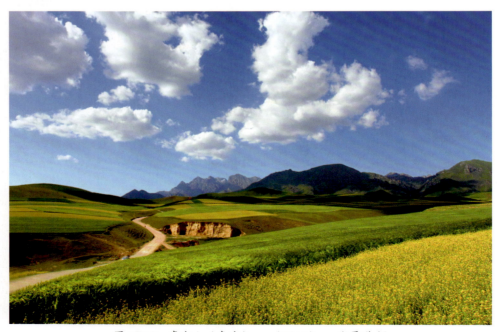

图 13-10 卓尔山（青海） （f/11） 张晨曦 摄

◆ 慢门拍摄

风光摄影有时要用慢门来表现,能拍出跟人眼所看到的不同的画面。特别是拍海景(P17 图 2-20 和 P18 图 2-21)、夜景(P15 图 2-16)等,慢门拍摄能产生特别的效果,更美,更新颖,更艺术。

◆ 区域光拍摄

区域光是指地面上某些小区域被阳光照亮,而其余部分均处于阴影中。如果照亮的正是要拍摄的主体,那就是绝佳的光线了。

这种光线往往出现在多云的天气。天空中大片的云块遮挡了阳光,只有一些"漏洞"让阳光照射到大地上。云块若移动比较快,而且"漏洞"较多,则等到理想区域光的机率就比较大。拍摄时,要架好相机瞄准目标,耐心等待,而且按快门要快、准,要在区域光到达理想位置时果断地按下快门。

图 13-11 是在云南东川红土地拍摄的。那天天空上有很多大块的云朵在快速移动。笔者架好哈苏相机 503CW+180mm 镜头,对准了远处的田园和小村庄,等了两个多小时才等到这片理想的区域光。

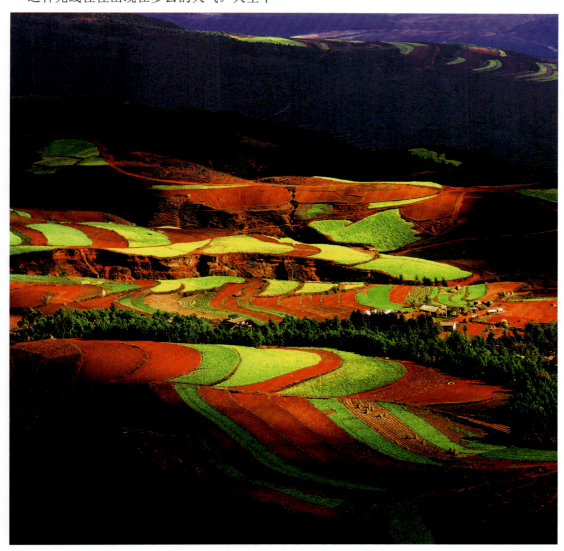

图 13-11　锦绣家园　　(f/16)　　张晨曦摄

◆ 阴影的利用

阴影在风光摄影中的作用很大。除了可以利用它来突出主体（让主体处于光照下，而让其余部分被遮挡在阴影中），还可以利用景物的影子来装饰和平衡画面以及提高画面的趣味性（图 13-12）。特别是太阳刚出来时，清亮的低角度光线所形成的长长的影子很有意思（P108 图 8-18）。

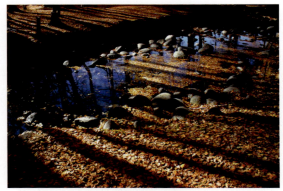

图 13-12　禾木秋色　（f/11）　张晨曦 摄

◆ 色温对比

风光摄影中经常会采用冷暖色调对比，例如在大面积冷色调的基础上，让主体处于暖色调之中。日出后和日落前一小段时间拍摄的风光片经常是这样处理的，这与大自然实际情况也是相符合的。阳光照射下的区域色温低（2000～3000K），呈红黄色，而处于阴影中的区域则受蓝色天空光的照明，色温较高，呈偏蓝色（P184 图 13-15）。

◆ 散射光下拍摄

风光摄影中人们常强调光影效果，因而认为散射光条件下拍不出好片。由于散射光没有明显照射方向，所以画面中几乎没有阴影，而且光线比较柔和。这种光线很适合拍摄柔和、静谧以及抒情格调的风光片，特别是田园风光片，很适合做明信片或挂于厅堂之中。所以一定不要放弃拍摄的机会，同时要在景物形态的选择以及色彩搭配与对比上多下功夫。要拍出柔美的感觉。

◆ 顶光拍摄

顶光一般被认为不是好光线，特别是拍人像和建筑的时候。但在风光摄影中，有时还是可以利用的，特别是在拍摄平坦的地面或湖泊河流的时候。顶光拍摄时，如果天上飘着云朵，可以利用其在地面上的投影来增加画面的反差和趣味性。

13.4　常见风光拍摄题材

13.4.1　日出日落

太阳是我们最熟悉的自然景物之一。冬天懒洋洋、暖融融的太阳和夏天的烈日炎炎都给我们留下深刻的印象。不过，对摄影人来说，印象最深的莫过于千变万化的日出和日落（图 13-13、P117 图 8-33 和 P114 图 8-27）。

日出和日落是永恒的拍摄主题，怎么拍都拍不够。不同环境下——水面、山上、云海上，不同的气候条件下，日出和日落都在不停地展现其各种姿态和美色。

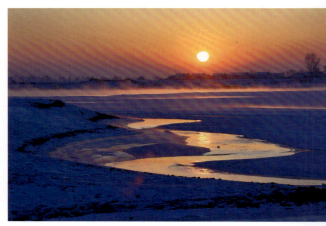

图 13-13　雾凇岛日出　（f/16，121mm）　张晨曦 摄

1. 占位置

在"全民摄影"的今天，著名景点拍摄日出和日落的机位也成了紧俏资源。不早点去的话，可能就找不到机位了。一般至少要提前两小时去占位置。

2. 三脚架

拍摄日出和日落最好用三脚架，这样才能保证高画质。光线较弱时，没用三脚架的话，只能提高 ISO 值，画质会受到影响，而且清晰度也得不到保证。当然，如果用的是防抖镜头或相机，情况就好多了。

3. 拍摄时机

日出和日落的过程很短，最佳拍摄时间可能只有几分钟，因此要善于抓取最佳瞬间。为保险起见，可以早点就开始拍，多拍几张，从中挑选。一般来说，太阳快出来时，就应该开始拍了，因为有时太阳一出，阳光就很强（例如，夏天无云的日出），迎着太阳拍，容易产生光斑，光比也太大。当然，如果有薄云遮日，情况就会好很多，而且有可能有朝霞（图 13-14）。

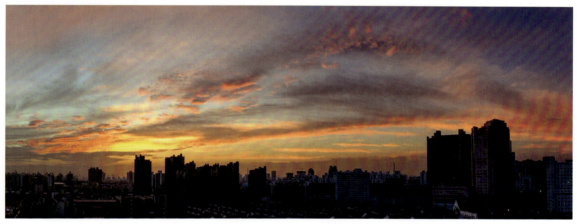

图 13-14　朝霞杨浦　（f / 4.5，全景模式）　张晨曦 摄

拍日落则可以在日落前 15 ～ 30 分钟就开始拍了，特别是在冬天，因为有时日落前 5 ～ 10 分钟光线就已经太弱，拍出来的影像反差不够。

太阳落下后，不要立即收工，也许"好戏还在后头"呢！日落后半小时内，有时会出现极美的晚霞，特别是在夏天。要是没拍到，后悔药都找不到的！

4. 曝光

一般情况下，用相机内的评价测光就可以，但不要把太阳放在正中央。另外，应现场根据拍摄效果进行曝光补偿。

如果要自己精确控制曝光，可对准太阳周围具有中等亮度的天空或云彩进行点测光，并按此设置曝光参数。

为保险起见，可采用包围曝光，偏移量采用 ±2 ～ 3 挡。

5. 关注天气和日出机率

第二天是否有日出，要在前一天注意查看天气预报。有云的天气比大晴天更好，因为"光板天"很没意思。

13.4.2　山峦

山峦也是摄影人常拍的题材。拍摄山峦需要注意以下几点。

（1）登高望远选机位。

（2）抓住景物特征。各种山峦都有其显著特征，有的险峻，有的平缓，有的秀美。

（3）拍摄大场景时，有日出或日落会更好。如果天空有很好的云彩，可以让天空和云彩占据较大的面积，否则最好不要超过 1 / 3。

(4) 用光方面,尽量不要用顺光。侧光和侧逆光能较好地表现山峦的层次(图13-15)。拍摄山峰时,一般用侧光或侧顺光比较好。

(5) 云海或者山沟中云雾缭绕的场景是可遇不可求的大好美景。切记不能把云海拍成一片死白,而是要表现出其层次细节(图13-16)。可以对准白云最亮处进行点测光,然后加1.5挡曝光补偿。

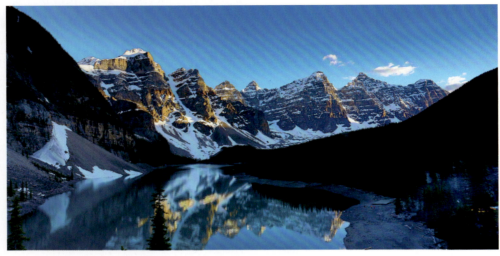

图 13-15　班夫国家公园(加拿大)　(f/16,19mm,GND0.9)　王平 摄

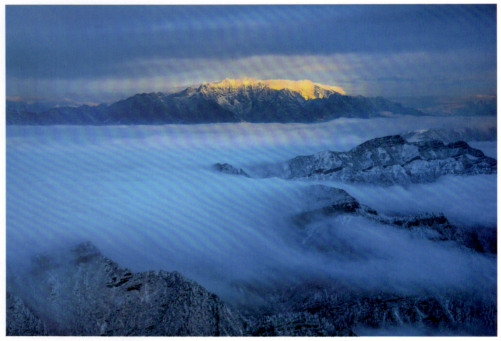

图 13-16　贡嘎云海　(f/16,48mm)　牛扬 摄

13.4.3　江河湖海瀑布

它们的共同特点是都是水体。自然风光,有水则灵。静止的水面常被用来拍摄有倒影的风光片(P185 图 13-17 和 P82 图 7-48)。美景加上水中的倒影是绝美的景色,能表达出宁静致远的意境。

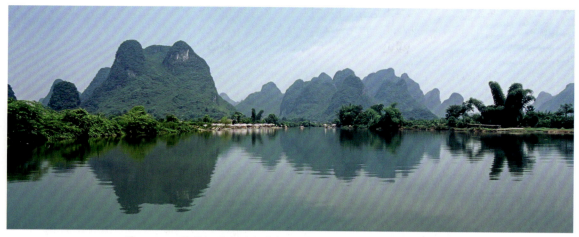

图 13-17　遇龙河风光（阳朔）　（f/11，16mm）　张晨曦摄

对于流动的水（特别是瀑布），拍出的影像可以比实景更迷人。其奥秘就在于对快门速度的控制。

◆ 瞬间凝固的效果

较高的快门速度能表现出水花飞溅的瞬间以及水珠的晶莹剔透（P10 图 2-6），具体速度取决于拍摄距离和镜头的焦距，可以通过尝试来确定。例如先用 1/1000s 的速度拍，如果拍出来的水花有拖线，可把快门速度提高一倍（同时可能要把光圈放大一挡或者把 ISO 值提高一倍），如果还不行就进一步提高，直到把水花定格（凝固）。这样的效果突出表现了水花或瀑布的张力和气势。

◆ 光顺丝滑的效果

采用较低的快门速度（例如 1s 或更长），能把水流拍成乳白色、像天鹅绒那样光顺丝滑的效果。这样能夸张地表现出水流的流动性和连续性，表现其柔美和恬静的一面（P7 图 2-1），而且拍出来的影像完全不同于人眼看到的实景，比较有新意。这样拍摄需要用三脚架。

光线较强时，可能无法将快门速度降低到足够低，这可以通过加偏振镜和（或）减光镜（P166）来解决。

◆ 海浪的慢门拍摄

拍海景时，对于海边的海浪，可以用不同的快门速度拍出不同的效果。

（1）表现海浪拍打礁石时的迸溅效果

快门速度大约为 1/30s 或更低。重点是水花带出的"水丝"不能太长也不能太短，而且要比较直，才会有较强的视觉冲击力。

（2）表现海浪拉丝的效果（P52 图 5-7）

曝光时间大概为 1～3s 或更长。时间越长，"水丝"就越长，越连续。要根据所希望的效果及实际拍摄效果来调整曝光时间。

（3）表现海浪雾化效果（P18 图 2-21）

曝光时间为 30s 或更长。

对于比较平静的水面，为获得雾化的效果，曝光时间要更长（P52 图 5-8）。

除了以上情况，拍水还可以有以下侧重点：

（1）表现美景及其倒影（图 13-17）。

（2）表现波光粼粼和千变万化的波纹（P186 图 13-18）。

（3）表现大海或者湖泊的浩瀚无边。

（4）表现河流的蜿蜒曲折。

（5）表现清澈的水和水草（P186 图 13-19）。

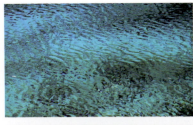
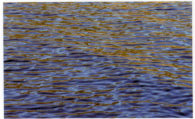
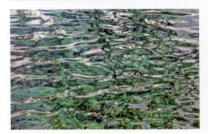
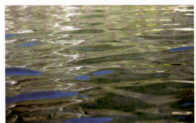

图 13-18　水波纹　　张晨曦 摄

图 13-19　水草　（f/5.6）　林冰轩 摄

13.4.4　雪景

雪景展现给人们一个银装素裹、童话般的世界，很多人（特别是南方人）看到这样的美景都会激动万分，纷纷拿出相机或手机进行拍摄。雪景是风光摄影中很讨人喜欢的题材。

在曝光控制方面，可以在评价测光的基础上进行曝光补偿——增加 1～2 挡。如果想把雪表现得很白，就加 2 挡；如果想保持最亮部分雪的质感细节，那么加 1～1.5 挡就可以了。

如果要做到精确曝光，就需要对所拍场景中最亮部分的雪进行点测光，然后加 2 挡曝光。P13 图 2-12 就是这样拍摄的，这张照片很好地表现了雪的质感和层次。P90 图 7-67 也是这样拍摄的，即对准左下角的白雪点测光再加 2 挡曝光。

在用光方面，侧逆光和侧光最能表现雪的质感（图 2-12），并且能够使画面的影调和色彩富有变化。

在取景上，要注意选取色调深浅相间的景物，使画面富有变化。当然，也可以以大面积的白雪为主，拍出明快、淡雅的高调照片。

在晴天的清晨或者傍晚，雪景会反射天空的蓝色，形成冷色调。这时如果把暖色调的灯（光）作为构图元素加入画面，就可以拍出很美的冷暖色调对比的作品（图 13-20）。拍摄雪景的日出日落也是如此（P117 图 8-33）。

在下雪时拍摄，天空往往比较灰暗，光线不好，拍出来的效果较差。这时，最好能把颜色鲜艳的景物（例如穿红色衣帽的人）纳入画面，以增加色彩对比（图 13-21）。若要表现飘落的雪花，则应选择深色的背景，才能衬托出来。

当雪的反光太强，与其他景物的反差太大时，可以用偏振镜来削弱雪的亮度。这是因为雪的反光往往是偏振光。

在低温下拍摄，相机电池很快就会没电，但是放到内层衣服里暖一暖，又可以继续使用。至少要带两块电池，轮流使用。可以在内层衣服口袋的内侧贴块暖宝贴，把电池放入口袋里加温。

在从寒冷的室外进入暖和的室内之前，一定要把相机放到摄影包里并拉好拉链，或者装入密封的塑料袋里，进屋后要过一段时间才能拿出来。否则相机镜头里会凝结出水汽，对相机很不好。

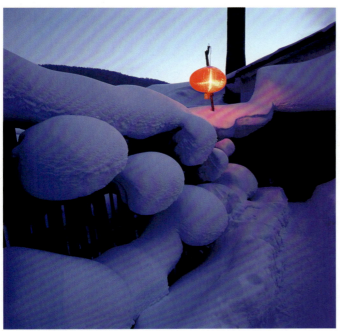

图 13-20　雪乡夜景　（f / 16）　张晨曦摄

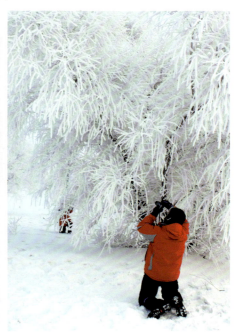

图 13-21　拍雾凇　（f / 11）　刘华摄

13.4.5　月亮及夜景

拍摄月亮本身，用 300mm 及以上的长焦镜头比较好，否则月亮的影像太小。当然，若没这么长的镜头，就只好通过后期裁剪将其放大（图 13-22）。

在曝光方面，如果月亮刚刚从地平线升起，而且天色还不太暗，就可以用评价测光、不加曝光补偿为起始设置，然后根据拍摄效果进行调整；如果月亮已经比较高，天空已经很暗，就应该用手动模式。并采用 "ISO 100、f / 11（＋1 挡）、1 / 100s" 作为起始曝光组合（之所以不直接写 f / 8，是为了便于记忆，都是 "1"）。一般来说，根据拍摄需要，月亮的影像应以有清晰或者淡淡的环形山影为宜（图 13-22），而不是一片死白。

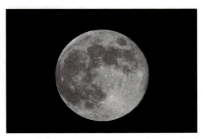

图 13-22　月亮　（f / 11，1 / 100s）　张晨曦摄

拍摄月亮不能用太慢的快门速度，否则影像会模糊，因为月亮是移动的。快门速度一般不要低于 1/60s。

拍摄月光照明下的夜景，由于光线很弱，需要使用三脚架，进行长时间的曝光。在满月、没有灯光的情况下，可以采用"ISO 200、f/8、50s"作为起始曝光组合；而在城市里，由于有灯光，可以采用"ISO 200、f/8、5s"作为起始曝光组合（图 13-23），然后根据实拍效果进行调整。

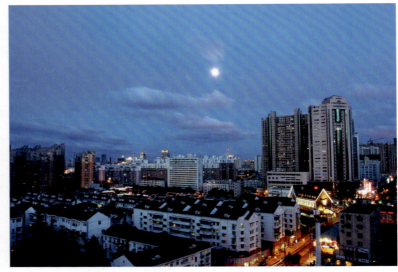

图 13-23　小区夜景　（f/16，10s）　张晨曦摄

【提示】

（1）根据拍摄效果调整曝光是必须的，因为月光的亮度受大气状态、海拔高度等的影响比较大，每一次拍摄的情况都不一样。

（2）如果是用胶卷拍摄，当曝光时间超过 1s 时，还要考虑"互易律失效"的影响。如何调整曝光时间，可到网上查阅胶卷的相关资料。

拍摄带月亮的风景时，为了拍出大月亮，常采用两次曝光的方法。操作步骤如下。

（1）准备工作。用"ISO 100、f/8、1/100s"作为起始曝光参数，单独对月亮进行试拍，找出其合适的曝光参数。

（2）第一次曝光。拍摄不包括月亮的景物，按景物的亮度进行曝光。注意取景要纳入天空，并留出准备放置月亮的合适的位置。

（3）第二次曝光。拍摄月亮。把镜头换为长焦镜头，重新取景，使得月亮位于第一次曝光预留的位置，然后按（1）中确定的参数进行第二次曝光。

需要注意的是，月亮的大小要合适。太小，达不到效果；太大，就会显得有些假（图 13-24）。

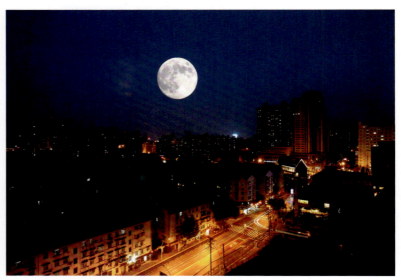

图 13-24　小区夜景　张晨曦摄

13.4.6 星空

随着相机高感（即高感光度）表现的不断提高，近几年，星空也成了一个比较热门的拍摄题材（图 13-25）。好的星空照片往往有一种浩瀚无穷的神秘感和美感，诱惑着广大的星空摄影爱好者。他们乐此不疲地到处追星（这才是真正的追星！），雪山上，大海边，长城上……到处都有他们的足迹。

星空摄影包括星野摄影和深空摄影。星野摄影是用大广角镜头拍摄星空中的恒星，并加入部分地景。后面我们只介绍星野摄影。星野摄影包括拍摄银河和拍摄星轨（星星移动的轨迹）。

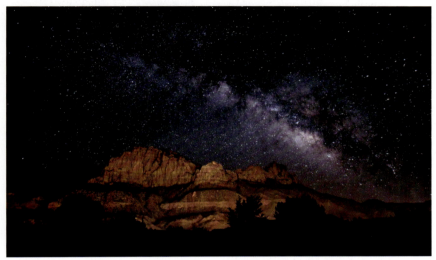

图 13-25　锡安星空（美国）　（f/1.4，30 秒，ISO800，20mm　乔龙泉 摄

◆ 设备

在设备方面，拍银河比拍星轨要求高。虽然普通单反也可以拍，但为了拍出高质量的星空照片，最好是采用高感好的全画幅机身，例如佳能的 5D3、尼康的 D810 等或更好的机身。

拍摄星空一般需要用大广角镜头，为了能把更多的星空纳入画面，最好采用超广角镜头。如果镜头不够广，就会很麻烦，需要拍摄多张（要有 30% 左右的重叠），然后在后期进行接片（P95）难度较大。

为了减少噪点，不能采用过高的 ISO 值，最好不要超过 3200。为了做到这一点，镜头应该是大光圈的，而且是越大越好，一般至少要 f/2.8。

三脚架是必需的，只要稳定可靠就可以。

此外，还要带照明设备，一般是戴个头灯比较方便（走路也用），其功率最好强一些，且可调焦距。

◆ 确定地点和时间

拍星空首先要能看到星空，这涉及地点和时间两个因素。对于拍银河来说，肯定要避开大城市，到人烟稀少的地方去，避开空气污染，远离光污染。对于拍星轨来说，要求可以低一些，甚至在城市里也能拍到（但效果一般不会太好）。

对于地处北半球的我们来说，拍银河的最佳时间是每年的 4 月份到 9 月份。但是，并不是在这段时间的夜里都能清楚地看到银河（假设天气没问题），因为月亮的光芒经常会掩盖星星发出的光。要尽量避开月光，所以，拍摄星空的最佳时间是在农历三十（无月亮）前后一个星期左右（月光很弱）。

在月亮刚刚从地平面升起的时候，有可能拍到银河与月亮同辉的奇景。因为跟太阳一样，月亮初升时的亮度也是比较弱的。这个时候有可能拍到很美的照片（图 13-26）。

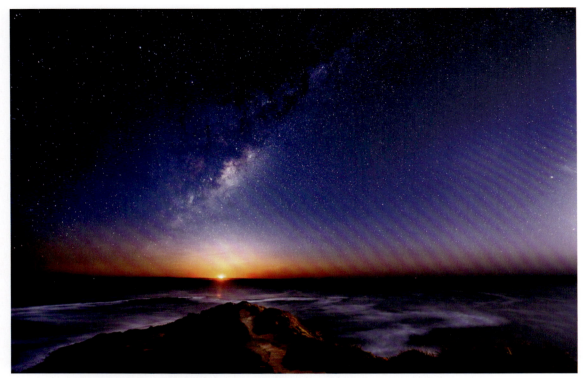

图 13-26　星月同辉（澳大利亚）　（f/3.5，30s，ISO 2000，14mm）　AlexTeng 摄

在一天 24 小时当中，适合拍摄银河的时间是天黑后 1 个半小时到天亮前 1 个半小时，适合拍摄星轨的时间是天黑后 1 个小时到天亮前 1 小时。那么如何才能知道在某个地点、在什么时段才能拍到（看到）某种形态的银河呢？这在以前是比较困难的，要懂得很多天文地理知识才能推算出来。现在不一样了，有很多手机软件 APP 可以帮助我们做这件事情。例如 StarWalk（星空漫步）、Stellarium、PlanIt（对于 Android 版，前两者是免费的，后者也就几十块钱）。你只要会用这些 APP 就行。关于它们的用法，请进入"张老师教摄影"公众号，分别输入 star、stal 或 plan，即可获得。

拍星轨需要找到北极星（不是太亮），利用 StarWalk 和 Stellarium 都可以很方便地做到这一点。可以很方便地找到大熊座的北斗七星（在正北方向），然后在"勺口"那两颗星星的连线上扩展到 6 倍长，就能找到北极星，如图 13-27 所示。

到了目的地后，要在白天去踩点，找到拍摄点以及拍摄方向，确认原来的计划无误，并认好路，以免晚上出现失误或意外。

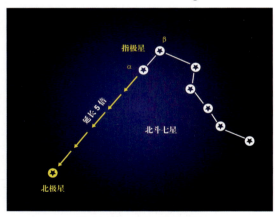

图 13-27　北极星的位置

◆ 对焦

首先把对焦模式设定为手动对焦，因为在黑夜里自动对焦可能失灵。

从理论上说，拍星野时，如果地景在 10m 以外，那么对地景对焦也是可以的。例如，16mm 广角镜头下，光圈 f/2.8，对焦 10m 的话，那么 2.8m 以外到无穷远都在景深范围之内。不过，如果要使星星最清晰，还是对焦到无穷远最好。但这样近处的地景可能就模糊了,这个问题可以用景深合成(P58)来解决。常用的办法是:天空拍一张(对焦无穷远),地景拍一张(对焦地景),然后后期合成。

如何让镜头对焦到无穷远?一种通用的简单办法是:预先在白天对准几百米以外(越远越好)的物体自动对焦,然后在对焦环上做个记号,记录下某个对准标记。等晚上拍星空时,再按这个标记恢复对准就可以了。至于其他办法,见"张老师教摄影"公众号(输入 djwqy)。

◆ 曝光参数及色温

拍摄模式采用 M 挡,把光圈开到最大,然后把色温设置为 4000K 左右。采用 RAW 格式。

关于曝光参数,看一个例子就有感觉了。对于 16mm 镜头的全画幅相机,拍摄银河,可设置如下:f / 2.8, 25s, ISO 4000 或者 f / 2.8, 30s, ISO 3200。

为了保证所有的星星都清晰且不拖线,曝光时间不能太长。可以采用"星空 400"经验规则来确定。即曝光时间要满足:

镜头焦距 × 曝光时间 ≤ 400

其中,镜头焦距按毫米取值,曝光时间按秒取值。

例如,对于 16mm 的镜头,曝光时间应 ≤ 400 / 16=25s。有些人把要求放宽一些,采用"星空 500"经验规则。对于普通爱好者来说,这其实已经足够了。

为保证可靠,可以在拍摄后,在相机液晶屏上放大到 100% 检查是否有拖线。

拍星轨的曝光时间往往需要一个小时以上。星轨呈现出的影像是以北极星为圆心的同心圆弧段(图 13-28)。每曝光一小时,影像上每颗星星就会"画出"一段 15°圆弧(轨迹)。

以前拍星轨一般是一次长时间曝光完成,但这样对相机的感光元件损害比较大,而且在拍摄过程中万一出现意外情况,例如手电筒照一下,则前功尽弃。所以现在一般都采用连续拍摄很多张曝光 30s 的照片,然后通过后期堆栈叠加而成。一般至少拍 100 张。

拍星轨时的光圈可以用小一些(如 f / 4),ISO 值也可以低一些(如 ISO 800 或 ISO 1600),这要根据现场的天空亮度来确定。可以通过试拍来确定。

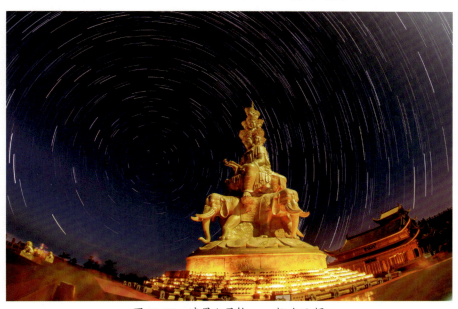

图 13-28　峨眉山星轨　　柳叶刀 摄

◆ 取景、试拍和正式拍摄

接下来是取景，然后试拍。由于夜里从取景器里看出去很黑，所以取景构图还是很麻烦的，一般是通过试拍来完成的。具体步骤如下：

（1）关闭相机的自动降噪。一般要关两个地方，一个是长曝光降噪，另一个是高 ISO 降噪。

（2）把光圈开到最大，把 ISO 值设置到最高。把曝光时间设置为 8s 左右。

（3）估摸着把镜头对准要拍摄的区域。

（4）试拍一张。

（5）查看相机的俯仰角度是否合适，如果是，则进行下一步；否则，就调整俯仰角度，然后转（4）。

（6）打开相机的水平仪，并以它为依据，把相机调整到左右水平（但不能改变其仰角）。

（7）再试拍一张，看构图是否合适。如果有问题，就调整之，再试拍，直到满意为止。

（8）按前面确定的曝光参数设置光圈、曝光时间以及 ISO 值。

（9）把文件格式设置为 RAW+JPEG，把色温设置为 4000K。

（10）再试拍一张。检查曝光是否合适。如果不合适，就调整之，再试拍，直到满意。

（11）放大到 100%，检查全图各个部分，看拖线程度如何。如果超出了容许的范围，就缩短曝光时间 1/3 挡，同时把 ISO 提高 1/3 挡。然后接着试拍。反复进行本步骤，直到满意。

（12）开始正式拍摄。

如果是拍银河，可以连续拍几张到几十张。后期进行星星对齐和堆栈平均降噪处理（见"张老师教摄影"公众号（输入 xkhq））。在这种情况下，地景也可以多拍几张，进行堆栈平均降噪处理。最后与星星进行合成。在拍摄地景的过程中，可以用中等亮度的手电筒或者用多层白布包上的闪光灯给地景补光。

如果是拍摄星轨，要拍摄上百张。为了拍得轻松，建议用可编程的快门线或者遥控器来控制快门，这时要把相机设置为 B 门模式。全部准备好后，按一下快门线上的启动键就可以不用管它了，相机会自动完成全部拍摄。

关于快门线的使用方法，见"张老师教摄影"公众号（输入 kmx）。

◆ 后期处理

后期处理的步骤和过程比较复杂，留作扩展学习内容，见"张老师教摄影"公众号（输入 xkhq）。

◆ 关于前景

拍摄银河如果没有前景或者前景不美，照片的表现力就会大打折扣。所以拍星空的关键点之一是要找到漂亮的前景，并给前景补光。如果没有现成的前景，可以自己创造，例如把人（模特或者拍摄者自己）或者道具（如玩偶）加到画面中。把彩色的帐篷作为前景并在帐篷内放一盏灯照明，也是一种很好的布置，见"张老师教摄影"公众号（输入 gj）。

不管什么时候拍摄，银河总是那条银河，但在前景的创意上是可以不断创新的。玩出花样，拍出新意，才能获得与众不同的星空摄影作品。

13.4.7 极光

拍极光与拍银河有些类似，不过极光的亮度和形状变化很大，而且有时变化很快，因此其曝光参数要根据当时现场情况灵活确定。对于比较弱（人眼看很淡）、变化很缓慢的极光，其曝光参数跟上面拍银河相同即可；而对于变化较快的极光（一般来说也是比较强的），曝光时间就要缩短很多，例如 5～10s，否则拍出来的极光影像就可能是糊晕的。对于变化快的强极光，可以参考以下曝光参数：f/2.8，曝光时间 3～5s，ISO 800。

有月光时，虽然会影响极光的亮度，但能给地景带来适度的照明，拍出来效果也很好，例如图 13-29。

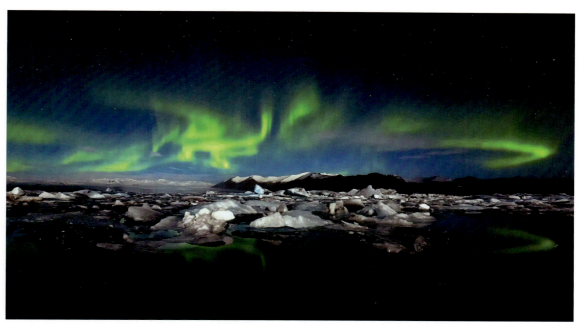

图 13-29　冰河湖极光（冰岛）　　（f/4，4s，ISO 1600）　　张光启 摄

13.4.8　航班上航拍

在旅途中，通过航班舷窗进行航拍不但能增添旅行的乐趣，而且还可能拍出好照片。图 13-30 ～图 13-34（P195）都是在航班上拍的。

◆ 前期工作

在选座位时，显然是应该选靠窗的。那么是左边还是右边？这要根据拍摄目标、航线、航班时间以及太阳所处的纬度（季节）来确定。

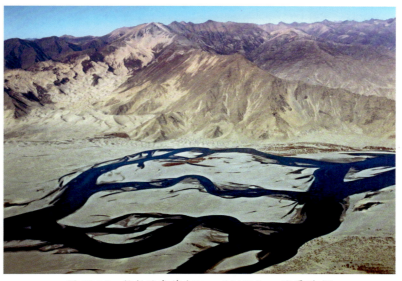

图 13-30　航拍雅鲁藏布江　（f/11）　张晨曦 摄

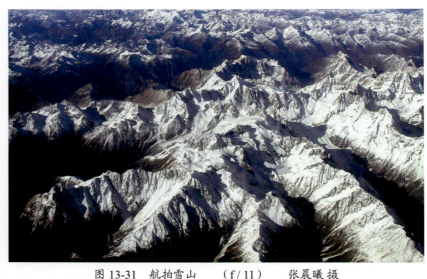

图 13-31　航拍雪山　（f/11）　张晨曦 摄

1）有明确拍摄目标

要根据拍摄对象的位置来选，对象在航向的哪边就选哪边。明确的拍摄对象可以是山峰、山脉、河流、湖泊、岛屿、城市等。这个选择难度比较大，因为要对航线及拍摄对象的位置都比较熟悉。

2）无明确拍摄目标

在航拍中，除非是要拍摄日出或日落，否则一般应选择顺光或侧顺光。要不然，阳光照到舷窗玻璃上会产生严重的眩光，而且玻璃上的划痕和污迹也会非常清晰，会让照片变得一塌糊涂。

根据对太阳所处的纬度和航线的了解，并对照地图，就能确定应选左边靠窗还是右边靠窗。关于太阳所处的纬度，可以根据航班的日期以及太阳在北回归线及南回归线之间的移动规律计算出来，见"张老师教摄影"公众号（输入 tywd）。关于航线，可以从网上查到，或者如果是常乘坐的航线，可以从飞机上的屏幕显示拍下来。

在座位前后排的选择方面，要选择前两排或最后 2～5 排，这样视线才不会被发动机和机翼遮挡。如果不是 VIP 会员，前两排很难抢到，所以一般是选倒数第 2～5 排。

◆ 登机后的准备工作

（1）登机后，要立即查看舷窗玻璃是否有严重的刮痕或者外面很脏，这一点很重要。如果有的话，唯一的解决办法就是换一个座位。乘客尚未就坐的座位换起来比较容易，所以要早点登机。

（2）用餐巾纸等把舷窗玻璃擦干净，有些污渍要哈气后才能擦掉。

（3）把相机准备好。最好是有广角和长焦两支镜头。不是逆光拍摄的话，可以不用遮光罩，以便于操作。但要把镜头上的保护镜或者 UV 镜卸下来，以免划伤舷窗玻璃。

（4）检查存储卡容量和电池电量是否够用。

◆ 拍摄技巧

（1）拍摄模式选快门速度优先，一般用 1/500s 左右比较可靠。飞机颠簸或者使用长焦时，要用更高的快门速度。飞机距地面比较近时，拍地面景物，快门速度也要高一些（例如 1/1000s）。距地面越近，快门速度就要越高。

（2）应把镜头前端尽量贴近玻璃，但又不要接触，以免飞机颠簸造成相机严重抖动。

（3）如果知道拍摄目标的 GPS 信息，可以带上有显示的 GPS 记录器，利用它来帮助寻找目标，也可利用它来记录所拍摄景物的近似 GPS 信息。

（4）不要用偏振镜。

（5）不要穿浅色衣服，以避免舷窗玻璃反光，特别是在拍夜景时。拍夜景要关掉阅读灯，并最好用黑色衣服把自己和相机罩起来，或者用黑色帽子改装成一个罩子，套在镜头上（就像是一个巨大的遮光罩）。图 13-32 是从航班上拍的上海夜景。

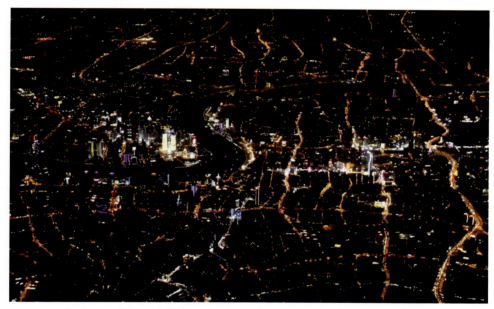

图 13-32　航拍上海夜景　（f/3.2，1/125 s，ISO 16000）　张晨曦摄

（6）要经常看看窗外有无好景。有时能拍到造型独特的云朵（图 13-33），有时能拍到圆形彩虹（佛光），其中央是飞机的影子（图 13-34）。

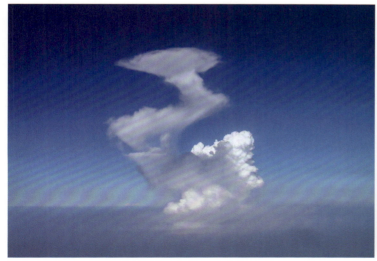 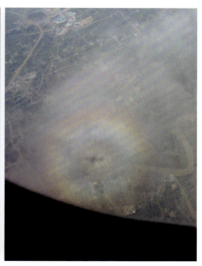

图 13-33　奇云　（f/8）　张晨曦摄　　　　　图 13-34　圆形彩虹（f/11）张晨曦摄

第 14 章 花卉摄影

花卉摄影是以花卉为主题的摄影。不用出远门，在公园或者房前屋后都可以进行创作活动，甚至可以足不出户，在家里拍摄自己种的花花草草，趣味无穷（图 14-1）。这对于没有时间出远门拍摄的人来说，是一个特别合适的拍摄题材。

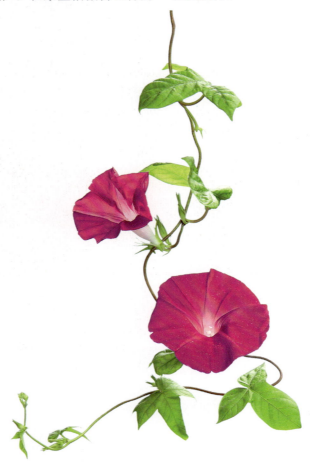

图 14-1 牵牛花 （f/3.2） 张晨曦 摄

14.1 花卉摄影的景别

花卉摄影可采用全景、中景、近景、特写等各种景别，表现侧重点各不相同。

1. 全景

用全景拍摄，主要是表现大片花卉的规模和场景。例如青海门源浩瀚无边的油菜花田、公园里成片的矮脚波斯菊等（图14-2）。应该用广角镜头，俯角度拍摄。用小型无人直升机遥控拍摄效果也很好。

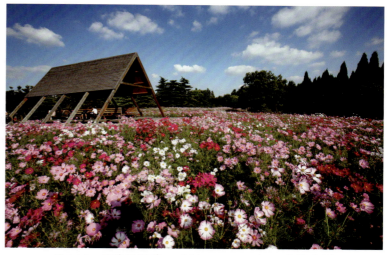

图 14-2　矮脚波斯菊　（f/16，16mm）　张晨曦 摄

2. 中景

中景可用来表现成片花卉的一个局部或者几株花，例如一丛睡莲（图14-3）或几株牡丹，用于表现花株的完整形态及其生长环境。所用镜头为小广角镜头或标准镜头。

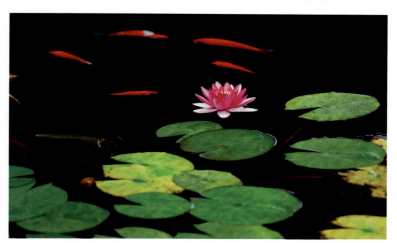

图 14-3　睡莲　（f/4，200mm，偏振镜）　张晨曦 摄

3. 近景

近景往往用于表现一株花或其一部分的形态。除了花本身，往往还会包含一些花茎和叶子，例如图14-4。所用镜头为中、长焦镜头。

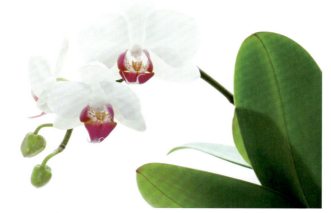

图 14-4　蝴蝶兰　（f/16，100mm 微距）　张晨曦 摄

4. 特写

特写能很好地表现一朵花或其局部（图 14-5），例如花蕊或者花瓣等。对于很小的花，也能让其充满整个画面。特写给人以一种放大了仔细看的感觉，能很好地表现花的细节。

所用镜头为长焦镜头和微距镜头。

微距镜头往往能拍出平时肉眼看不到的效果，再加上用大光圈虚化背景，拍出来的效果有时会令人眼前一亮。

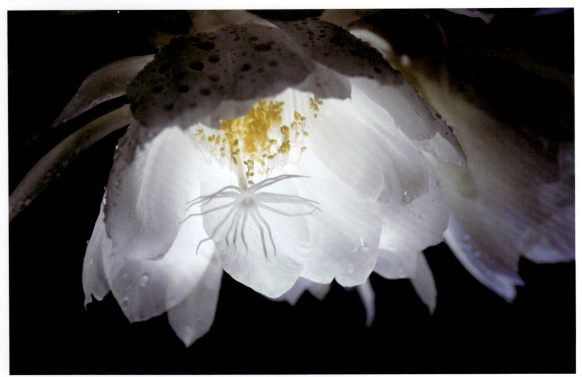

图 14-5 昙花 （f/4.5，90mm） 牛扬 摄

14.2 器材

◆ 拍花利器

（1）微距镜头。可以拍很小的花朵或局部。

（2）大光圈镜头。能有效地虚化背景。

（3）折返式镜头（拍荷花）。荷塘里的荷花离岸边比较远，要用 500～1000mm 的镜头才能"够得着"。折返式镜头是很好的选择。这种镜头有时还能拍出甜甜圈的效果，用得恰当的话，能给画面增添美感。

（4）微距闪光灯。专门用于微距摄影的闪光灯，能提供很好的照明效果，只是价格比较高。

（5）直角取景器。拍地上的小花，有时需要把相机放在很低的位置，如果没有翻转屏，取景构图会非常困难和辛苦。这个时候直角取景器就非常有用，它是一个直角型的物件，接在平视取景器上，将取景方式转换为俯视取景。

（6）三脚架。拍花经常要用三脚架，特别是拍微距、等光线或等蜜蜂的时候，详见 P206。

◆ 其他有用的器具

（1）近摄镜。用于减少拍摄距离，以便拍出更大的影像。没有微距镜头时，近摄镜是一种低成本的好附件。

（2）反光板。大小应根据所拍的景别来选择。拍近景或特写时，用小的反光板即可。拍摄很小的花朵时，可以把反光布或白纸折叠成小面积，凑近花朵。

（3）挡光板。是一种用半透明材料制成的挡板（可以用反光板的内芯），可用来遮挡直射阳光，使被摄体处于散射光的照明之中。

（4）喷水壶。给花喷上一些水珠，就像是清晨的露珠，能使画面立刻鲜亮起来。

（5）毛笔或毛刷。用于清除被摄主体上的杂物、灰尘或污迹。

（6）穿上回形针的橡皮筋。用于把不想要的花枝移出画面，或者调整花枝之间的相互关系，而又不损伤花枝。

（7）不干胶。作用同橡皮筋，但使用更方便。不过容易损伤花草，使用时要特别小心。

14.3 拍摄技巧

◆ 寻花和拍摄时机

拍花首先要找到最美的花儿。要关注哪里什么花开了，哪里有什么花展等，并且要在花儿的"少女"期去拍摄，可别等花儿都快谢了才想起。最好是自己养花，可以天天与它厮守在一起，天天看它，在它最美的时候按下快门，这样拍出来的照片一定很棒。

笔者家的阳台上种了几株牵牛花，开得很好。结果拍到了一组很棒的照片。后来再也没有拍到更好的了。P196 图 14-1 是其中的一张。对于这些花我们没有做任何的人工干预，它就是长得这么美！更多照片见"张老师教摄影"公众号（输入 qnh）。

◆ 观察和比较

在花卉摄影中，仔细观察显得尤其重要。如果你面对的是一株开满花朵的植物，挑哪几枝或者哪几朵花来拍？用什么样的镜头？从什么样的角度和高度来拍？这些都是要通过仔细观察和比较来确定的。可别看花眼了哦。你甚至要对花儿及其周边的枝叶进行一番处理，如对它们进行清理（如果有枯枝败叶什么的），或者让它们与主体分离开，不要进入画面（可以用橡皮筋暂时固定）。你观察得越仔细，整理工作做得越认真，就越有可能拍到最美的画面。

◆ 光线

在用光方面，要注意以下几点：

（1）侧光及侧顺光能很好地表现立体感和质感，是拍花常用的光线（P106 图 8-16）。

（2）逆光和侧逆光能很好地表现透光花瓣的亮丽效果以及花、枝、叶的轮廓（图 14-6）。

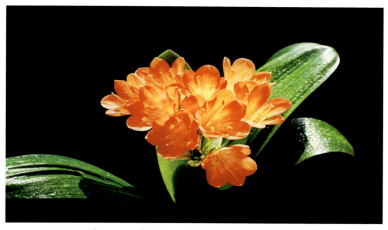

图 14-6 君子兰 （f/8） 张晨曦摄

（3）顺光能比较好地还原花卉的本来面目，但画面平淡，立体感差。

（4）散射光也是拍摄花卉常用的光线，这时花卉的各部分受光比较均匀，照片能很好地还原花卉的本来面目，画面柔和，看起来比较舒服、漂亮，如图 14-7 所示。拍花的"标准照"时常用散射光。

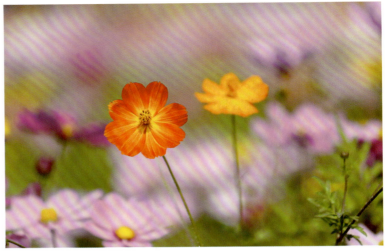

图 14-7　散射光下的花儿　（f/4，200mm）　张晨曦 摄

在阳光直接照射下拍摄，对于无法移动的花卉，要获得理想角度的光线，只能等待合适的时间。如果花盆可以搬移，就可以通过改变花盆的位置来获得各种光照效果。

要获得散射光照明，可以等待阴天或者云遮日的天气，也可以用挡光板遮挡直射的阳光，使得花卉处于阴影之中。在后一种情况下，要注意背景中也不能有直射阳光。

当受光面与背光面的反差太大时，要用反光板来补光，以提高背光面的亮度。

◆ 光圈

光圈的大小要根据想要获得多大景深来决定。尽管在许多情况下要使用大光圈，但并不是越大越好。如果要把较大的被摄主体（例如一朵荷花）全部拍清晰，就不能用太大的光圈。

寻找合适光圈的方法有以下 3 种：

（1）用计算景深 APP 来计算。

（2）利用相机上的"景深预测按钮"（只有高档相机才有）。按下这个按钮，就可以在取景器中看到实际的景深效果。

（3）采用尝试法。即反复尝试用不同的光圈进行拍摄，每拍一张，都要在相机屏幕上放大查看景深效果，直到满意为止。可采用二分法来提高效率，举例说明如下：

假设镜头的最大光圈是 f/2.8，最小是 f/22，那么可以取这两者的中间挡 f/8 进行拍摄，如果景深太大，就在 f/2.8 和 f/8 之间按上述方法继续寻找，否则就在 f/8 到 f/22 之间继续寻找。如此反复，直到满意为止。

大光圈镜头和微距镜头是拍花的利器。大光圈虚化后往往有一种梦幻的效果（图 14-8），而用微距镜头拍摄花卉的局部，有时会给人耳目一新的感觉。

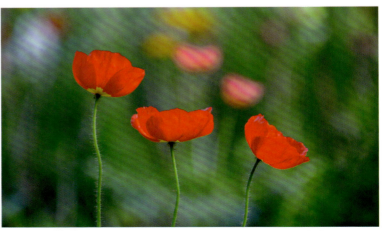

图 14-8　虞美人　（f/2.8，100mm 微距）　张晨曦 摄

◆ 梳理主体，使之造型更美

有些花茎比较软，可以用手轻柔地拉直一些或者使之弯曲一些，也可以让一束花儿排列稀疏一些或者紧密一些，有时对花朵本身也可以轻轻梳理一下，从而达到使其分布更合理、造型更美的目的。

◆ 构图

除了要灵活地应用 P60 所述的构图规则，还要注意以下几点：

（1）拍摄独立的一朵花，如果占画面面积不大的话，可放在井字构图的交叉点上。占画面面积较大的话，就只能放在中央。如果有竖线条的花茎从下面长上来，则宜把花朵安排在靠上面的交叉点上。

（2）与一朵花相比，两朵花的画面会丰富一些。一般最好是安排在对角线的两个交叉点上（P69 图 7-20 中的 A、D 或 C、B），这样比较生动（P145 图 10-30）。另外，最好有大小、虚实等的对比。如果是同一种花，还能形成呼应（P83 图 7-50）。

（3）拍摄较多花朵时，可采用散点构图，注意安排好节奏、虚实和留白（图 14-9）。

◆ 背景的处理

要注意以下几点：

（1）单色背景。

常用的单色背景有黑、白、灰等（P196 图 14-1），彩色背景用得少一些。可以用不反光的背景布衬在花的后面，使背景布的下端适当向后倾斜，以避免产生反光。也可以通过移动花盆，使得花盆后面的背景为深色阴影区或是白色的墙壁。

单色背景的优点是纯粹、统一，能很好地突出主体；缺点是显得比较单调，人工干预的味道比较重。

（2）虚化自然背景。

采用自然背景并用大光圈将之虚化，既可

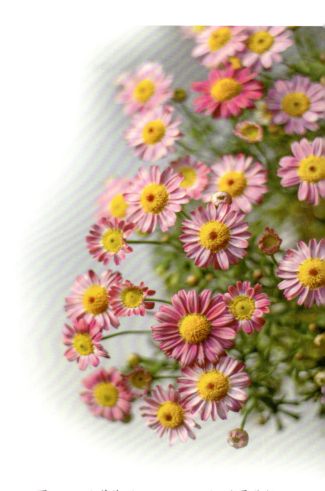

图 14-9　小菊花（f/1.4，80mm）　张晨曦 摄

以在一定程度上反映其生长环境，又有比较美的效果。如果背景不乱，还可以适当缩小光圈，以表现其枝叶。将其周围的花朵或花株也纳入画面（适当虚化），以形成呼应或者排列对比，也是一种很好的拍法（P200 图 14-8）。

注意：要通过反复观察和调整拍摄角度，使得在保证被摄主体造型最美的前提下，背景也尽可能好看。

（3）背景上不能有抢眼的景物。

背景上不能有过亮的色团或者花朵，以免抢了主体的风头（图 14-8 左上角的白色团就有些抢眼了）。特别是要避免出现亮色团被边缘切割的情况，因为那样会把视线引到画面外面，并给人以不完整的感觉。如果出现了这样的情况,就要通过调整取景和拍摄角度(从而改变景物之间的遮挡关系),或者用橡皮筋牵拉固定,使之从画面中消失。

◆ 前景的利用

利用大光圈把前景中的花儿极度虚化,能拍出梦幻一般的效果,如图 14-10 所示。

◆ 加水珠

给花儿加上些水珠,会使画面更加清新亮丽(图 14-11)。一般是用喷水壶,或者嘴含矿泉水喷上去也可以。水珠不能太密太大,否则会很难看。对于太大的水珠,用餐巾纸的纸角轻轻一点便可消除。

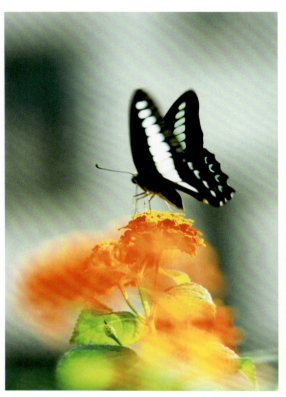

图 14-10 蝶恋花 (f/2.8,100mm 微距) 张晨曦摄

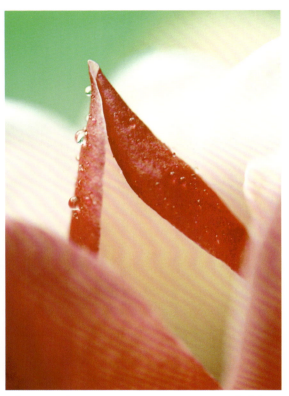

图 14-11 紫玉兰 (f/2.8,100mm 微距) 张晨曦摄

有人用注射器来加水珠,那就可以精确控制了,可以按自己的想法安排水珠的位置。如果要制造大水珠,可以往水里加点甘油。

◆ 拍摄组照

拍花时,用一组照片来表现会更全面,也更富有趣味性。可以用不同景别、光线、角度、背景、前景拍摄一组(P203 图 14-12);也可以分别在不同的日期进行拍摄,用一组照片表现一朵花或一丛花卉从花蕾到盛开的全过程。

◆ 影子的利用

在拍摄树上的花枝(例如梅花、樱花、垂丝海棠等)时,利用其影子能构成更有空间感和趣味性的画面。影子可以是自然投射到墙上、地面上的,也可以人工在花枝后面衬一块不反光的白背景,在其上显现出影子,例如图 14-13(P203)。

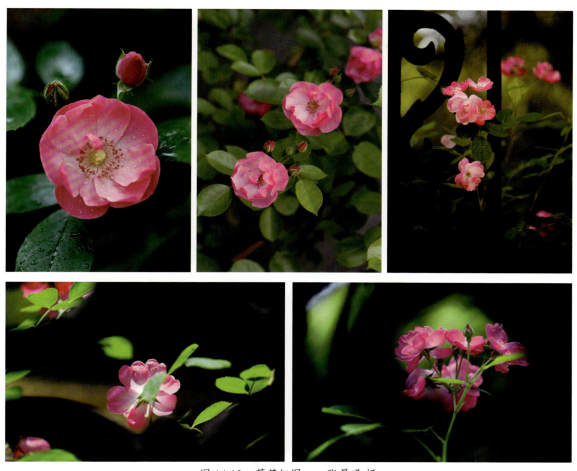

图 14-12　蔷薇组图　　张晨曦摄

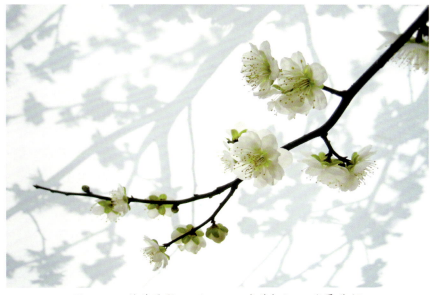

图 14-13　梅花弄影　（f/5.6，卡片机）　张晨曦摄

◆ **借景**

借周围的景物（例如有特色的窗户、屋檐等），跟花一起构成画面，如图 14-14 所示。

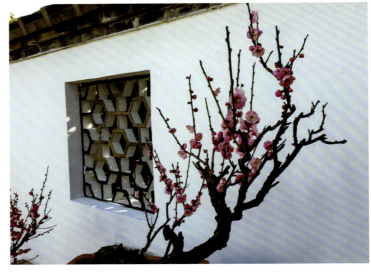

图 14-14 梅花 （手机拍摄） 张晨曦 摄

◆ **借用玻璃**

可以在一块玻璃上均匀地洒些水珠或者让它淋些雨水，然后放在花卉的前面，并用干布擦出一个无水珠的区域，透出主体，这样就能拍出与众不同的花了（图 14-15）。要注意水珠的大小和分布，选择最好的效果。

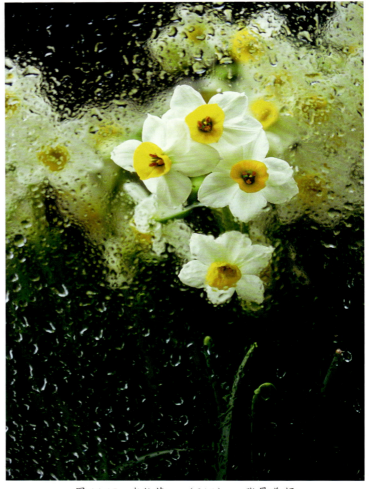

图 14-15 水仙花 （f/4） 张晨曦 摄

◆ 拍水中倒影

拍花卉的水中倒影是一种很不错的拍法。由于水波纹的作用，倒影会呈现出一定的扭曲变形，略加处理，就能拍出画意的作品。特别是对于荷花，效果更好。例如，图 14-16 有水墨画的效果。

◆ 采用两次曝光

采用两次曝光，可以拍出有柔光效果的作品（图 14-17）。两次曝光中，一次为实景（精准对焦），另一次为虚景（故意失焦，镜头的自动对焦按钮要拨到"关"的位置）。实景、虚景的曝光比例可以设定为 2:1，即实景减 2/3 挡，虚景减 4/3 挡。虚化的程度可以通过手工旋转对焦环（往近距离方向拧效果更明显）来改变，并根据希望的拍摄效果来确定。

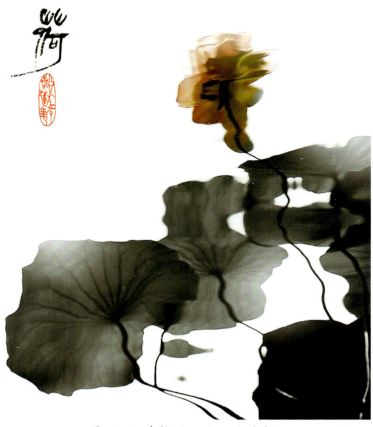

图 14-16　清影（f/4）　纪玲摄

一般两次曝光需要在三脚架上完成。但如果操作熟练了，手持相机拍花也能进行两次曝光。只要记住取景器中的某个对焦点所对准的位置，然后在拍第二张时，让那个对焦点保持对准那个位置就可以了。注意，还要保持手端相机左右平稳不变。

当然，也可以在一张照片的基础上，用 Photoshop 来模拟两次曝光的效果，详见"张老师教摄影"公众号（输入 mn2c）。

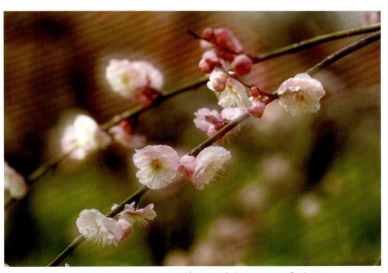

图 14-17　梅花　（手持两次曝光）　张晨曦摄

◆ 晃动相机拍摄法

按正常曝光拍两张：一张清晰的静止画面，另一张虚实都有的动感画面。

图 2-8（P11）是胡时芳老师拍的作品。

拍摄步骤如下[20]：

（1）构图好后，开大光圈，拍一张清晰的静止画面。

（2）开小光圈，并在镜头前加装减光镜，使得快门速度大概为 2s。手持相机静止拍摄约 1s，随后立即左右摇晃相机，最后拍到虚实都有的动感画面。

后期处理：在 Photoshop 中，对两张照片分别进行调色等处理后，把动感的照片拖到静止照片的上面，并进行对齐。然后在动感的这一层建立蒙版。接着把前景色设置为黑色，再用粗细合适的淡淡的画笔（例如流量 10%），在实景不够实的地方反复擦画，直到露出下一层的清晰影像。对各个需要擦画的区域进行处理后，即获得最后的照片。

◆ 使用偏振镜

花卉摄影中经常要使用偏振镜。这是因为很多叶子和茎会有反光，在画面上形成难看的亮斑，要用偏振镜消除之。偏振镜还会使色彩更加逼真和饱和。因此，喜欢拍花的话，一定要备偏振镜。

◆ 使用三脚架

当拍近景或特写时，最好使用三脚架。这样才能更精细地构图，而且也比较轻松。前面讲了，为了获得理想的景深，可能要拍好多张进行比较。若用了三脚架，构图一次就可以了。等蜜蜂或者等光线也是如此。另外，若相机位置不高不低，人半蹲手持拍摄的话，拍很多张，会累死个人！

如果用微距拍摄，就更应该用三脚架了。否则，手一抖，构图就跑了。

◆ 使用柔光镜

在镜头前加装柔光镜或者套上浅色丝袜，可以拍出柔光的效果。要在光圈较大、强光下使用，效果才比较明显。

◆ 关于蜜蜂

很多人拍花喜欢加上蜜蜂，但停歇在花上的蜜蜂实在是不好看。如果其腿上没有携带花粉，体型又比较小，就很像苍蝇，不如不要。

拍摄花卉和蜜蜂最好是下面这样的：

（1）蜜蜂是动态飞着的，而且是从拍摄方向的左侧或右侧飞向花朵，准备降落（而不是要飞走），如图 14-18（P207）所示。

（2）拍的是蜜蜂的侧影或前侧影。

（3）蜜蜂腿上携带有花粉。这是蜜蜂的重要特征。

拍蜜蜂快门速度要高，比如 1 / 1000s 或更高，这样才能使其翅膀有影像。速度太低的话，翅膀有可能会完全消失。

如果要反复重拍或者要等待蜜蜂的出现，最好用三脚架。架好相机后，进行构图，并把拍摄模式设置为高速连拍。然后预估蜜蜂出现的位置，并按这个位置手动对焦（或自动对焦后再把镜头的拨钮拨到 MF）。接下来就是等蜜蜂进入"火力区"了。一旦蜜蜂进入，就按下快门连拍一阵。

为了增大拍摄到清晰蜜蜂影像的概率，应该采用较大的景深，即较小的光圈。

◆ 手机和小数码相机拍花

因为手机和小数码相机景深大，所以拍花往往背景比较乱。但它们可以近距离地拍摄。利用这一点让花充满整个画面效果会好一些。另外，近距离拍摄花的局部或者拍微小花朵能取得微距的效果。图 14-19（P207）是用卡片机 IXUS90 拍摄的唐菖蒲的花蕊，效果很好。

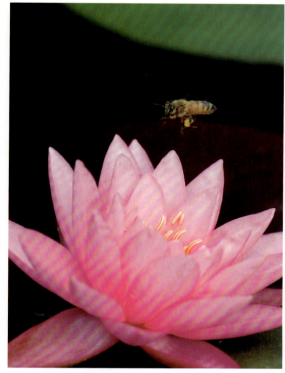 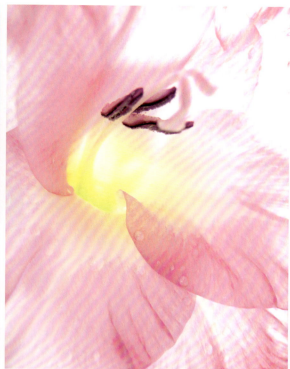

图 14-18　花儿和蜜蜂　(f/7.1，1/500s)　张晨曦 摄　　　图 14-19　唐菖蒲　张晨曦 摄

第15章 人像摄影

人像摄影是以人物为题材的摄影，重点刻画和表现被摄者的具体相貌和神态。好的人像摄影作品应是形神兼备。"形"是指人物的外貌，"神"是指人物的神态，即内心世界。

人像摄影主要包括室内灯光人像、室内自然光人像、户外人像（图15-1）。

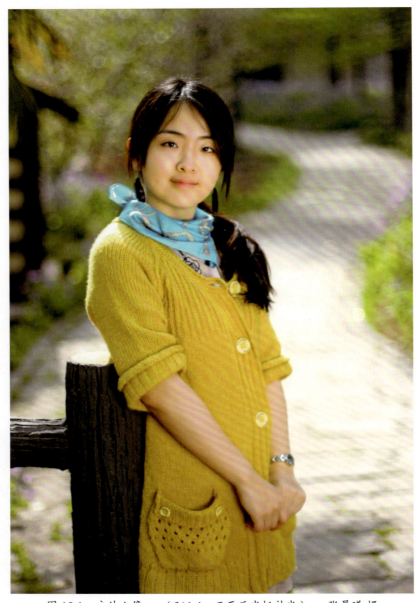

图15-1 户外人像 （f/1.4，正面反光板补光） 张晨曦 摄

15.1 器材

普通的数码相机甚至手机都能用于人像拍摄。但是，它们往往只能满足大众化的拍摄需求。而且要注意，一般要用标准镜头或者中长焦镜头进行拍摄，最多也就用小广角，否则容易产生人物变形。特别是大广角，会产生严重的人物畸变。

如果要进行专业的人像摄影创作，就必须有专门的人像摄影器材。主要是大光圈的人像镜头，例如 50mm f/1.2、85mm f/1.2、105mm f/2.0、70～200mm f/2.8 等。它们都能很好地控制人物畸变，真实地再现皮肤的颜色，而且其大光圈能很好地虚化背景和前景，营造画面气氛，突出人物表现。不过，如果是拍环境人像，也常常用 35mm 左右的小广角镜头进行拍摄，更容易将环境元素纳入画面（不需要退那么远），并拉近照片观看者与被摄者的距离。

15.2 眼神光的处理

拍人像要特别注意脸部的光线，在布光时要仔细观察面部的受光情况，并根据拍摄意图仔细调整，使拍出的影像中面部保留重要的细节。

在人像摄影中，眼神光非常重要，一定要有，而且要处理好（图 15-2、图 15-3）。有两个方面的问题需要考虑：一是眼神光的形状和位置，二是眼神光的个数。

1. 眼神光的形状和位置

用反光伞制造的眼神光是一个圆圈，而柔光罩打出来的则像长方形。前者更好些，它让人看起来更加生动。

眼神光的位置最好是落在瞳孔的左上方（从拍摄者的角度看）。如果是落在中间或下方，就会使人感到眼神呆滞或散神。

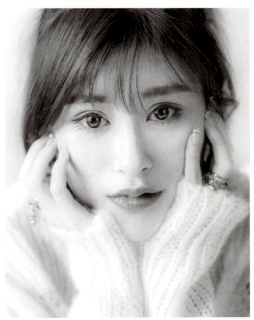

图 15-2　肖像（f/2.0，50mm）林榕生 摄
模特：赵娅男

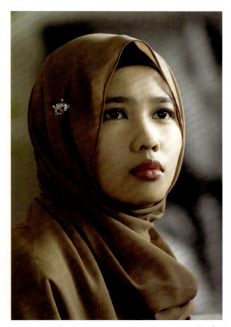

图 15-3　肖像（f/5.6，350mm）林榕生 摄

2. 眼神光的个数

有的摄影师认为，被摄者眼球上的光点要少，最好是一个。而有的摄影师则认为，两个或三个也不错，只要安排得好，会更生动。关键是要有主次，主眼神光只能有一个。

15.3　室内灯光人像

室内灯光人像是指在室内、具备灯光布光条件下拍摄的人像，既可以是在照相馆或摄影棚里拍的，也可以是在家里用类似于照相馆的灯光拍摄的。采用的光源可以是闪光灯，也可以是钨丝灯或其他连续发光的光源。

拍室内灯光人像，拍摄者可以完全按自己的表现意图进行布光，即确定灯的盏数以及安排灯的位置和高度等，有很大的自由度。那么要按照什么规则进行布光呢？这就是下面要介绍的。

布光时，要通过光线的布置与处理，突出被摄者面部特征中最美或最有特色的一面，并掩盖其缺陷，例如鼻梁比较塌、脸庞较大等。

15.3.1　5种光型

按照灯光在造型中所起的作用，可以把它们分为5种类型：主光、辅光、轮廓光、背景光、修饰光，详见P106的8.1.6节。

它们在人像摄影中的照明效果如图15-4所示。

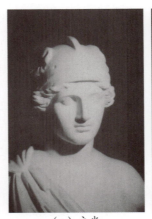
（a）主光

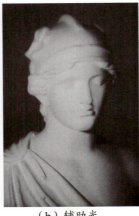
（b）辅助光

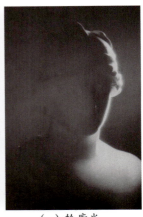
（c）轮廓光

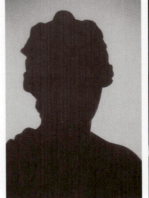
（d）背景光

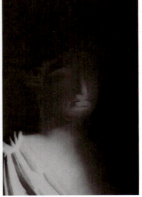
（e）修饰光

图15-4　5种光的照明效果　（引自文献[11]）

主光是指担负主要照明任务的光线，用来塑造被摄体的基本形态和外形结构。布光时，首先要确定主光灯的位置。不同照射方向的主光有不同的拍摄效果，15.3.3 节将进一步介绍。辅光的作用是帮助表现被摄体，即对其阴影部分进行辅助照明，使之具有理想的明暗反差。轮廓光的作用是将被摄体的轮廓特征表现出来，并将其从暗调子的背景中烘托出来。背景光的作用是产生亮度和效果符合要求的背景。修饰光的作用是对光照效果作进一步的修饰，使之更加完美，发光、眼神光、工艺首饰的耀斑光等都属于修饰光。

15.3.2 布光步骤

布光就是对光进行布置，包括调整灯的亮度、位置、高度以及与被摄体的距离等。上述 5 种光的布光先后次序为主光——辅光——轮廓光——背景光——修饰光。

布光前，要把所有的灯都关闭，然后按这个次序，每打开一盏，布置一盏。打开后就不关闭了。

当然，并不是每次拍摄都要用到上述 5 种光线，而是应该根据实际拍摄需要和现场光照效果来确定采用哪几种。显然，主光是必须有的，辅光一般也是常用的。

◆ **第一步：布主光**

布光是通过调整灯的位置和灯光的照射方向来实现的。可以调整灯的左右位置、高低以及远近，观察光照效果，来确定布光是否合适。如果不合适，则再做相应的调整，并再次观察。如此反复，直到满意为止。布主光的判断依据主要如下：

（1）被摄体的受光面是否是拍摄者所期望的。

（2）受光面与阴影面的面积及其交界线是否合适。

（3）投影的形状和方向是否好看。

主光灯布好以后，一般就不要再动它了。

◆ **第二步：布辅光**

辅光一般用散射灯，而且位置要尽量靠近相机。这是因为辅光需要比较均匀地照射到被摄体的阴影部分，而且它本身不应该产生与主光方向性矛盾的投影。辅光灯的亮度如果不满足要求，可以通过改变其亮度或者改变它与被摄体的距离来解决。主光与辅光的光比一般控制在 3:1 左右比较合适。

主光和辅光布置完后的效果如图 15-5 所示。

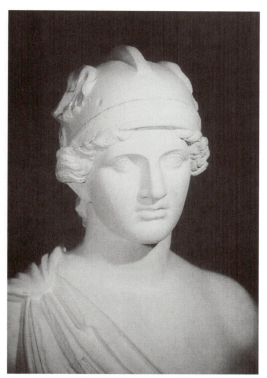

图 15-5　主光＋辅光　（引自文献 [11]）

◆ **第三步：布轮廓光**

轮廓光应该用灯头上带有挡板的聚光灯产生，从略高于被摄体的位置照射下去，产生很窄的轮廓边沿（亮边）。其亮度以被照亮的部位不失去细节质感为宜。一定要注意不能让轮廓光照射到镜头上。

完成以上 3 步后的效果如图 15-6 所示。

◆ 第四步：布背景光

如果要获得照明均匀的背景，就应该用散光灯；如果要使背景上有光斑变化，就应该用聚光灯。背景影调要能将被摄体烘托出来。背景光的处理主要有以下几种方法：

（1）用暗的背景烘托亮的主体。

（2）用亮的背景烘托暗的主体。

（3）用中间调的背景烘托明暗都有的主体。

（4）用有明暗变化的背景分别烘托主体暗的部分和亮的部分。

（5）用背景上的光斑渲染特殊气氛。

完成上述 4 步后的效果如图 15-7 所示。

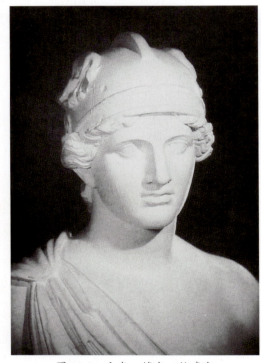

图 15-6　主光＋辅光＋轮廓光
（引自文献 [11]）

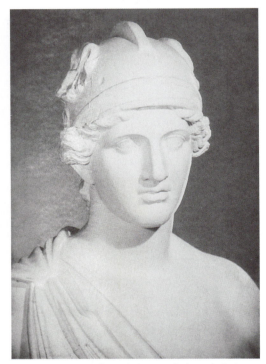

图 15-7　主光＋辅光＋轮廓光＋背景光
（引自文献 [11]）

◆ 第五步：布修饰光

修饰光一般用小功率聚光灯产生，亮度不宜过高。使用修饰光应精确恰当，合情合理，与整体布光协调吻合。

15.3.3　几种常用的主光

常用的主光有 5 种：顺光、前侧光、正侧光、伦勃朗布光、碟形布光。

◆ 顺光

布光：被摄者正面朝向照相机，主光从照相机的位置投向被摄者，即主光的方向与拍摄方向的夹角为 0°。

照明特点：被摄者整体受光均匀，阴影很少。被摄者面部的立体感要通过其细节来表现。

画面效果：影调明快、柔和，但立体感较差。

注意事项：

（1）照明可以用一盏灯，也可以用两盏灯，灯的高度要略高于照相机。若是一盏灯，就放在照相机的后方，且尽可能靠近照相机；若是两盏，最好是功率相同，且分别放在靠近照相机的两侧。

（2）如果面部两侧阴影太深，就应该用反光板进行补光。

（3）这种布光方法比较适合脸型不是太宽且两侧没有明显不对称的被摄者。

◆ 前侧光

布光：被摄者正面朝向照相机，主光从被摄者的左前侧或右前侧投向被摄者。光线的方向与拍摄方向成 45°左右的夹角。

照明特点：被摄者大部分区域受光成为亮部，小部分区域不受光成为阴影。

画面效果：立体感好，而且总体上影调比较明快。

注意事项：

（1）布置主光灯时，主要是观察被摄者面部明暗分界线的位置以及明暗区域面积的比例是否合适。

（2）为了使阴影区域不至于太暗，往往需要用另一盏灯或反光板来补光。补光的强度取决于所希望的明暗区域的光比。

（3）如果用灯补光，则灯的位置应该尽量靠近照相机。如果用反光板，则可以放在与主光灯相反的一侧。

（4）如果鼻子和下巴下方的阴影太明显，可以在被摄者前面放一块白色泡沫塑料板将其提亮。

◆ 正侧光

布光：被摄者正面朝向照相机，主光从被摄者的正左侧或正右侧投向被摄者。光线的方向与拍摄方向的夹角为 90°。如图 15-8 所示。

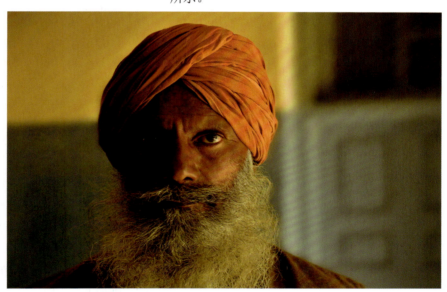

图 15-8　正侧光人像　　毛裕生 摄

照明特点：被摄者朝向主光灯的一半受光，另一半则处于阴影中。

画面效果：立体感好。但若阴影部分太暗，效果会比较差。所以一般都要进行补光。

注意事项：

（1）如果用灯补光，则灯的位置应该尽量靠近照相机。如果用反光板，则可以放在与主光灯相反的一侧。

（2）明暗区域的光比不宜太大。否则不是亮部高光溢出，就是暗部颜色和细节损失较大。

（3）正侧光适用于鼻梁优美的被摄者。若鼻型不太好，要尽量避免用正侧光。

◆ 伦勃朗布光

之所以称为伦勃朗布光法，是因为荷兰画家伦勃朗在作品中经常采用这种光。

布光：与正侧光布光的唯一区别是，让被摄者调整一下朝向，让他（她）往主光灯方向转 45°。光线的方向与拍摄方向的夹角依然是 90°，但与被摄者朝向的夹角为 45°。如图 15-9 所示。

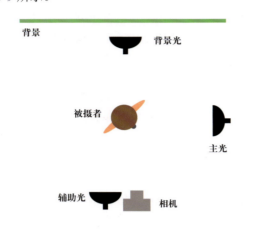

图 15-9　伦勃朗布光示意图

画面效果：画面中被摄者的面部只呈现 3/4。画面有很好的立体感，而且由于面部是半侧面，脸型比较好看。但面部阴影区域较大，鼻子的阴影比较难看。

这种布光法常用于拍摄富有戏剧性的男性人像。

注意事项：

（1）需要用第二盏灯进行补光。灯的位置要紧靠照相机。要注意光比。

（2）鼻梁线很突出，得到了充分的表现，很适合鼻梁优美的被摄者。

◆ 蝶形布光

蝶形布光法是因其会在人像的鼻子下形成类似蝴蝶的阴影而得名。这种光常用于女性人像的拍摄，尤其是圆形脸的年轻女性，是最能美化女性人物的布光方法。

布光：把主光灯放置到被摄者的正前方，灯光照向被摄者脸部。慢慢升高灯位，同时仔细观察被摄者鼻子下方的蝶形阴影，当阴影的底部在鼻子和嘴唇之间时，便是主光的合适位置。

在图 15-10 中，主光灯放置在相机的正上方，使光直接落在人物的脸上，形成饱满的面部照明。

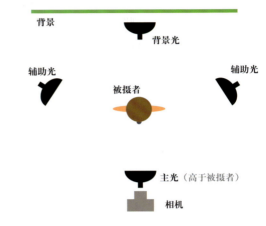

图 15-10　蝶形布光示意图

照明特点：主光位于被摄者正前方高位，照向被摄者脸部。特别有利于人物眼神光的表现。

注意事项：

（1）对于脸型较瘦的女性，可以让灯位偏低一些，让更多的光线照射到面部的两颊，从而使脸部看上去丰满一些。

（2）对于脸型较胖的女性，可以让灯位偏高一些，从而让蝶形阴影往下一些，同时也使脸的两边产生较多的阴影，可以使脸部看上去瘦一些。

15.3.4　散射光的产生

在室内可以用以下设备和方法产生散射光。

（1）悬挂描图纸。用灯架等工具在闪光灯前悬挂一张描图纸，光线透过描图纸会变成柔和的散射光。

（2）伞式反射。闪光灯的光线照射到反光伞的内部，经反射后反向进行照明。这是产生散射光的最简便的方法。

（3）伞式柔光箱。即"反光伞＋描图纸"。就是在反光伞的开口处挂一张描图纸，让反射的光线再经过一次描图纸的柔化，成为更加柔和的光线。这种光线很适用于表现女性和儿童细嫩的肌肤。

（4）柔光罩。是装在闪光灯上的一个箱体，其柔光特性与反光伞相似，但光线的直射性要强些，扩散面积要小一些，能够将光线集中于被摄体。如果只为被摄体打光，柔光罩的效果更好。

（5）大型柔光箱。这是用三块大的方形反光板拼成"匚"形状，然后将两台或更多台闪光灯置于其中，灯头朝向"匚"形里面。它能产生很均匀的光线。如果用描图纸将开口处封上，光线将会更加柔和。

15.3.5 室内闪光灯人像

本节中所述的闪光灯是指那种轻便的可以插接到相机热靴上使用的小型电子闪光灯。关于其介绍及使用方法见 P168。现在的电子闪光灯的色温均为 5500K。

◆ 直接闪光

这是将闪光灯的光线直接投射到被摄者。由于这种方法比较容易掌握，所以是最常用的一种方法。但这样做有两个问题：一是光线太硬，光强太大；二是被摄者后面会产生令人讨厌的阴影。前一个问题的解决办法是在闪光灯前加一个柔光罩；后一个问题的解决办法是加一个辅助闪光灯或者用反光板来补光，使阴影变淡。

闪光灯装在相机上，拍出来的照片基本上是顺光的照明效果，立体感较差。为了解决这个问题，可以采用"离机闪光"，即不把闪光灯装到相机上，而是让人拿着或者安装到架子上，放到离开相机的某个位置上，让闪光灯从被摄者的前侧方位照亮他（她）。这时要用专门的无线引闪设备来触发闪光。这种方法可以扩展到采用多个闪光灯，用一个引闪器同时触发多个受控制的闪光灯。常用的方案是用两个闪光灯：相机热靴上插一个，离机再放一个。

◆ 反射闪光

这是让闪光灯往天花板、墙壁或反光伞上打光，让光线经过它们反射后再投射到被摄者。当然这必须是外置闪光灯，而且其仰角和前后方向必须是可调的。

反射闪光的拍摄效果是光线柔和，反差适中，而且不会产生讨厌的阴影。

采用反射闪光，要注意以下几点：

（1）要尽量选择白色或者浅颜色的天花板或墙壁，否则会降低反光的强度，并可能使光线受"污染"（偏色）。

（2）如果（1）做不到，可以把一块白色反光板（或伞）置于闪光灯上方或侧面，让光线经反光板（或伞）进行反射。

（3）对天花板进行反射闪光时，不要离被摄者太近。否则可能会出现被摄场景只有部分区域受到照明的情况，而且被摄者鼻子底下等会有较深的阴影。

（4）要避免闪光灯的光线直接照射到被摄者或被摄场景。

（5）计算曝光量时，要考虑到反射闪光所走的路径比直射闪光要长，衰减比较多。如果强度不够，应增加闪光灯的输出功率。

15.4 室内自然光人像

室内的自然光一般来自房门或者窗户的采光。这种光线方向性强，且衰减很快，靠近窗户处很亮，稍微离开一点，光度就下降很多，因而拍出的照片可能反差很大。为了解决这个问题，可采用以下方法。

（1）采用顺光或侧顺光拍摄。这样能使

被摄者的脸和身体的大部分区域处于光线照射下，拍出来的照片影调比较明快。

（2）让被摄者离窗户远一些。这样虽然被摄者身上光线变弱了，但也会变得更均匀。如果是紧挨着窗户，那么受光面和背光面的反差会很大。

（3）用反光板或闪光灯进行补光。当侧光或逆光拍摄时，必须进行补光（一般采用反光板或闪光灯），否则脸上的反差太大（侧光）或太小（逆光），阴影部分的细节丢失，效果很差。另外，逆光拍摄时，由于背景很亮，用评价测光的话，需加曝 1～2 挡。

15.5 户外人像

户外人像是在室外环境下利用自然光或自然光加人工辅助光进行人像拍摄。根据光线情况的不同，可能需要用灯光（如闪光灯）或反光板进行补光。户外人像有肖像摄影和环境人像之分，它们的侧重点各不一样。

肖像摄影主要表现人物外貌特征和性格特点，注重人物本身的外在刻画及内心表达，特别要注意眼神光的表现，做到形神兼备，以形传神。环境人像则是把人物与景物相结合，表现特定环境下的人物。环境人像既要突出表现人物，又要交代必要的环境因素，使人与环境融为一体。

在景深控制方面，环境人像主要有两种拍法。一种是用大光圈虚化背景（图 15-11），突出表现人物，并以景烘托，制造出虚幻、浪漫的意境（例如婚纱摄影）；另一种则是用小一些的光圈，比较清楚地呈现出被摄环境，例如旅游留念照、工作照等。对于后者，需要更清楚地表现其环境（图 15-12）。

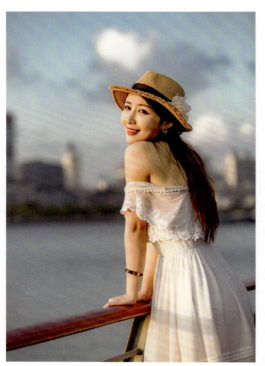

图 15-11　人像（f/3.2，102mm）　林榕生 摄
　　　　模特：高上淇

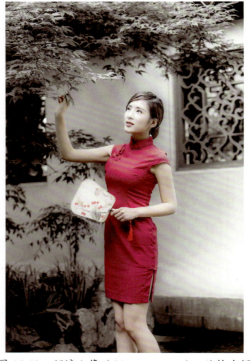

图 15-12　环境人像（f/3.2，70mm）　林榕生 摄
　　　　模特：姗姗

用光方面，除非刻意表现硬汉、沧桑等，否则直射强光下不宜拍摄。早晨、傍晚、薄云遮日的柔和光线比较适宜，特别是早、晚逆光时拍摄效果特别好，当太阳处于接近地平线的位置时，用它的暖色光线来作为轮廓光很漂亮，会拍出金黄色的轮廓效果。当然，这时需要用反光板或闪光灯进行补光，以照明被摄者。要注意补光的强度不能太强。

阴天情况下，光线比较"平"，拍出的画面往往比较平淡，要设法提高反差。可以用闪光灯来补光，提高部分区域的亮度，从而提高反差；也可以让被摄者靠近光线不均匀的环境（如墙角、大树旁等），以使得被摄者身上的反差加大。另外，还可以引入颜色对比来改善画面。

15.6 人物/人像摄影的姿态控制

无论拍摄哪一种人像，姿态控制都非常重要。因为姿态实际上就是人的肢体语言，是传递人物思想感情的主要方式。姿态控制实际上就是摆 pose，如何摆出符合要求的姿态是拍摄者和被摄者都要掌握的。这方面有专门的书籍，见文献 [21]。

除了静态的姿态，还可以让被摄者进入某种运动状态，例如从远处走过来、跑过来、原地旋转或跳跃等。在这个过程中，用快速连拍记录下各个瞬间，然后从中挑选满意的照片。这样既可以使被摄者从拘束、不自然的姿态和表情中解脱出来，展现自然的状态，又能表现出动态的美，往往能拍出精彩而自然的人物照片。

15.7 如何把女孩拍美、拍高

很多女孩（包括年纪大一些的女性）拍人像时，总希望能把自己拍漂亮些、拍高一些。该怎么拍呢？这是拍摄者需要认真考虑的。

要达到这样的效果还是有些窍门的，详见 P147。

15.8 儿童人像

拍摄儿童人像可以采用上述 3 种环境的任何一种。除了摆拍外，更多地还应该是在他（她）处于自由活动状态下进行抓拍，只有这样，才能让儿童充分展现出其天真可爱的天性。

◆ 拍摄方式

可以按以下思路进行拍摄。

（1）在室内，由他（她）最亲近的家人哄逗他（她）玩，可以使出各种绝招吸引其注意力和眼光（注意，哄逗者要位于相机的后面或旁边），拍摄者用大光圈镜头抓拍。而且每次按快门应连拍几张，以便从中挑选精彩瞬间。为了保证连拍速度，要采用高速的存储卡。

例如，拍摄图 15-13（P218），就是利用了该宝宝特喜欢吃的特点，由奶奶拿着橘子作"诱饵"，在笔者旁边引他爬过来，让笔者抓住了他神情最精彩的那个瞬间。"演出"了好几场，抓拍了几十张，就只选了这张。"演出"前，先给他吃了一瓣橘子，让他尝到了甜头，把他的精神调动了起来。

(2)让孩子在家里玩耍,或者领到室外(如公园),然后引导他玩。在玩耍过程中跟随抓拍,例如图 15-14 和图 15-15。

(3)找一块空地(最好是草地),把孩子领到一定距离外,然后引导他(她)走向或跑向拍摄者。拍摄者用中长焦变焦镜头连续拍摄整个动态过程,然后从中挑选。如果跑动的速度比较快,应该采用人工智能伺服(AI SEVRO)对焦模式。这种模式能连续跟踪对焦(详见 P29)。

(4)在班级举行活动时,到现场用中长焦进行抓拍。

在相机的参数设置方面,可以选择光圈优先模式,并把光圈开到最大,以虚化背景,突出人物。ISO 可以选择自动,以便相机能快速地适应光线的变化。对焦点可以选择中央区域多重对焦,以便能快速对焦成功。

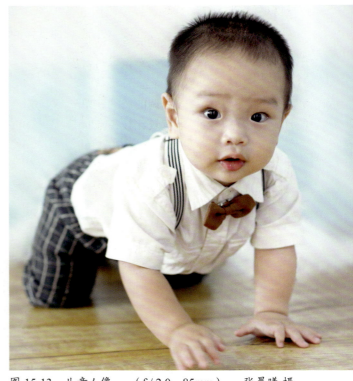

图 15-13　儿童人像　　(f/2.0,85mm)　　张晨曦摄

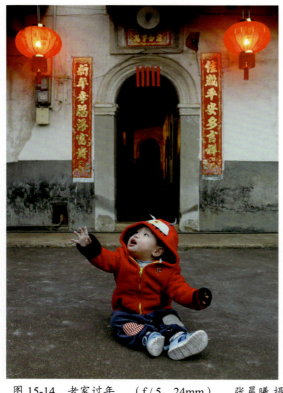

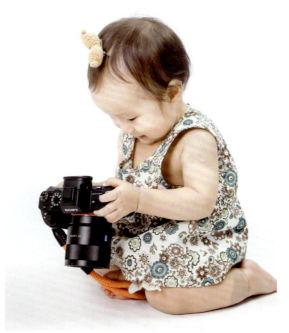

图 15-14　老家过年　(f/5,24mm)　张晨曦摄　　图 15-15　玩相机　(f/5.6,62mm)　周昆毅摄

◆ **构图和背景**

为了更好地表现儿童的天真、活泼、阳光、可爱的一面,拍摄儿童人像时,应尽可能做到色彩鲜艳明快,构图简洁统一,背景简单明亮。多用暖色调的服饰和单一的背景来烘托儿童。当背景比较杂乱时一定要用最大光圈将之虚化。

在用光上,宜用柔和的散射光,使儿童皮肤的幼嫩细柔等特点得到充分的表现。考虑以下情况:

(1)室内自然光下拍摄。应选择离窗、门比较远的地方。尽管这些地方光线比较弱,但却比较均匀。当然,要开大光圈,也许还要提高 ISO 值。

(2)室内灯光下拍摄。最好用多盏柔光灯包围照明被摄儿童。

(3)室外自然光下拍摄。选择在阴天或云遮日的时间进行拍摄,或者在树荫下拍摄。用挡光板或者遮阳伞挡住阳光也是一种好办法。

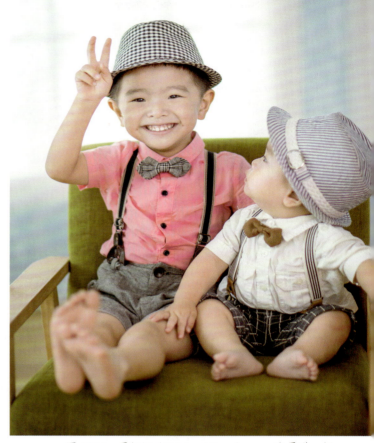

图 15-16 哥俩好(f/1.4, 85mm)　　张晨曦 摄

◆ **引导和抓拍**

拍摄儿童人像要以抓拍为主,为此,拍摄者往往需要蹲下或者趴下,与儿童在同一个高度上进行互动和抓拍。要在取景器中随时进行观察,耐心等待最佳动作或者表情的出现。一般情况下,拍儿童多以表现他们开心的笑容为主(图15-16、P99 图8-4),但其实儿童的表情很丰富,各种表情都是值得记录的(图15-17)。

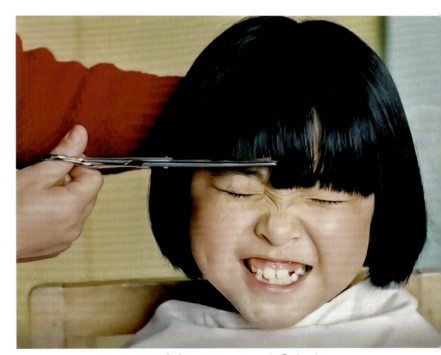

图 15-17　怕痒痒 (1/25s)　　张晨曦 摄

其次，适当的安排也是必要的，包括"剧情"的设计和环境的安排，例如服装、道具的选择和准备，背景的选择和准备，拍摄位置和拍摄角度的选择等。安排好后，再进行引导和抓拍（图15-18）。

拍摄儿童人像时，引导尤其重要。通过引导使他们摆出较好的姿势，或引发他们的各种表情。特别是如果能把他们的情绪调动起来，那是最好不过了。对于年龄大一点的儿童，可以通过语言进行引导，而对于幼儿，则经常需要请其家人使出各种哄逗的绝招来引导，食物、玩具、声音等往往都容易奏效。

注意：引导者的位置要位于拍摄者的后面或旁边，把宝宝的眼神引向镜头。

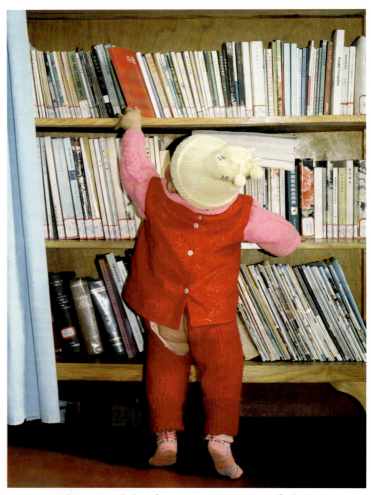

图 15-18　爸爸的书　　（1/125s）　张晨曦 摄

◆ 提前量与连拍

拍儿童的过程中，拍摄者要有预见性，即能根据儿童当前的状态和动作预见其下一刻的姿态和表情，并恰当地提前按下快门，捕捉住精彩的瞬间。这是因为从眼睛看到到按下快门是有延迟的，有的表情瞬间即逝，没有提前量是拍不到的。

可以把拍摄模式设定为连拍，每次按下快门可以连拍几张，从中选出最好的。

致　谢

　　本书共采用了 281 幅精美的照片，其中 160 幅是本人拍摄的，其余的 121 幅来自 42 位摄影师，其中包括著名的四光圈成员：云漫大师和范朝亮大师。正是有了他们的支持，本书才得以顺利出版。在此，对他们表示衷心的感谢！

　　以下是这些摄影师及本书采用的作品数量。

云漫：7（幅）
（来自：《极致之美：云漫的风光摄影笔记》，电子工业出版社，2017）
范朝亮：2
（来自：《理性的灵动：大自然的摄影语言》，电子工业出版社，2017）
詹姆斯：11
（来自：《詹姆斯的风光摄影笔记（套装）》，电子工业出版社，2015）
柳叶刀：6
水冬青：5
（来自：《光影随行——水冬青的旅行摄影攻略》，电子工业出版社，2015）
王鲁杰：10
胡时芳：2
（来自：《非常花影》，中国民族摄影艺术出版社，2013）

林榕生：8	李建华：1	芜湖听雨：1
毛裕生：6	邓　宽：3	AlexTeng：1
阿　戈：5	刘　依：3	SamSmith：1
师造化：5	王伟胜：2	薛维平：1
张益福：4	乔龙泉：3	郭素玉：1
张光启：3	王　平：2	李　殊：1
刘郁人：3	李　琼：2	Himmly：1
甄　琦：3	独木桥：2	纪　玲：1
牛　扬：3	郭逸华：1	刘乃同：1
沙　岩：1	林冰轩：1	周昆毅：1
黑木桥：1	心向远方：1	王海军：1
王梓力：3	刘　华：1	

张晨曦

2017 年 12 月

参 考 文 献

[1] 范朝亮. 理性的灵动：大自然的摄影语言. 北京：电子工业出版社，2017.
[2] 云漫. 极致之美：云漫的风光摄影笔记. 北京：电子工业出版社，2017.
[3] 美国国家地理学会. 大师教你拍好片. 董雪南，译. 北京：北京美术摄影出版社，2013.
[4] 美国纽约摄影学院. 美国纽约摄影学院摄影教材：最新修订版. 北京：中国摄影出版社，2010.
[5] 戴维·诺顿. 等待光线：戴维·诺顿风光摄影手记：典藏版. 李京，译. 北京：人民邮电出版社，2014.
[6] London B，Stone J，Upton J. 美国摄影教程. 第11版. 陈欣钢，译. 北京：人民邮电出版社，2015.
[7] Barnbaum J. 摄影的艺术. 樊智殿，译. 北京：人民邮电出版社，2012.
[8] James Zhen Yu. 詹姆斯的风光摄影笔记. 北京：电子工业出版社，2015.
[9] 水冬青. 光影随行——水冬青的旅行摄影攻略. 北京：电子工业出版社，2015.
[10] DIGIPHOTO 编辑部. 摄影眼的培养2. 北京：中信出版集团，2015.
[11] 张益福. 张益福摄影教程.2版. 北京：清华大学出版社，2009.
[12] 陈勤，朱晓军. 大学摄影教程.2版. 北京：人民邮电出版社，2016.
[13] 张宗寿，彭国平. 大学摄影基础教程.3版. 杭州：浙江摄影出版社，2009.
[14] 颜志刚. 摄影技艺教程.7版. 上海：复旦大学出版社，2012.
[15] 本·克来门茨，大卫·罗森菲尔德. 摄影构图学（电子版）. 姜雯，林少忠，译. 北京：长城出版社，1983.
[16] 郭艳民. 摄影构图.2版. 北京：中国传媒大学出版社，2011.
[17] 科拉·巴尼克，格奥尔格巴尼克. 摄影构图与图像语言. 董媛媛，译. 北京：北京科学技术出版社，2012.
[18] Richard Garvey-Williams. 摄影构图艺术. 付娇，译. 北京：人民邮电出版社，2015.
[19] 杨品，向尚，曾兰. 摄影的诀窍. 北京：化学工业出版社，2014.
[20] 胡时芳. 非常花影. 北京：中国民族摄影艺术出版社，2013.
[21] 邢亚辉. 人像摄影摆姿完全解密. 北京：人民邮电出版社，2016.